去中心化金融
理论与应用

廖理　王新程 ◎ 著

中国出版集团
中译出版社

图书在版编目（CIP）数据

去中心化金融：理论与应用 / 廖理，王新程著 . -- 北京：中译出版社，2023.10
　　ISBN 978–7–5001–7572–8

　　Ⅰ. ①去… Ⅱ. ①廖… ②王… Ⅲ. ①区块链技术—应用—金融业—研究 Ⅳ. ① F83-39

中国国家版本馆 CIP 数据核字（2023）第 178171 号

去中心化金融：理论与应用
QUZHONGXINHUA JINRONG：LILUN YU YINGYONG

著　　　者：	廖　理　王新程
策划编辑：	于　宇　田玉肖
责任编辑：	贾晓晨　于　宇
文字编辑：	田玉肖
营销编辑：	马　萱　钟筏童
出版发行：	中译出版社
地　　　址：	北京市西城区新街口外大街 28 号 102 号楼 4 层
电　　　话：	（010）68002494（编辑部）
邮　　　编：	100088
电子邮箱：	book@ctph.com.cn
网　　　址：	http://www.ctph.com.cn
印　　　刷：	固安华明印业有限公司
经　　　销：	新华书店
规　　　格：	710 mm×1000 mm　1/16
印　　　张：	20.75
字　　　数：	228 千字
版　　　次：	2023 年 10 月第 1 版
印　　　次：	2023 年 10 月第 1 次印刷

ISBN 978–7–5001–7572–8　　　定价：79.00 元

版权所有　侵权必究
中　译　出　版　社

前　言

　　加密数字货币的发展为去中心化金融提供了重要的技术储备。2008年，一位名为中本聪（Satoshi Nakamoto）的匿名用户发布了一篇名为《比特币：一种点对点的电子现金系统》的论文，创新地描述了一种无须通过金融机构即可完成点对点线上交易支付的电子现金。2009年1月9日，比特币的客户端发布，并通过"挖矿"的方式获取了第一批50个比特币。第一代区块链平台、目前全球最大市值的加密数字货币——比特币的创世区块正式诞生。首次代币发行的出现进一步提升了加密数字货币市场的拓展性，促成了第二代区块链平台以太坊的诞生。以太坊由维塔利克·布特林（Vitalik Buterin）发起设立，它通过首次代币发行，成功募集到超过31 500个比特币。以太坊的出现带来了智能合约这一底层基础设施，使得加密数字货币市场的功能不再局限于单纯的现金支付，因此具有划时代的意义。2015年7月，以太坊正式上线。以太坊的诞生不仅带来了智能合约、去中心化应用与去中心化自治组织的基础建设，还激发了更多的用户与人才加入加密数字货币市场，这使得去中心化金融开始出现。

　　技术的进步带来了创新的不断涌现，使得去中心化金融目前呈现出多样性发展的态势。2017年12月，MakerDAO发布了加密数字货币抵押型稳定币DAI的白皮书；2018年9月，去中心化借贷平台Compound诞生，该平台允许用户抵押一种加密数字资产并借出另一种资产；2018年11月，去中心化交易所Uniswap发布，该平台主要使用自动化做市商作为交易机制，用户可以直接与平台上的去中心化协议交互并完成交易。去中心化金融正式兴起，具有丰富功能的各类平台纷纷成立。据第三方数据公司DeFiLlama统计，截至2022年12月底，全球共有超过2 000个去中心化金融平台。

创新与风险相伴相生，去中心化金融正处于发展的快车道上，其机遇与风险并存。加密领域的金融风险事件频发，对金融市场产生了巨大的影响。例如，2022年5月，算法稳定币UST与其伴生的LUNA代币价格暴跌，市值曾经高达600亿美元的生态价格几乎归零；2022年11月，全球第二大加密数字货币交易平台FTX宣布破产；2023年3月，对加密领域友好的两家银行Silvergate Bank和Signature Bank相继破产，对全球金融市场造成了冲击。伴随着加密领域层出不穷的金融风险、网络攻击、诈骗、洗钱和金融犯罪等事件，全球各个国家和地区以及国际组织正在密切关注去中心化金融监管问题。它们相继发布了加密数字货币相关的监管框架，并就诸多去中心化金融平台业务开展了监管行动。此外，去中心化金融发展所依赖的技术和组织也存在一定风险，包括区块链、加密数字货币、智能合约和去中心化自治组织等。这些问题加大了进一步深入探索去中心化金融的难度，因此，去中心化金融的发展任重道远。

尽管去中心化金融发展面临诸多困难，但是其出路在于为数字世界的实体经济服务。加密领域的技术创新层出不穷，而技术发展迅速的关键在于与实体经济的连接。例如非同质化代币（NFT）技术最早于2017年出现，前期发展不温不火；2021年，由于佳士得拍卖的数字艺术品《每一天：前5000天》，非同质化代币才正式引发了舆论热潮，备受瞩目。目前，整个非同质化代币市场的交易额已经超过500亿美元。随着人工智能、大数据、物联网等技术的快速发展与深度融合，数字经济会进一步深化发展，数字世界的实体经济规模也会与日俱增。因此，去中心化金融只有借助数字经济发展浪潮，为数字世界的实体经济提供服务，才能够跳出目前内部循环的局面，为整个社会创造更大的价值。

廖理

2023年6月

目 录

第一章
去中心化金融

第一节　去中心化金融的定义和特征·3

第二节　去中心化金融缘起·7

第三节　去中心化金融与中心化金融的区别·13

第二章
去中心化金融的发展

第一节　去中心化金融的市场规模·23

第二节　去中心化金融的产业生态·32

第三节　去中心化金融的业务模式·40

第三章
去中心化金融技术与组织

第一节　区块链·55

第二节　加密数字货币·61

第三节　智能合约·68

第四节　去中心化应用·73

第五节　去中心化自治组织·75

第四章
去中心化金融基础设施类业务

第一节　加密钱包·83

第二节　加密数字货币支付·89

第三节　稳定币·95

第四节　隐私保护·108

第五章
去中心化金融信贷类业务

第一节　借贷业务·115

第二节　质押业务·127

第六章
去中心化金融资管类业务

第一节　交易所·139

第二节　交易所聚合器·146

第三节　指数基金·152

第四节　衍生品·161

第五节　收益耕种·175

第七章
去中心化金融保险类业务

第一节　保险·197

第二节　保险经纪·206

第三节　互助型保险·214

第八章
去中心化金融创新业务

第一节　NFT 交易市场·223

第二节　NFT 借贷·234

第三节　跨链桥·244

第四节　预言机·251

第五节　预测市场·256

第九章
去中心化金融的风险与监管

第一节　中国加密数字货币相关规定与司法案例·270

第二节　去中心化金融的法律风险与监管·281

第三节　去中心化金融技术与组织风险·306

第一章

去中心化金融

第一节 去中心化金融的定义和特征

一、定义

去中心化金融（Decentralized Finance，简称 DeFi）是一种全新的金融业态。过去，社会各界先后从不同角度尝试概括了去中心化金融的内涵和特征，但目前尚未就去中心化金融的概念形成共识。我们通过比较分析去中心化金融既有的代表性定义，并结合去中心化金融最新的发展情况，得出了一个能够帮助人们更全面理解去中心化金融的综合性定义：去中心化金融是无中心化机构和人员控制干预的金融服务创新，是一种基于区块链底层技术，以加密数字货币为支付手段，由智能合约自动执行，由去中心化自治组织治理的金融产品服务和业务模式。

以太坊（Ethereum）社区是最早使用去中心化金融概念的公链社区，该社区从开放性、执行快捷性和安全性角度回答了什么是去中心化金融的问题。具体而言，以太坊社区认为去中心化金融是一种开放给任何网络用户的更为安全的自动化金融产品和服务的统称。去中心化金融市场始终是开放的，任何拥有网络的人都可以通过访问以太坊来获取金融产品或服务，没有中央机构可以阻止支付或拒绝用户的访问。而且，去中心化金融服务是通过任何人都可以查阅和审查的代码自动执行的，这在一定程度上克服了传统金融服务运行缓慢和存在人为错误风险的问题。

去中心化金融的发展引发了政府机构的密切关注，为了在保证风险可控的基础上尽可能鼓励和支持金融创新，政府机构也组织了相关力量来研究去中心化金融，进而在充分认知的基础上做出明智的监管决策。例如2021年7月，美国国会研究服务局（Congressional Research Service，简称CRS）从技术路径、业务主体和业务内容的角度探讨了去中心化金融，揭示了去中心化金融是一种以技术替代机构的金融方式创新。具体而言，美国国会研究服务局指出，去中心化金融通常是指使用数字资产和区块链技术来复制和替代原本由传统金融机构（如经纪公司、交易所或银行等）提供的传统金融服务（如贷款、资产交易、保险等）。

去中心化金融正在构筑一种跨国家的全球价值网络，因此备受相关领域的国际组织关注。例如2021年12月，国际清算银行（Bank for International Settlements，简称BIS）在发布的2021年第四季度报告中提出了去中心化金融的定义：去中心化金融是指由区块链（通常为公链）上的智能合约运行的金融应用程序，主要使用区块链上的自动化协议和稳定币来促进资金流转，旨在提供没有中介的金融服务。随后，在2022年4月，国际货币基金组织（International Monetary Fund，简称IMF）在其《全球金融稳定报告》（*Global Financial Stability Report*）中也给出了类似的定义。国际货币基金组织认为去中心化金融是指一种由区块链上的计算机代码处理的金融应用程序，这种被称为"智能合约"的程序的运行往往没有或只有有限的中心化机构参与。

以上分别是业界、政府机构、国际组织针对去中心化金融的几个比较有代表性的定义,这些定义都强调了去中心化金融的去中心化特征,并且在定义维度上各有侧重和发展。以太坊社区的定义较为关注去中心化金融的用户体验。美国国会研究服务局的定义中涉及去中心化金融的参与主体和业务内容,这在某种意义上是在传统金融监管中机构监管和功能监管方法的基础上,思考如何能够更好地制定去中心化金融监管框架。国际组织的定义指明了区块链、智能合约、稳定币这些去中心化金融系统关键的组成部分,关注到了去中心化金融的去中心化程度问题。我们对去中化金融的定义综合了这些定义所涉及的维度。同时,鉴于去中心化自治组织对于去中心化金融协议治理的重要意义,我们还将去中心化金融的治理组织特点体现到定义当中。如此一来,我们可以通过这一定义,对去中心化金融有更完整的初步认识。

二、特征

去中心化金融之所以能够在无中心化机构和人员控制干预下运行,主要依赖于四大特征:基于区块链底层技术,以加密数字货币为支付手段,由智能合约自动执行,由去中心化自治组织治理。

去中心化金融的底层技术依赖于区块链,尤其是公有链,分布式账本的记录方式保证了其信任机制的去中心化。区块链是包含信息的具有链式结构的众多数据区块,每一个区块包含数据记录信息、哈希值和前一区块的哈希值。哈希值是区块的"指纹",

具有独特性，因此能够标识每一个特定区块包含的所有内容，帮助检测和验证区块更改的有效性。根据开放程度和验证者的集中程度，区块链可以分为开放程度低和个别主体验证的私有链（包括联盟链），以及所有个人均可访问并可能成为验证节点的公有链。去中心化金融主要以公有链为底层技术，通过工作量证明（Proof of Work，简称 POW）机制或权益证明（Proof of Stake，简称 POS）机制来保障交易记录的完整性、透明性和不可篡改性，并以此提供信任。

去中心化金融以加密数字货币为支付手段。加密数字货币是一种基于区块链技术、由密码学驱动的新型货币。加密数字货币有四个重要性质：第一，加密数字货币一般不由中心机构发行，而是由密码学的方式来证明所有权；第二，加密数字货币可以全世界流通，可以通过交易改变所有权；第三，加密数字货币一般不具有法偿性；第四，加密数字货币有较好的匿名性。因此，加密数字货币的独特属性使得其成为去中心化金融的支付手段。

去中心化金融的执行流程无中心化机构和人员操控，完全依赖于智能合约。智能合约是存储在区块链上的程序，该程序在满足预先确定的条件时会自动运行。去中心化金融中的智能合约往往包含若干函数，程序员预先设计好的程序在满足函数需求时即自动执行，自动执行的程序无须任何中间人参与，因而保证了执行流程的去中心化。此外，智能合约还可以彼此交互，因而具有较强的拓展性。

去中心化金融的治理模式也是去中心化的。去中心化金融的智能合约并非一成不变，为了适应新的变化，需要修订和维护。去中心化金融主要依赖于去中心化自治组织完成此项工作。去中心化自治组织由所有成员共同拥有，其成员共同通过提案和投票的方式来决定协议的更新，因而去中心化金融的治理无须中心化机构或者个人控制。

第二节　去中心化金融缘起

一、金融发展的历史潮流

货币的诞生是金融发展的基础。货币的本质是记账单位和交易媒介。货币存在多种形式，整个货币发展史大致遵循着由自然货币到人工货币，由实物货币到电子货币再到数字货币的过程。最早的原始货币是诸如贝壳一类的不规则自然物。后来，贝壳供应量无法满足日益庞大的商品交易量，于是仿制贝壳形状的金属货币出现了。之后，为了进一步提升货币的可接受度，货币进一步发展为人工铸造统一形态和大小并具有一定价值储存功能的金属货币。

扩展交易范围、提升交易效率是驱动货币进一步演变的关键原因。一个革命性的事件是比金属货币更便携的纸币在中国诞生。在纸币阶段，货币的信任基础由信任物开始转向信任机构。随后，另一个革命性变化是从实物货币交割到非实物货币交割，也就是

1871年西联汇款的出现，拉开了交易媒介从有形到无形的序幕。目前，我们在大多数交易场景下使用的货币都是无形的货币。

在20世纪，货币无形化的标志是电子货币。电子货币是由受监管的银行和非银行机构提供的机构对存款人的负债，是依托传统数据库技术的基于银行账户的货币。电子货币与法币挂钩，采用许可制的中心化运营模式。用户在使用电子支付工具时，例如使用微信支付、支付宝、银行网银等，需要绑定用户名下的银行账户，然后验证用户身份之后才能支付。在过去的十年间，基于电子货币的数字钱包主导着支付，移动支付成为支付的主流形式。

当下，一场新的加密数字货币[①]革命正在发生。尽管加密数字货币与电子货币都是以非物理的形式来表示日常生活中的价值交换，但加密数字货币的技术原理显著不同于电子货币。加密数字货币是一种以密码学原理为技术基础来保障交易安全的交易媒介。加密数字货币采用代币模式运作，用户仅需通过知晓密钥，而无须提供包含身份信息的账户，即可自主操作和控制加密数字货币的转移。而且，加密数字货币基于中心化数据库或者区块链，其价值既可以与法定货币挂钩，也可以由供需关系浮动决定。

---

① 央行数字货币（Central Bank Digital Currency）和加密数字货币（Crypto Currency）都是数字货币（Digital Currency）。央行数字货币可能在账户模式（Account Based）和代币模式（Token Based）两种不同的技术路径中选择其一，所以为了避免混淆，本书避免宽泛使用数字货币这一概念，统一采用加密数字货币这一概念。

二、加密数字货币的诞生

一位名为中本聪（Satoshi Nakamoto）的匿名用户在2008年发布了一篇名为《比特币：一种点对点的电子现金系统》（*Bitcoin: A Peer-to-Peer Electronic Cash System*）的论文[①]。该论文创新地描述了一种无须通过金融机构即可完成点对点线上交易支付的电子现金。据媒体报道，中本聪自称日裔美国人，但是迄今为止其真实身份依旧未知。

2009年1月9日，中本聪发布了比特币的客户端，并通过"挖矿"的方式获取了第一批50个比特币。第一代区块链平台、目前全球最大市值的加密数字货币比特币的创世区块正式诞生。比特币依赖于区块链技术，基于哈希函数、密码学等原理，通过工作量证明的共识机制确保所有交易的准确运作。比特币不受任何中心化机构的监管，所有用户都可以通过电脑计算的方式参与"挖矿"或者交易。

作为第一代区块链系统，比特币使得用户在线上的交易中实现匿名性和去中心化。比特币的诞生具有跨时代意义，尽管它只是最基本的现金产生与支付系统，但是它奠定了加密数字货币的基本原理，也进一步揭开了加密数字货币市场繁荣的序幕。尽管后续加密数字货币的种类层出不穷，加密数字货币市场也产生了全新的共识机制，但是比特币目前依旧是整个加密数字货币市场中市值最高的加密数字货币。

---

① 详见 https://bitcoin.org/bitcoin.pdf。

三、加密数字货币中心化交易所的产生

加密数字货币中心化交易所的产生是促进加密数字货币快速普及的重要事件。一方面,早期比特币的获取方式仅为参与挖矿,挖矿需要使用计算机并运行程序,因此具有一定的进入门槛,技术能力差的用户较难参与;另一方面,矿工早期参与挖矿需要支付开支,包括购买设备、支付电费等,因而其通过挖矿获取的比特币需要卖出进行变现。在这样的背景下,比特币交易所顺势产生。

最早在2010年7月,Mt.Gox(国内译为"门头沟")交易所就开始支持比特币的交易。Mt.Cox原本是卡牌游戏《魔法风云会》的线上买卖交易平台,其鼎盛时期曾在比特币交易市场占据超过70%的份额,当时被视为全球最大的比特币交易所。但在2014年2月,它因为比特币被盗而申请破产。后来,逐渐有一些更加专业的加密数字货币交易所成立。美国最大的加密数字货币交易所Coinbase于2012年6月成立,并于2021年4月在纳斯达克成功上市。目前全球最大的交易所币安(Binance)在2017年8月成立,其官网统计数据显示,截至2022年7月底,币安注册用户数量超过9 000万,24小时交易量为760亿美元。[①]

加密数字货币中心化交易所的建立极大地方便了用户的持币与交易,扩大了加密数字货币市场的用户规模。一方面,从需求端而言,用户能够方便地使用法币购买加密数字货币,连接了加密数字货币与

---

① 参考自 https://www.binance.com/zh-CN。

法币世界，因而加密数字货币的市场规模增大，进一步促进了比特币价格的上涨；另一方面，从供给端而言，比特币价格的上涨使矿工更加有利可图，因此更多的矿工加入挖矿的业务中，市面上也出现了专注于挖矿的企业，这进一步促进了加密数字货币市场的繁荣。

四、首次代币发行与以太坊的诞生

首次代币发行（Initial Coin Offering，简称ICO）的出现进一步提升了加密数字货币市场的扩展性。首次代币发行是加密数字货币市场借鉴首次公开发行（Initial Public Offering，简称IPO）的方式来为新项目筹集资金的一种方式。公司参与首次公开发行的目的是获取法定货币，其出售的是股票，而股票具有公司资产的所有权与收益的分成权。与之不同，项目方参与首次代币发行是为了获得市面上常见的数字货币，例如早期的比特币，其出售的是项目方自己的代币。一般来说，项目方自己的代币的用途并非完全一致，其可能的用途则由项目方的白皮书进行描述。

2013年7月，世界上第一个首次代币发行项目Mastercoin正式启动；2013年底，第二代区块链平台以太坊白皮书发布；2014年7月，以太坊正式发起首次代币发行，成功募集到超过31 500个比特币。以太坊由1994年出生的俄裔加拿大人维塔利克·布特林（Vitalik Buterin）发起设立，是目前全球市值第二高的加密数字货币。以太坊的出现带来了智能合约这一底层基础设施，使得加密数字货币市场的功能不再局限于单纯的现金支付功能，因此具有划时代的意义。

首次代币发行具有重要的意义，为加密数字货币行业积累了更多的资金与人才，进而孵化出了第二代区块链平台——以太坊。一方面，首次代币发行产生了更多的代币，使得更多种类的加密数字货币出现，吸引了更多的用户进入加密数字货币市场；另一方面，诸多从业者仅通过白皮书就可以进行融资，创造了大量的财富神话，这也使得更多的优秀人才涌入加密数字货币行业。当然，由于早期缺乏监管，首次代币发行也出现了较多的欺诈事件，因此各个国家逐步采取措施对首次代币发行进行监管。

五、去中心化金融的兴起

2015 年 7 月，以太坊正式上线。以太坊的诞生不仅带来了智能合约、去中心化应用与去中心化自治组织的基础建设，还激发了更多的用户与人才加入加密数字货币市场，这使得去中心化金融开始出现。首先，以太坊的出现拓展了加密数字货币市场的边界，刺激了更多的用户进入加密数字货币市场，推高了加密数字货币市值，吸引了更多的用户与人才，因而也诞生了融资的需求。其次，以太坊最大的特征是支持智能合约，程序员可以通过编辑 Solidity 语言在以太坊虚拟机（Ethereum Virtual Machine，简称 EVM）运行，进而产生去中心化应用，因此为去中心化金融提供了必要的基础设施，金融服务可以直接通过协议提供。最后，去中心化自治组织也开始逐步在以太坊上运作，这为去中心化金融治理提供了组织基础。2014 年 12 月，鲁恩·克里斯滕森（Rune Christensen）和尼可兰·穆舍吉安（Nikolai Mushegian）创办了 MakerDAO，成为最早的去中心化组织之一。从 2015 年开始，MakerDAO 的开发人员着手建设去中心化金融项目。2017年12月，MakerDAO的白皮书正式发布，基于以太币（ETH）抵押产生的稳定币DAI系统正式诞生。

此后，去中心化金融进入快速发展阶段，各种类型的去中心化金融业务模式开始纷纷涌现。2018年9月，去中心化借贷平台Compound诞生，该平台允许用户抵押一种加密数字资产并借出另一种资产，基于供需变化，调整其借贷的利率。2018年11月，去中心化交易所Uniswap发布。传统的中心化交易所依赖中心限价订单簿（Central Limit Order Book，简称CLOB）的交易机制，而Uniswap平台主要使用自动化做市商（Automated Market Maker，简称AMM）作为交易机制，因此用户可以直接与平台上的去中心化协议交互并完成交易。去中心化金融正式兴起。据第三方数据分析公司DeFiLlama统计，截至2022年12月底，全球共有超过2000个去中心化金融协议。[①]

第三节　去中心化金融与中心化金融的区别

一、信任机制

信任是金融体系运作的核心。无论是货币的诞生，还是金融体系的发展，信任都在其中起到了重要的作用。金融机构是中心化金融体

---

① 根据DeFiLlama的数据，截至2022年12月31日，全球共有2074个去中心化金融平台，共计2185条去中心化金融协议。

系运作的重要连接者，因此，用户对金融机构的信任本质上是对每一个特定机构的信任。用户和企业出于对金融机构的信任，将其投融资需求交付给金融机构进行操作，因而享受到了金融机构提供的服务。

然而，如果用户失去了对该金融机构的信任，那么市场就可能会出现挤兑等危害金融系统稳定的事件。这不仅会危害用户的利益，还会影响社会稳定。事实上，中心化金融机构主要由机构人员组成和控制，少数机构领导直接决定机构风险控制制度的具体内容，一些机构人员审批金融交易时的决策可能受到其社会关系的影响，执行金融交易时也可能出现人工操作失误，这些因素导致的个别事件可能会降低用户对金融机构的信任。投资者希望能够从根本上改变信任机制，所以人们开始寻求一种尽可能摆脱人为任意性的、更为稳定的信任机制，由此导致了信任机制的变化，也就出现了去中心化金融的风潮。

去中心化金融的本质是信任协议，基于区块链和智能合约的协议本质上是计算机代码，这部分代码全部开源，任何人都可以了解。由于计算机完全按照代码运行，相同的代码在任意计算机的运行结果都保持一致，因此，用户本质上相信的是计算机程序提供的确定性与稳定性。所以，去中心化金融在信任机制方面异于中心化金融。

二、交易结构

去中心化金融采取去中心化的交易结构。去中心化本意指的是职能或者权力的分散，是中心化的反义词。去中心化程度作为指标可以广泛应用于政治、经济、社会与技术领域。去中心化程度较高是区块链技术最突出的特征，区块链上信息的更新依赖于分布式账簿，每一个节点都拥有全部的交易数据，账簿中的所有节点均可对账簿的正确性进行检验。

中心化金融依赖银行等金融机构开展业务，形成以特定金融机构为中心的交易结构。一方面，机构和机构成员有能力对所有的交易流程进行审批或者干预；另一方面，所有交易信息均在机构内部进行更新，一般用户难以获取完整的交易信息，因而中心化金融的去中心化程度较低。

去中心化金融旨在通过与协议互动来降低交易结构的中心化程度。一方面，在去中心化金融的参与主体中，没有任何一方能够控制去中心化金融平台和交易流程；另一方面，所有交易信息均在区块链上进行更新，没有任何机构或者个人能够操纵或者占用数据，因此，去中心化金融的去中心化程度较高。

三、交易模式

去中心化金融与中心化金融在交易模式方面也具有显著差异。中心化金融是基于银行账户与密码的交易，而去中心化金融是基于加密地址与密钥的交易，因此具有匿名性。匿名具有两面性，一方面能够较好地保护用户隐私，但另一方面也可能成为非法交易的温床。在数字经济的发展过程中，如何平衡和协调互联网用户数据利用与隐私保护是亟待解决的重要问题。匿名交易仍然会产生大量交易数据，但这部分数据不包括个人身份信息，因此能够较好地保护用户隐私。但与此同时值得重视的是,有学者研究发现,早期大约四分之一的比特币用户参与了非法活动,估计每年约有760亿美元的非法活动涉及比特币(占比特币交易的46%),这个资金规模接近于美国和欧洲非法毒品市场规模。[1]可见,匿名也可能会导致非法交易,因此去中心化金融的健康发展十分需要通过适当监管予以保障。

中心化金融中的金融机构在开展业务前会进行用户身份验证(Know Your Customers,简称KYC)和反洗钱(Anti-Money Laundering,简称AML)审查,个人用户一般需要提交身份证明、通信地址等资料,而企业用户一般需要提交营业执照、税务信息、股东信息等资料。因此,用户的信息被中心化机构完全掌控,部分机构不注重用户隐私的保护,还可能出现部分内部人员出售用户信息以非法获利的现象。一般来说,中心化金融整体的操作流程较为烦琐,需要审批,而且如果客户不满足要求,可能无法享受金融机构提供的服务。

而去中心化金融的运行机制与支付手段保障了较好的匿名性。绝大多数的去中心化金融应用不需要对用户进行身份验证和反洗钱审查,用户可以直接与协议进行交互,因此去中心化金融应用本身不拥有用户的资料,进而不可能泄露资料。此外,去中心化金融依赖加密数字货币作为支付手段,加密数字货币使用密码学原理来确保用户的持有和交易的安全,因此也不会泄露用户的信息,这也是

---

[1] Sean Foley, Jonathan R. Karlsen, Tālis J. Putniņš. Sex, Drugs, and Bitcoin: How Much Illegal Activity is Financed Through Cryptocurrencies? [J]. The Review of Financial Studies, 2019, 32(5):1798–1852.

前文提到的加密数字货币被用于非法交易的重要原因。综上所述，去中心化金融具有较好的匿名性。

四、交易成本

交易成本是影响交易达成最重要的因素之一，也是实现金融普惠过程中最需要克服的问题。一般来说，交易成本会随着科技的进步和机构间竞争的加剧而显著地下降。例如 ATM 机的发明、互联网和移动互联网的普及都极大地降低了用户使用银行机构服务的交易成本。又如纽约股票交易所长期以来是会员制，券商经纪业务收费很高，1975 年美国券商实现了佣金自由化，推动了用户交易成本的下降。

中心化金融的交易成本受限于金融机构的盈利要求，因此，其交易成本可以由机构进行调整。而目前看来，去中心化金融与中心化金融具有各自的交易成本优势，交易成本的相对大小与交易资金体量密切相关。资金量较小时，中心化金融机构具有较大的交易成本优势，例如目前银行之间的转账服务基本上都是免费。

而去中心化金融在区块链网络上运行，加密数字货币的交易成本主要来源于矿工费（Gas Fee）。矿工费是维护区块链网络安全稳定运行的成本，相当于给予区块链网络中矿工或者验证者的手续费。不同区块链网络计算矿工费的方式不同，矿工费也随着区块链网络状态而发生变化。区块链的矿工费用按照单笔进行计算，2022

年 5 月以太坊最高平均交易费用超过 200 美元。[①] 因此，当交易资金量较小时，去中心化金融交易的成本更高，而资金量大的时候去中心化金融交易的成本更低。此外，随着更多低成本交易公链的普及，未来去中心化金融交易成本可能会进一步降低，由此改变去中心化金融与中心化金融在交易成本上的相对优势。

五、交易速度

交易速度对金融运作尤为重要。交易速度一般包括审批速度和执行速度。缓慢的交易速度不仅会降低实体经济流通的速度与达成成交的可能性，还会提高交易过程中的不确定性。提高交易速度一直是金融市场追求的方向。与交易成本相似，技术的进步也是促进交易速度提升的重要推动力。

一般来说，中心化金融的交易速度主要受到审批速度的影响。中心化金融产品和服务需要人工审批，审批速度与交易类型、产品种类、交易金额有关。例如对于用户申请抵押贷款和申请开立信用卡账户等情况，为保证交易风险的可控性，银行将层层审核用户的身份信息、财务信息以及资金需求情况等，因此从用户申请到银行放款的时间长达数日，甚至数周，交易速度较慢。当然，其余不需要审批的交易依赖于机构内部的计算机数据系统与验证机制，与前述交易类型相比速度会更快一些。

去中心化金融的交易速度则主要受到执行速度的影响。去中心

---

① 参考自 https://etherscan.io/chart/avg-txfee-usd。

化金融的交易不需要人工审批，因此交易速度取决于区块链产生新区块的时间和交易提交的矿工费。用户提交的矿工费越高，达成交易的可能性越大，交易完成的速度也就越快。一般来说，去中心化金融的交易速度会远快于中心化金融。目前，在以太坊中，平均区块时间在 12—14 秒。[①] 此外，交易速度还可能随着公链性能的提升以及新的公链应用的出现而进一步加快。因此，整体而言，去中心化金融在交易速度方面有较大的优势。

---

① 参考自 https://etherscan.io/chart/blocktime。

第二章
去中心化金融的发展

本章我们将从市场规模、产业生态和业务模式三个维度来描述去中心化金融的图景。首先，从加密数字货币市值、市场结构以及去中心化金融协议总锁定价值（Total Value Locked，简称TVL）数据来看，去中心化金融发展迅速。其次，去中心化金融是在逐步连接传统金融的过程中形成了产业生态，具体包括直接持币、买卖交易、资产配置、价值连接和投资评级。最后，去中心化金融业务分为映射模式和创新模式，具体包括基础设施类、信贷类、资管类、保险类和创新业务五大业务类别。

第一节　去中心化金融的市场规模

一、加密数字货币的市值

去中心化金融以加密数字货币为支付手段，可见加密数字货币是去中心化金融的关键组成部分，因此我们首先通过加密数字货币市场的基本情况，来了解去中心化金融的规模。

截至2022年12月31日，加密数字货币市场总市值约为0.8万亿美元，接近标准普尔500指数成分股总市值的2%。尽管目前整个加密数字货币市场的规模仍然与主流金融市场有很大的差距，但其增长速度迅猛，增长潜力不容小觑。图 2.1 为加密数字货币市场总市值历年变化情况，其中实线代表加密数字货币市场所有货币的总市值，虚线代表该市值与同期标准普尔 500 指数成分股总市值的比例。如图所示，2017 年以前，加密数字货币市场不活跃，总市值较低，且与标准普尔 500 指数成分股总市值的比几乎接近于 0。自 2017 年起，整个加密数字货币市场的市值迅速增加，在 2018 年 1 月 5 日的高点市值达到 0.78 万亿美元，约占当时标准普尔 500 指数成分股总市值的 3.07%。此后，由于全球监管加剧等原因，加密货币市场市值迅速萎缩。不过，加密数字货币的规模在 2020 年之后再创新高。在 2021 年 11 月 8 日最高峰时，市值曾达到 2.92 万亿美元，约占当时标准普尔 500 指数成分股总市值的 6.62%。

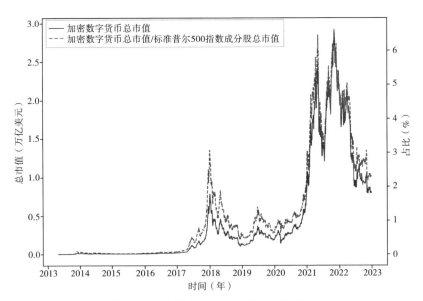

图 2.1　加密数字货币市值历年变化趋势

资料来源：Coinmarketcap & CRSP

目前，加密数字货币市场上已经存在超过1万种加密数字货币，但加密数字货币市场的市值分布存在显著的头部现象。表2.1列举了截至2022年12月31日市值排名前50的加密数字货币的市值和占比数据。这50种加密数字货币市值一共占市场总市值的94.89%，其中市值排名前10的加密数字货币占比超过了84.67%。

市值第一位的比特币（BTC）是第一代区块链的旗舰加密数字货币，总市值约为3187亿美元，占整个市场份额的40.05%。近年来发展迅速的第二名以太币（ETH）是第二代区块链的旗舰加密数字货币，总市值约为1465亿美元，占比为18.41%。第三名泰达币（USDT）、第四名USD Coin（USDC）和第七名Binance USD（BUSD）都是稳定币，市值分别约为662亿、445亿和167亿美元，占比分别为8.33%、5.60%和2.10%。这三种稳定币分别由三家中心化的机构发行。用户将法定货币转账到发行机构，发行机构会按照存入的美元数量扣除手续费，之后发行对应价值的稳定币并发送给用户。一般来说，1美元的存款能够产生1个稳定币，因此稳定币价值锚定美元，在去中心化金融中扮演着非常重要的角色。第五名币安币（BNB）是币安首次代币发行的加密数字货币，可以用来支付币安交易所的交易费用，市值约为393亿美元，占比为4.94%。第六名瑞波币（XRP）是以实现低成本全球支付为目的的加密数字货币，主要用于在Ripple网络中流通，总市值约为173亿美元，占比为2.17%。第八名狗狗币（DOGE）是模仿比特币的山寨币，目前市值约为93亿美元，占比为1.17%。第九名Cardano（ADA）和第十名Polygon（MATIC）都是公链币，总市值分别约为85亿和66亿美元，占比分别为1.07%和0.84%。剩余的加密数字货币市值均小于 60 亿美元，占比小于 0.80%。

表 2.1　市值排名前 50 的加密数字货币

排名	名称（代码）	市值（百万美元）	市场份额（%）
1	Bitcoin (BTC)	318 677	40.05
2	Ethereum (ETH)	146 493	18.41
3	Tether USD (USDT)	66 244	8.33
4	USD Coin (USDC)	44 530	5.60
5	BNB (BNB)	39 303	4.94
6	XRP (XRP)	17 251	2.17
7	Binance USD (BUSD)	16 703	2.10
8	Dogecoin (DOGE)	9 277	1.17
9	Cardano (ADA)	8 513	1.07
10	Polygon (MATIC)	6 647	0.84
11	Dai (DAI)	5 759	0.72
12	TRON (TRX)	5 029	0.63
13	Polkadot (DOT)	5 004	0.63
14	Litecoin (LTC)	4 898	0.62
15	Shiba Inu (SHIB)	4 449	0.56
16	Uniswap (UNI)	3 914	0.49
17	Solana (SOL)	3 615	0.45
18	Avalanche (AVAX)	3 412	0.43
19	UNUS SED LEO (LEO)	3 389	0.43
20	Wrapped Bitcoin (WBTC)	3 036	0.38
21	Chainlink (LINK)	2 789	0.35
22	Cosmos (ATOM)	2 676	0.34
23	Monero (XMR)	2 652	0.33
24	Toncoin (TON)	2 591	0.33
25	Ethereum Classic (ETC)	2 186	0.27
26	Bitcoin Cash (BCH)	1 885	0.24

续表

排名	名称（代码）	市值（百万美元）	市场份额（%）
27	Stellar (XLM)	1 875	0.24
28	OKB (OKB)	1 579	0.20
29	Cronos (CRO)	1 413	0.18
30	ApeCoin (APE)	1 305	0.16
31	Quant (QNT)	1 280	0.16
32	Algorand (ALGO)	1 212	0.15
33	Internet Computer (ICP)	1 145	0.14
34	VeChain (VET)	1 133	0.14
35	NEAR Protocol (NEAR)	1 071	0.13
36	Filecoin (FIL)	1 071	0.13
37	Hedera (HBAR)	935	0.12
38	EOS (EOS)	931	0.12
39	Pax Dollar (USDP)	876	0.11
40	Terra Classic (LUNC)	858	0.11
41	Bitcoin SV (BSV)	795	0.10
42	Huobi Token (HT)	787	0.10
43	MultiversX (EGLD)	786	0.10
44	TrueUSD (TUSD)	754	0.09
45	Aave (AAVE)	739	0.09
46	Theta Network (THETA)	732	0.09
47	USDD (USDD)	712	0.09
48	BitDAO (BIT)	701	0.09
49	Flow (FLOW)	682	0.09
50	Tezos (XTZ)	659	0.08

资料来源：Slickcharts，数据截至2022年12月31日

二、总锁定价值

总锁定价值指的是加密数字货币市场中锁定在去中心化金融协议[①]内的加密数字货币的价值。加密数字货币可以分为锁定在协议内和未锁定在协议内两种类型，因而总锁定价值是加密数字货币市值的子集。

一般来说，一个去中心化金融协议锁定的加密数字货币价值越高，说明其受欢迎程度越高，流动性更好。一方面，锁定价值越高，意味着用户数量或者每个用户锁定在协议内的加密数字货币的价值越多，因此证明协议的受欢迎程度越高；另一方面，协议锁定的加密数字货币数量越高，用户参与协议所造成的价格影响会更低，所以流动性更好。

图 2.2 展示了去中心化金融总锁定价值的变化，其中实线代表去中心化金融总锁定价值，虚线代表去中心化金融总锁定价值占加密数字货币市场总价值的比例。总体来说，去中心化金融总锁定价值虽然波动较大，但是大体上保持着上升的趋势，并在 2021 年 12 月 2 日达到近 2 524 亿美元，占比约 9.68%。2022 年 5 月 9 日，去中心化金融总锁定价值的总市值占比达到了 12.88% 的历史最高值，但由于 Terra 崩盘事件，去中心化金融总锁定价值及其总市值占比之后迅速下降。

---

① 协议（Protocol）与平台（Platform）两个概念存在一定区别，某平台可能存在多个协议。总锁定价值排名是以平台为单位，显示平台内所有协议总共锁定的加密数字货币价值量，例如 Uniswap 平台上三条协议（V1、V2、V3 协议）总锁定价值之和排名第五。

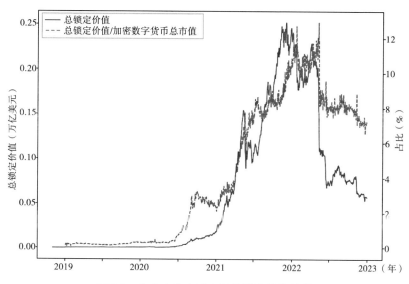

图 2.2　去中心化金融市场总锁定价值趋势

资料来源：Coinmarketcap，DeFiLlama

与加密数字货币市场市值类似，去中心化金融的总锁定价值也主要集中在头部平台当中。表 2.2 列举了截至 2022 年 12 月 31 日总锁定价值排名前 50 的去中心化金融平台。截至 2022 年 12 月 31 日，全球共有超过 2 000 个去中心化金融平台，而前 50 个去中心化金融平台的总锁定价值共占市场总锁定价值的 91.34%，其中前 10 名的平台总锁定价值占市场总锁定价值的 48.04%。

在这当中，总锁定价值第一名的平台是 MakerDAO，它是去中心化稳定币 DAI 的发行平台，总锁定价值为 58.9 亿美元，占比为 10.34%。第二名是 Lido，它是提供流动性质押解决方案的去中心化金融平台，总锁定价值为 58.7 亿美元，占比为 10.30%。第三名 AAVE 是一个去中心化借贷平台，提供抵押贷款和闪电贷，总锁定价值为 56 亿美元，占比是 9.83%。第四名 Curve 提供高效的稳定币交易服务，总锁定价值为36.1亿美元，占比为6.34%。第五名Uniswap是去中心化交易所，通过自动做市商算法支持加密数字货币之间的快速兑换，总锁定价值是33亿美元，占比为5.79%。第七名Convex Finance的总锁定价值是30亿美元，占比为5.26%，它是简化Curve与其代币CRV的使用过程（包括锁定、质押等），并提高参与者报酬的平台。第六名JustLend的总锁定价值为30.4亿美元，占比为5.33%；第八名Compound Finance的总锁定价值是23亿美元，占比为4.04%。这两个平台与AAVE相似，也是去中心化金融借贷平台。第九名PancakeSwap的总锁定价值为21.8亿美元，占比为3.83%，是币安智能链（BSC）支持的去中心化交易所。第十名Instadapp的总锁定价值为15.6亿美元，占比为2.74%，它是一个整合多个资产管理（如Aave、Compound、Uniswap等）协议的聚合资产管理平台。其余平台总锁定价值均小于16亿美元，限于篇幅不再详细介绍。当然，去中心化金融行业的整体业态时刻在变化，排名也在不断更新中，我们后续会持续关注具体平台的总锁定价值和占比变动情况。

表2.2 加密数字货币市场总锁定价值排名前50的去中心化金融平台

排名	名称	总锁定价值（百万美元）	市场份额（%）
1	MakerDAO	5 890	10.34
2	Lido	5 870	10.30
3	AAVE	5 600	9.83
4	Curve	3 610	6.34
5	Uniswap	3 300	5.79
6	JustLend	3 040	5.33
7	Convex Finance	3 000	5.26

续表

排名	名称	总锁定价值（百万美元）	市场份额（%）
8	Compound Finance	2 300	4.04
9	PancakeSwap	2 180	3.83
10	Instadapp	1 560	2.74
11	Balancer	1 510	2.65
12	Frax Finance	1 280	2.25
13	Coinbase Wrapped Staked ETH	1 180	2.07
14	Venus	1 080	1.90
15	JustStables	943	1.65
16	SUN	600	1.04
17	Rocket Pool	565	0.99
18	Sushi	557	0.98
19	Arrakis Finance	468	0.82
20	GMX	463	0.81
21	Aura	432	0.76
22	Liquity	412	0.72
23	dYdX	394	0.69
24	Morpho	394	0.69
25	Stargate	389	0.68
26	Alpaca Finance	369	0.65
27	Yearn Finance	358	0.63
28	Tectonic	261	0.46
29	Euler	255	0.45
30	Synthetix	250	0.44
31	Keep3r Network	228	0.40
32	Beefy	228	0.40
33	BiSwap	204	0.36
34	Olympus DAO	195	0.34
35	Vires Finance	191	0.34
36	Coinwind	190	0.33
37	DefiChain DEX	182	0.32

续表

排名	名称	总锁定价值（百万美元）	市场份额（%）
38	UniCrypt	176	0.31
39	VVS Finance	174	0.31
40	Benqi	174	0.31
41	Rari Capital	171	0.30
42	Parallel DeFi Super App	170	0.30
43	Tornado Cash	166	0.29
44	Nexus Mutual	166	0.29
45	Bwatch	162	0.28
46	Quickswap	161	0.28
47	Abracadabra	159	0.28
48	PinkSale	157	0.28
49	UwU Lend	152	0.27
50	Osmosis	148	0.26

资料来源：DeFiLlama，数据截至2022年12月31日

第二节 去中心化金融的产业生态

去中心化金融在逐步连接传统金融的过程中形成了产业生态，包括直接持币、买卖交易、资产配置、价值连接和投资评级。最开始，用户以法定货币购买专业设备参与挖矿或通过交易所购买来直接持有加密数字货币。随着加密数字货币种类增加，用户开始对加密数字货币产生多样化的需求。这样的需求以及对各种加密数字货币行情的不同判断，催生了用户在交易所进行加密数字货币之间的

买卖交易行为。加密数字货币市场的繁荣使得用户对更理性参与加密数字货币市场投资的渠道需求增加，这进一步促使传统金融机构推出加密数字货币交易型开放式指数基金和加密数字货币衍生品，满足用户资产配置需求。与此同时，加密数字货币币值波动较大，因此市场发展出了锚定法定货币的稳定币。稳定币直接为用户提供了相对稳健的加密数字货币市场投资手段，发挥了连接加密数字货币世界和法定货币世界的重要功能。后来，越来越多的用户进入加密数字货币市场，参与去中心化金融活动，传统金融机构也开始为去中心化金融项目提供投资和评级服务。

一、直接持币

去中心化金融以加密数字货币为支付方式，因此持有加密数字货币是用户参与去中心化金融的基础条件。加密数字货币的投资者可能出于投机或者投资心理，使用法定货币购买专业设备来参与挖矿或通过交易所购买加密数字货币，进而直接持有加密数字货币。

加密数字货币交易所是方便用户直接持有加密数字货币的中心化机构。用户可以方便地在加密数字货币交易所上兑换法定货币与加密数字货币。以币安交易所[①]为例，币安交易所提供 C2C 和 C2B 两种以法定货币购买数字货币的方式。C2C 是指用户可以在币安

---

① 币安交易所（Binance）是目前全球交易量最大的区块链资产交易平台，在 2017 年 8 月由加拿大籍华人企业家赵长鹏创办。需要注意的是，由于法律规定，目前所有的加密数字货币交易所均已退出中国内地，而本书作者王新程在中国香港地区工作，因此可以合法地使用相关服务。

C2C 直接以自己期望的价格和付款方式与其他用户买卖加密数字货币。C2B 是指用户也可以使用信用卡或借记卡直接购买币安的加密数字货币。一般来说，支持 VISA 或 MasterCard 的银行卡都可以进行购买。下面我们分别对这两种模式进行说明。

C2C 模式提供 6 种加密数字货币的交易，包括 BTC、ETH、USDT、BUSD、BNB 和 SHIB。例如，点击 USDT，会显示目前愿意出售 USDT 的用户信息、用户愿意提供的价格、目前拥有加密数字货币的数量以及支付方式。因此，用户可以在自选区浏览所有的交易对手，并选择合适的交易对手。

用户在选好希望交易的对手方后，点击"购买"按钮下单，输入要购买的金额，然后会出现付款的方式和对话框。用户根据卖方提供的支付方式进行转账后，再回到币安 C2C 订单页，点击"已付款"，等待卖方放币，即可获得相应的加密数字货币。同样的方式也可以用在出售加密数字货币上，只需将"购买"选为"出售"即可，其余步骤则与购买加密数字货币类似。

C2B 模式与 C2C 模式的操作方式类似。在交易过程中需要输入带有 VISA 或者 MasterCard 的卡号。使用银行卡支付会花费较高的手续费，因此币安会在页面显示预计获取该类数字货币的具体数量，例如 1 万港元能够获取 1 219.51 个 USDT，但是通过 C2C 模式最多可以获取 1 264.22 个 USDT。

二、买卖交易

投资者除了有法定货币和加密数字货币之间兑换的需求之外，

也有在不同加密数字货币之间互相兑换的需求。目前，全球有超过1万种加密数字货币，投资者出于不同的投资预期，看涨或者看跌某种加密数字货币，因此也需要进行不同的加密数字货币之间的汇兑交易。

交易所是实现加密数字货币交易最重要的中介机构，我们以币安交易所的交易流程为例进行说明。币安交易所是全球最大的中心化交易所，提供了600种以上加密数字货币的交易，并不断地更新可供交易的加密数字货币类型，例如2022年5月9日，币安上线了Lido DAO（LDO）货币。

一般而言，由于稳定币直接与法定货币（如美元）挂钩，因此投资者更喜欢使用稳定币与其他加密数字货币进行交易。币安平台会展示能够与USDT进行交易的加密数字货币类型，最常见的加密数字货币为BTC和ETH。由于目前可供交易的加密数字货币类型很多，因此投资者还可以通过在交易页面右侧搜索栏直接输入代币简称的方式，找到交易渠道，进而提高效率。

投资者点击"交易"按钮后，会进入买卖报价系统。我们以ETH和USDT的交易为例，在交易页面中，我们可以看到左下方的"买入ETH"的绿色功能键，实现的功能是卖出USDT、买入ETH；右下方的"卖出ETH"的红色功能键，实现的功能是卖出ETH、买入USDT。投资者可以选择限价交易，也可以选择市价交易。投资者确定好期望成交价格后，需要再输入预期成交额，如果匹配到愿意交易的对手方即可成功交易。

三、资产配置

用户的持币与交易行为既可能出于试探性的投机目的,也可能出于深思熟虑的资产配置。而随着加密数字货币市场的发展,投资者开始将加密数字货币作为一类新型资产。传统金融机构也推出了加密数字货币交易型开放式指数基金(Exchange Traded Fund,简称ETF)和加密数字货币衍生品,以满足用户分散风险以及追求收益等不同目的的资产配置行为。

加密数字货币交易型开放式指数基金使个人用户通过传统金融市场参与加密数字货币投资,例如比特币交易型开放式指数基金Purpose Bitcoin ETF为用户提供了一种拥有比特币的有效方式。2021年2月18日,投资公司Purpose在加拿大多伦多证券交易所正式上市Purpose Bitcoin ETF,这是首只投资比特币的交易型开放式指数基金。用户可以在交易所直接购买这只比特币交易型开放式指数基金,而且购买方式与以往购买股票或者其他传统交易型开放式指数基金的方式相同。然后,Purpose公司将从机构级流动性供应商(Institutional-grade Liquidity Providers)处购买比特币,将比特币结算并储存到用户的冷钱包中。①

近年来,陆续有加密数字货币衍生品工具产品通过审批进入金融市场,这进一步丰富了投资者进入加密数字货币市场的渠道,例如芝加哥商品交易所提供了期货与期权,主要包括BTC和ETH的相关衍生品。由于金融机构将加密数字货币引入传统金融市场,因

---

① 参考自 https://www.purposeinvest.com/funds/purpose-bitcoin-etf。

此，投资者除了通过加密货币交易所购买加密数字货币之外，还可以直接在传统金融交易所购买金融衍生品来配置加密数字货币，例如用户如果看好比特币的发展，可以直接使用法定货币购买 BTC 看涨期权（Call Option）。

四、价值连接

无论用户出于何种目的进入加密数字货币世界，加密数字货币都不能脱离法定货币世界。稳定币是价值锚定于法定货币的加密数字货币，在此情况下，稳定币的价值连接功能显得尤为重要。第一，稳定币可以起到支付手段的作用。绝大多数的加密数字货币币值波动很大，例如 BTC 每天的价格都会发生很大的变化，因此投资者直接使用它购买商品和服务较为困难。相较之下，稳定币币值较为稳定，因此投资者可以相对方便地使用稳定币直接购买商品和服务。第二，稳定币可以成为价值尺度。用户在加密数字货币世界进行币币交易时，可能因缺乏价值参照而难以直观地了解加密数字货币的亏损和盈利状况，例如当交易所用 ETH 来标价 BTC 时，用户难以直接地了解 BTC 目前的行情。在此情况下，由于稳定币锚定法定货币，因此用户能够更便利地衡量 BTC 的价值。第三，稳定币还可以成为储存手段。稳定币的价值锚定性质能够使用户在不完全退出加密数字货币市场的同时规避风险。加密数字货币市场行情波动剧烈，用户可以通过持有稳定币，而不是直接用加密数字货币兑换法定货币的方式规避风险。

稳定币一般分为由中心化机构发行的稳定币和由去中心化机构发行的稳定币两种。目前，市场价值排名第一的稳定币是泰达币。

泰达币是泰达公司（Tether）推出的价值锚定于法定货币美元的代币，1泰达币等于1美元，用户可以随时将持有的泰达币等比兑换为美元。泰达公司成立于2014年，泰达币的产生依赖于公司的发行。用户每储蓄1美元进入公司账户，公司就会发行1个泰达币。泰达公司每个季度都会公示经过第三方审计的资产储备分布情况。[①]目前，这些资产储备大致包括美国国债、商业票据、美元现金和银行存款、货币市场基金等。

除了中心化机构发行的稳定币之外，加密数字货币市场还有依赖于去中心化机构产生的稳定币。目前，市场价值排名第一的去中心化稳定币是DAI。DAI是世界上第一个由用户创建的、去中心化的、资产支持的稳定币，DAI价格稳定，与美元锚定。用户可以借助去中心化组织MakerDAO创办的协议来产生DAI。具体而言，用户利用Maker协议的接口Oasis Borrow，通过抵押诸如ETH、WBTC等20多种加密数字货币的方式从协议中借出DAI。用户借出DAI后可以灵活还款。该协议既没有还款时间表、最低还款额，也没有信用记录要求。只要用户抵押在协议中的加密数字货币价值符合协议的超额抵押比例要求，那么该协议就不会停止。可见，DAI稳定币在某种意义上是通过抵押方式发行的，背后由其他加密数字资产提供价值支撑。我们将在第四章稳定币一节中详细介绍DAI的产生方式。

目前，稳定币在加密数字货币市场中占据了重要的地位。正如前文提到，目前加密数字货币市场市值前10的加密数字货币中有三种是稳定币，总市值约为1 274亿美元，累计占比超过了16%。这三

---

① 详细数据可参见 https://tether.to/en/transparency/。

种稳定币均锚定于美元，1个稳定币约等于1美元。此外，去中心化稳定币的总锁定价值超过了91亿美元，累计占比超过了15%。这也从侧面证实了加密数字货币市场投资者的稳定币需求量较大。

五、投资评级

随着越来越多的用户进入加密数字货币市场和去中心化金融领域，传统金融领域也开始参与去中心化金融的发展。目前，传统金融参与去中心化金融的方式主要有两种。第一，传统金融中的风险投资机构为去中心化金融的发展提供协助，在机构初创阶段提供资金支持和咨询服务；第二，传统金融中的信用评级机构为去中心化金融提供评级服务，为去中心化金融融资与发展提供基础设施信息。

风险投资的支持是传统金融对去中心化金融最直接和有效的支持方式。2022年2月17日，全球头部风险投资机构红杉资本宣布将推出规模为5亿—6亿美元的加密数字货币专项基金，主要投资于在公开市场上具有流动性的代币和数字资产。这在一定程度上代表了传统投资机构对加密数字货币市场与去中心化金融的积极预期。

此外，传统金融机构中的评级机构也开始针对去中心化金融平台进行评级。例如，去中心化借贷平台Compound在2022年获得全球三大信用评级机构之一标准普尔公司的评级。具体而言，Compound旗下的子平台Compound Treasury获得了较低的B-评级。尽管目前的评级结果并不算正面，但是至少说明了传统金融机构开始逐渐接纳去中心化金融，认可它在资本市场中的地位，并为它提供服务。

整体而言，目前的去中心化金融还处于早期发展阶段，产业形态还未成熟，传统金融机构对中心化金融的支持举措为去中心化金融的发展提供了积极助力，有助于帮助优秀的去中心化金融项目快速成长，促进去中心化金融的健康发展。

除了以上五种业态之外，加密数字货币也被认为是元宇宙的重要基础设施之一，因此，去中心化金融和传统金融可能会共同为元宇宙的运转提供服务与保障。元宇宙一般被认为是"整合多种新技术而产生的新型虚实相融的互联网应用和社会形态"，由于区块链技术是元宇宙的基础设施，因此同质化代币（Fungible Token，简称FT）和非同质化代币（Non-Fungible Token，简称NFT）可能成为元宇宙中的流通货币与产权证明，而以加密数字货币为支付手段的去中心化金融则可能随着元宇宙的进一步发展而大放异彩。

第三节　去中心化金融的业务模式

去中心化金融的业务模式纷繁复杂，因此我们将通过分类的方式梳理去中心化金融的业务模式。一方面，去中心化金融协议的数量众多，根据DefiLlama的数据，截至2022年12月31日，全球共有2074个去中心化金融平台，共计2185条去中心化金融协议，从数量上来讲不可能穷尽全部的协议，所以我们分类并挑选代表性平台进行介绍；另一方面，众多去中心化金融协议之间的功能具有相似性，尽管去中心化金融市场有各式各样的平台，但是这些平台在整个生态系统中的角色相同，因此，功能的相似性使得我们可以对其进行业务分类。

去中心化金融是在连接传统金融的过程中逐步发展而来，其业务模式与传统金融业务模式具有较强的联系。去中心化金融和传统金融虽然有着截然不同的运行方式，但本质上都是金融产品和服务。从功能角度来看，很多去中心化金融协议是以创新的方式复制传统金融内容，还有一些去中心化金融协议则发展出了全新的业务内容。

可见，按照与传统金融的关系，去中心化金融业务模式可以分为映射模式和创新模式。其中，映射模式是指那些使用去中心化方式提供传统金融产品和服务的去中心化金融业务模式，正如银行、券商、保险等不同的金融机构为用户提供各种类型的金融产品和服务。而创新模式是指那些去中心化金融中独特的、在传统金融业务中没有对应内容的业务模式。

具体而言，我们将去中心化金融映射传统金融功能的业务分为基础设施类、信贷类、资管类、保险类这四大业务类别，将去中心化金融领域发展出的一系列特色业务统称为创新业务。第一，基础设施类业务对应的是传统金融中的基础设施体系，包括支付系统、证券托管与结算系统、征信系统、数据库系统等体系，受到诸如中国人民银行、中国证券监督管理委员会（简称证监会）及中华人民共和国工业和信息化部等机构的监管。第二，信贷类业务对应的是传统金融中的间接融资体系，典型机构包括商业银行、信托和消费金融公司等金融机构，主要由中国银行保险监督管理委员会（简称银保监会）进行监管。第三，资管类业务对应的是传统金融中的直接融资体系，典型机构包括证券交易所、券商、基金等金融机构，主要由证监会进行监管。第四，保险类业务对应的是传统金融中的保险体系，典型机构包括保险公司、保险经纪公司、再保险公司等金融机构，主要由银保监会进行监管。第五，对于那些无法被归纳到前述四种业务中的去中心化金融业务，我们统一将其纳入创新业务。

当然，以上五大类业务仅为最高层面类别的划分，我们还对这五大类业务做了更详细的二级分类，并在后续章节中按照该协议目前的影响力和代表性，选择其中一些平台进行更加详细的介绍。这些平台需要符合一些标准，包括总锁定价值量大、用户数量多、创办时间早、模式被广泛认可与借鉴等。

一、去中心化金融基础设施类业务

去中心化金融基础设施类业务对应的是传统金融中的基础设施体系。金融基础设施是指为各类金融活动提供基础性公共服务的系统及制度安排，是金融市场稳健高效运行的基础性保障。去中心化金融是全新的商业模式，与传统金融完全不同，因此需要全新的基础设施来支持去中心化金融系统的运行。

中国人民银行是传统金融基础设施的主要监管机构，其金融基础设施统筹监管范围主要包括金融资产登记托管系统、清算结算系统、交易设施、交易报告库、重要支付系统、基础征信系统等六类设施及其运营机构，主要由政府部门或者国有企业运营管理。[①] 传统金融市场的基础设施由资源丰富的中心化机构运行管理，而去中心化金融则需要依赖于去中心化金融基础设施类业务来提供相似的

---

① 参考自 http://www.gov.cn/xinwen/2020-03/06/content_5487618.htm。

服务。此外，去中心化金融本身还具有与传统金融不同的特征，因此还出现了一些独特的去中心化金融基础设施类业务。

去中心化金融基础设施类业务形式丰富，是目前去中心化金融市场发展较为繁荣的业务模式。我们将在第四章分别详细介绍加密钱包、加密数字货币支付、稳定币和去中心化隐私保护这四种去中心化金融基础设施类业务。

第四章第一节主要介绍加密钱包。在去中心化金融基础设施类业务中，加密钱包是传统金融市场中实体钱包和电子钱包的映射，例如银行卡账户和第三方支付账户等。加密钱包指的是为用户记录加密数字货币地址、公钥与私钥的载体。按照是否联网，加密钱包可以进一步分为冷钱包和热钱包两种。其中，Ledger 是影响力最大的冷钱包之一，而 MetaMask 是目前最流行的热钱包。

第四章第二节主要介绍加密数字货币支付。加密数字货币支付是传统金融市场中电子支付的映射。支付平台降低了交易的成本，提高了交易的速度，促进了经济的发展。Flexa Network 是总锁定价值量较大的支付平台，主要聚焦现实生活中的零售场景；而 Sablier Finance 主要关注流式支付（Streaming Payment）业务，让资金以一种连续的方式逐步转移到指定账户。

第四章第三节主要介绍去中心化稳定币。在去中心化金融基础设施类业务中，稳定币是重要的去中心化金融基础设施类服务。稳定币可以锚定法定货币。加密数字货币的币值波动频繁，因此，稳定币实现的价值连接功能对用户尤为重要。Maker 是所有去中心化金融中全球总锁定价值最大的平台，通过抵押加密数字货币铸造了稳定币 DAI，总锁定价值目前为 59 亿美元；而 Terra 公链生态上发

43

行的锚定美元的 UST 稳定币是典型的算法稳定币，生态总市值曾最高达到 600 亿美元。

第四章第四节主要介绍去中心化金融隐私保护。在去中心化金融基础设施类业务中，隐私保护是去中心化金融的特殊基础设施类业务。在传统金融领域，保护用户个人信息属于每家金融机构的法定义务，因此一般不存在专门的隐私保护公司。与之不同的是，去中心化金融系统中存在专门的隐私保护平台，例如 Tornado Cash 通过混币器的方式实现去中心化金融交易的隐私保护。Tornado Cash 曾经是总锁定价值量最大的去中心化金融隐私保护平台，由于受到了美国财政部海外资产控制办公室（The Office of Foreign Assets Control of the US Department of the Treasury，简称 OFAC）的制裁，目前其客户端已经下线。

二、去中心化金融信贷类业务

信贷业务本质上是用来解决交易双方的资金需求在时间上的错配问题，是传统金融中历史悠久且普及度极高的一类业务。对应于传统金融中的间接融资体系，去中心化金融中也存在大量提供信贷类业务的平台。

传统信类贷业务的典型机构包括商业银行、信托和消费金融公司等金融机构，主要业务内容包括储蓄与贷款。其中，贷款业务包括以房屋抵押贷款为代表的抵押贷款业务，以及以信用卡为代表的无抵押贷款业务。商业银行类机构一方面受到以银保监会为代表的国内监管机构的监管，另一方面也受到国际清算银行等国际组织制定的金融规范的约束。与之不同，去中心化金融信贷类业务平台则由去中心化自治组织治理，难以被纳入某个特定的传统监管框架和规范的规制范围之中。

我们将在第五章详细介绍去中心化金融信贷类业务。我们将去中心化金融信贷类业务进一步划分为去中心化借贷业务和去中心化质押业务。

第五章第一节主要介绍去中心化借贷业务。在去中心化信贷业务中，去中心化借贷平台是传统商业银行、消费金融公司等机构在去中心化金融中的映射。去中心化借贷平台与传统商业银行的功能相似，用户既可以选择向平台的某个协议中存入加密数字资产以获取利息（类似于商业银行的储蓄功能），也可以从协议资金池中借出新的加密数字资产（类似于商业银行的贷款功能）。Compound 和 AAVE 是其中最具有代表性的平台，两者均主要提供借贷业务。一般来说，去中心化金融贷款业务需要用户用特定加密数字货币进行超额抵押，而 AAVE 提供的闪电贷业务允许用户进行无抵押贷款。

第五章第二节主要介绍去中心化质押业务。在去中心化金融信贷类业务中，质押是加密数字货币市场独特的一种收益模式。尽管质押在传统的信贷类业务中没有对应的模式，但从投资者目的和风险控制的角度来看，质押实质上也是一种信贷类业务。质押主要有两类收入来源：第一类是以 Lido 为代表的验证费模式，权益证明需要通过质押来赚取矿工费，协议则需要通过聚合用户资金的方式来赚取矿工费；第二类是以 AAVE 为代表的奖励代币模式，此模式下的质押具有协议保障功能，如果协议发生风险，则需要用户的代币进行赔偿，因此质押类似于提供保险，而协议则奖励代币给用户。

三、去中心化金融资管类业务

去中心化金融资管类业务对应的是传统金融中的直接融资体系。资管类业务是现代金融市场发展的产物，资金的需求者与资金的供给者能够直接在交易平台进行匹配。随着科学技术的发展，人与人之间的交流更为便利，信息的传递更为及时，因此直接融资的运作成为可能。与间接融资相比，直接融资不再依赖信用中介。该种融资方式一方面降低了交易成本，另一方面也降低了系统性金融风险的可能。随着加密数字货币市场的发展，越来越多的用户认可加密数字货币的价值，因此，去中心化金融中的资管服务也逐渐发展起来。

传统资管类业务的典型机构包括交易所、证券公司、基金公司等金融机构，主要提供的服务包括证券交易、衍生品交易、基金交易等。传统资管类业务主要受到以证监会为代表的国内监管机构的监管。与之不同，去中心化金融的资管类业务平台则由去中心化自治组织治理，与去中心化金融的信贷类业务平台一样，也难以被纳入某个特定的传统监管框架和规范的规制范围之中。

去中心化金融资管类业务形式繁多，是目前去中心化金融市场协议数量最多、总锁定价值最大的业务模式。我们将在第六章依次介绍去中心化交易所、去中心化交易所聚合器、去中心化指数基金、去中心化金融衍生品和收益耕种这五种去中心化资管类业务。

第六章第一节主要介绍去中心化交易所。在去中心化资管类业务中，去中心化交易所是传统金融市场交易所在去中心化金融中的映射。去中心化交易所是协议数量最多、总锁定价值量最大的一种去中心化金融业务模式。Uniswap 是最具代表性的去中心化交易所，它创新性地使用自动化做市商机制的方式，通过建立流动性池来协助用户在区块链上完成加密数字货币之间的交易。

第六章第二节主要介绍去中心化交易所聚合器。去中心化交易所聚合器在传统金融模式中没有对应的业务模式。它类似于互联网金融商业模式中的互联网理财超市，是一站式提供优质报价的信息聚合平台。由于加密数字货币的种类与去中心化交易所的数量众多，因此用户需要花费高昂的时间成本去找到最优的加密数字货币兑换路径。1inch Network 是具有代表性的去中心化交易所聚合器之一，为加密数字货币的交易提供最优的报价。

第六章第三节主要介绍去中心化指数基金。在去中心化资管类业务中，去中心化指数基金是传统金融市场中基金公司提供的指数基金在去中心化金融中的映射，如各大公募基金提供的上证 50 指数基金等。Set Protocol 是典型的去中心化指数基金平台，该平台一方面为资产管理者提供创造资产组合的机会，另一方面也能够帮助投资者节约交易成本并分散风险。

第六章第四节主要介绍去中心化金融衍生品。在去中心化资管类业务中，去中心化金融衍生品平台是传统金融衍生品交易所在去中心化金融中的映射，如香港交易所提供的恒生指数期货以及期权（Options）。去中心化金融衍生品平台既包括类似传统衍生品的业务模式，如去中心化衍生品、去中心化期权，也包括一类全新的业务模式，如去中心化合成资产类（Synthetics）。dYdX 是一个专注于交易加密数字货币永续合约的交易所，永续合约与期货类似，投资者购买的是未来的加密数字货币。Synthetix 是一个提供合成资产交易的平台，该平台提供的合成资产能够锚定各类资产的价格，进而丰富可交易资产的种类。

第六章第五节主要介绍去中心化金融收益耕种。收益耕种指的是通过组合协议构建的高风险投资方式，用户可以通过使用多个去中心化金融平台来获得投资回报。一般来说，收益耕种伴随着高风险，在形式上类似于传统金融中的量化投资。其中，提供流动性并获得奖励代币是比较常见的操作方式，因此，收益耕种也被翻译为"流动性挖矿"。我们将以三家平台为例介绍收益耕种：第一，Curve 是一个专为稳定币而设计的去中心化交易所，为了鼓励用户提供流动性，Curve 提供了收益耕种的奖励 CRV 代币；第二，Convex 设立的主要目的是简化用户在 Curve 上的使用流程，并提高参与者的报酬；第三，Yearn 旨在为去中心化金融投资者提供收益聚合服务，涵盖了更多种类的加密数字货币，类似于加密数字货币世界的智能投顾平台。

四、去中心化金融保险类业务

去中心化金融保险类业务对应的是传统金融中的保险体系。经济运行中的生产、流通、消费等各个环节以及居民日常生活的衣食住行都存在诸多不确定性，这种不确定性可能带来损失，因此需要通过保险这种重要工具来管理和控制风险。金融是资金在不同用户之间的跨期配置，金融市场为用户带来收益的同时也伴随着风险。

金融市场也存在专业性的保险产品，例如中国人民银行设立的存款保险。去中心化金融的发展增加了加密数字资产领域金融运作的效率与透明度，但是黑客攻击等危害用户资产安全的事件也频频发生。传统的保险机构无法满足去中心化金融用户的这种风险管理需求，因此去中心化金融中的保险类服务也逐渐发展起来。

传统保险类业务的典型机构包括保险公司、保险经纪公司与再保险公司，主要提供的服务包括财产保险、人身保险等。保险类业务主要受到以银保监会为代表的国内监管机构的监管。然而，去中心化金融保险类业务平台则难以被纳入某个特定的传统监管框架和规范的规制范围之中。

去中心化金融保险类平台的形式较少，是目前去中心化金融市场发展较为缓慢的业务模式。我们将在第七章分别详细介绍去中心化保险、去中心化保险经纪和去中心化互助保险这三种去中心化保险类业务。

第七章第一节主要介绍去中心化保险。在去中心化保险类业务中，去中心化保险平台是传统金融市场中财产保险公司在去中心化金融中的映射。Nexus Mutual 是具有代表性且总锁定价值较大的去中心化保险公司，用户可以自主选择成为保险购买者、保险提供者和索赔评估者。

第七章第二节主要介绍去中心化保险经纪。在去中心化保险类业务中，去中心化保险经纪平台是传统金融市场中保险经纪公司在去中心化金融中的映射。不过，这里的去中心化保险经纪平台的目标是提供保险经纪服务，实质上提供的服务类似于保险代理人。Armor 在 2022 年 7 月底时的总锁定价值约为 2.7 亿美元，在去中心化保险类平台中排名第一，为用户通过 Nexus Mutual 购买保单与获得承保提供便利。

第七章第三节主要介绍去中心化互助型保险。在去中心化保险类业务中，去中心化互助型保险平台的运行逻辑类似于传统金融中的互助保险机构，付款方式类似于互联网平台的大病互助计划，例如支付宝平台曾经上线过的相互保。保险经纪公司 Armor 后期转型为 Ease，Ease 不要求用户支付保费，也不需要用户签订合同，在损失发生时不需要投保的用户自己证明，且能够永久地保证用户参保的资产被保护。

五、去中心化金融创新业务

去中心化金融创新业务是那些在传统金融体系中没有类似业务映射的全新业务。首先，非同质化代币交易市场和借贷平台开创了全新的去中心化金融业务。非同质化代币是储存在区块链上的独一无二的数据，通常被用作照片、音乐、视频等数字资产的所有权的数字证明。NFT 市场的交易金额快速增长，引起了业界的广泛关注，因此，基于非同质化代币的交易市场和借贷平台开始发展起来。其次，去中心化金融需要实现不同区块链上的资产转移，以及与现实世界的信息连接。多个不同的区块链为去中心化金融业务提供底层技术设施，为了促进不同链上的资产转移，去中心化金融系统发展出了跨链桥业务。一些去中心化金融协议的运行依赖于现实世界信息，于是将加密数字生态系统之外的信息写入区块链的预言机也产生了。最后，加密数字货币世界中的投资者以盈利为核心目的，因此有相当数量的用户喜欢参与投机活动。去中心化金融的运行依赖于区块链、加密数字货币和智能合约,而这些底层技术的特征与预测市场具有相当高的契合度,因此去中心化预测市场也逐步发展起来。

去中心化金融创新业务目前发展相对缓慢,协议数量较少、总锁定价值量较低,业务模式目前还不成熟,但是未来会具有较大的发展潜力。我们将在第八章分别详细介绍去中心化NFT交易市场、去中心化NFT借贷、跨链桥、预言机和去中心化预测市场。

第八章第一节主要介绍去中心化NFT交易市场。去中心化NFT交易市场是去中心化金融体系中重要的创新业务模式,用户可以在区块链上交易非同质化代币。去中心化NFT交易市场在业务内容上类似于收藏品的拍卖行;在组织形式上类似于文娱行业中的文化产权交易所。2022年2月成立的X2Y2发展迅速,目前交易量占比排名第一;而成立于2021年1月的NFTX是总锁定价值量最大的碎片化NFT交易市场。

第八章第二节主要介绍去中心化NFT借贷,该业务是指用户在区块链上利用其持有的NFT获取贷款。NFT借贷平台类似于典当行,典当行属于非典型的金融机构,早期由中华人民共和国商务部进行监管,2018年后已经划归银保监会进行监管。NFTfi成立于2020年2月,是成立最早且最具代表性的点对点(Peer to Peer,简称P2P)类型的NFT借贷平台;而BendDAO成立于2021年第四季度,是总锁定价值量最大的点对协议(Peer to Contract,简称P2C)类型的NFT借贷平台。

第八章第三节主要介绍跨链桥,跨链桥是帮助加密数字资产在不同区块链之间转移的一种业务。这种创新业务可以使去中心化金融用户实现加密资产的跨链转移。Multichain 是提供多种区块链之间资产转移的去中心化跨链桥，而 Polygon Bridge 是 Polygon 区块链自带的跨链桥。

第八章第四节主要介绍预言机，该业务是将区块链外现实世界的信息引入区块链中，进而帮助去中心化金融协议完成与现实世界信息的交互。Chainlink 是目前规模最大的去中心化预言机网络平台，通过去中心化的节点将现实世界的信息输入区块链。

第八章第五节主要介绍去中心化预测市场。去中心化预测市场在传统金融体系中没有对应的业务模式，投资者直接利用协议对未来某个事件的预测进行投资。Polymarket 作为总锁定价值量最大的去中心化预测市场协议，是一个基于 Polygon 公链构建的信息市场平台，可以让用户就世界上任何受争议的话题进行交易。

第三章

去中心化金融技术与组织

第一节　区块链

区块链（Blockchain）是去中心化金融中最重要的基础设施技术，是一个将按照时间顺序编排的数据存储在一系列连续增长的区块（Block）中的分布式系统，也被称为分布式账本技术（Distributed Ledger Technology，简称 DLT）。一个区块指的是某个时间段内的信息储存单元，这些区块通过哈希（Hash）函数连接在一起，形成链状结构，也就被称为区块链。一个更简单的说法是，区块链是一个"交易数据库"，每次有一组新的交易添加到其中，就称为一个"区块"。本节我们将从发展历程、技术原理以及对去中心化金融体系的意义三个方面介绍区块链这种重要的基础设施。

总的来看，区块链的发展大体上沿着从思想观念到技术迭代，再到应用扩展的脉络。

区块链技术的诞生以密码学思想和方法以及密码学货币概念为理论基础。1976 年，惠特菲尔德·迪菲（Whitfield Diffie）和马丁·爱德华·赫尔曼（Martin Edward Hellman）发表了《密码学的新方向》（*New Direction in Cryptography*），讨论了密钥传输通道的安全性问题以及与书面签名等效的认证体系提供问题。1997

年，为了遏制群发垃圾邮件等滥用电子邮件资源问题，亚当·贝克（Adam Back）提出了哈希现金（HashCash）系统，由此第一代工作量证明算法出现，为后来比特币挖矿功能提供了方法基础。[①]1998年，戴维（Wei Dai）设计的B-Money和尼克·萨博（Nick Szabo）设计的Bit Gold提纲使密码学货币概念成型。

比特币区块链是第一代公共区块链。第一个真正意义上的去中心化区块链由中本聪在2008年10月31日发布的论文《比特币：一种点对点的电子现金系统》中提出。2009年1月3日，在该论文的基础上，比特币的创世区块被挖出，这意味着比特币区块链诞生。创世区块被嵌入了一段文字：2009年1月3日，财政大臣正处于实施第二轮银行紧急援助的边缘（The Times 03/Jan/2009 Chancellor on brink of second bailout for banks）。这是当天《泰晤士报》的头版文章标题。据推测，中本聪可能认为比特币网络将革命性地改变传统金融体系。比特币区块链网络主要被用于转账，提供最基础的金融支付和交易服务。

随后，随着公链技术不断发展，开始有新的公链被开发出来。2013年末，维塔利克·布特林发布了旨在建设第二代区块链的以太坊白皮书。以太坊通过客户端连接以太坊网络，可以部署智能合约，并通过各种去中心化应用程序实现交互。以以太坊为代表的第二代公链的核心特点是可编程性，这使用户可以在区块链网络上构建和部署智能合约和去中心化应用。这也意味着，用户可以通过区块链来储存数据或运行程序，实现可以通过编程实现的任何事情，

[①] 参考自 http://www.hashcash.org/hashcash.pdf。

这极大地拓宽了区块链的想象边界。与第一代区块链比特币相比，智能合约等基础设施为隐藏底层技术复杂性提供了可能，更多区块链技术转化为应用落地。

现在，区块链进入了为各行各业提供去中心化解决方案的时代。游戏、社交、去中心化金融服务等各种更为丰富的应用程序相继上线。区块链技术被大规模应用在经济社会各个领域，例如目前区块链应用场景已经涉及贸易、物流、金融、政务、文娱、工业、农业、能源、医疗和教育等诸多行业。

接下来，我们以比特币区块链为例，详细阐述区块链的技术原理。一个完整的区块由区块头（Head）和区块体（Body）构成。如图3.1所示，一个区块用一个正方形表示，上方为区块头部分，下方为区块体部分。区块头主要包括前一区块哈希值（Previous Hash）、版本号（Version）、时间戳（Time Stamp）、随机数（Nonce）、难度（Difficulty）和梅克尔树根（Merkle Root）六个要素。区块体中则是通过梅克尔树形结构记录了该区块储存的交易数量（Number of Transactions）以及交易数据（Transactions）。本区块的哈希值由区块头要素进行哈希计算得到，并记录在下一区块的区块头中，从而构成一个可以持续增长的链状结构，也就是区块链，如图3.2所示。

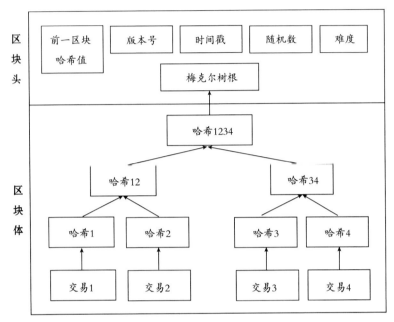

图 3.1 区块结构示意

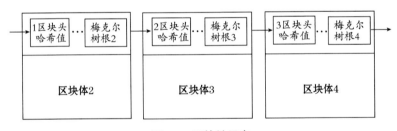

图 3.2 区块链示意

这些区块的哈希值通过哈希函数（Hash Function）创建。形象地说，哈希函数是一种为任意长度数据创建较短固定长度"数字指纹"的方法。它能够接受任意长度的输入，然后给出一个固定长度的输出。哈希函数最重要的特点是，给定相同的输入，哈希函数能提供相同的输出；而给定不同的输入，哈希函数极大概率会给出不同的输出。之所以说"极大概率"，是因为哈希函数本质上是将一个无限的输入集合映射到一个有限的输出集合中,所以只要给定不同输入,函数给出相同输出的概率足够小,我们就可以大致认为,给定函数的两个输出相同,函数的两个输入也应当是相同的。

在区块链中,每一个区块的信息能够通过哈希函数和一个哈希值对应,而这个哈希值就会被记录在下一个区块的区块头里。在这样的情况下,一旦区块链中的某个区块中的信息被篡改,那么该区块对应的哈希值就会改变。而由于该区块的哈希值是被包含在下一个区块中的,所以下一个区块的信息也发生了改变,从而导致下一个区块的哈希值发生改变。因此,一旦区块链上的某个区块的信息被改变,就会导致后续区块的信息全部被改变,因而对区块链上的信息进行篡改是很容易被发现的。

区块链的这一抗篡改的特性,使得用户在区块链上留下的所有信息都不能被改变。所以区块链的一个很重要的功能就是"记账"——所有记录在区块链上的交易都是公开的,并且可以被任何人在事后进行查验,这就是区块链产生信任的来源。以获得"记账权"为目标的分布式节点被称为矿工,而"记账权"的产生方式则被称为共识机制。

共识机制是指参与节点将一个新的区块添加到区块链中的验证方法。工作量证明方法是指矿工相互竞争解决一个复杂的计算问题,第一个解决问题的矿工验证新区块,将其添加到区块链中,并向网络中的其他节点宣布,其他节点验证矿工的解决方案,如果通过验证,节点会在验证下一个区块时使用这个新的哈希值。权益证明方法则是指随机选择节点成为验证者,一个节点必须抵押一定数量的加密数字货币才能进入备选池,该节点被选中成为验证者的概率与抵押金额大小成正比，而且抵押金额高于交易费用时可以保证验证的可靠性。

以以太坊为代表的区块链是去中心化金融得以发展的重要基础。一方面，区块链的公开、透明、防篡改等属性有效解决了传统金融体系中的信任痛点，使得金融实现向去中心化的转变；另一方面，开发者可以在以太坊等网络上构建和部署智能合约、去中心化应用，极大地拓展了去中心化金融的想象边界。

总之，自创立至今，区块链围绕去中心化、安全和可扩展的目标不断更新迭代，优化用户体验，未来一定会有更广阔的应用空间。一方面，区块链可以从共识机制层面进行优化，在保证安全性的同时加快交易确认的速度，例如目前的权益证明共识机制在理论上就能够比工作量证明共识机制有更快的交易确认速度。2022年9月15日，以太坊从工作量证明共识机制转向了权益证明共识机制，在提升效率的同时减少环境污染风险。另一方面，区块链可以通过二层网络（Layer 2）、侧链等解决方案提升可扩展性，例如基于以太坊的二层网络方案①，在区块链上发生的交易会直接提交给第二层节点，并且在第二层达成共识，而后第二层区块链定期与以太坊通信将证明发回给第一层，这样一来，第一层主要负责安全性、数据可用性和去中心化，第二层负责承担具体的事务。在这种情况下，因为交易被汇总后统一提交到第一层，所以第一层的交易量显著减少，从而拥堵问题得以解决。

---

① 关于二层网络方案的论述详见 http://ethereum.org/zh/layer-2/。

第二节　加密数字货币

加密数字货币（Crypto Currency）是一种由密码学驱动的新型数字货币，是基于分布式账本的交换媒介。其中，交换媒介是指被广泛接受、可支付任何商品和服务的物品，而分布式账本是记录交易的数据存储系统。与银行转账或第三方支付转账等金融服务相比，加密数字货币的最大特点在于不需要中间人参与。在传统金融体系下的银行转账过程中，银行会干预资金发送方和接收方之间的交易，银行有权监视、审查，甚至与第三方共享用户的交易记录。但加密数字货币不同，区块链技术将资金发送方和接收方直接连接在一起。

创造加密数字货币的想法最早始于戴维的 B-Money 和尼克·萨博的 Bit Gold 提纲。1998 年，戴维发布了《B-Money：一种匿名的分布式电子现金系统》一文，文中提出了电子加密货币系统 B-Money，围绕该系统出现了用工作量证明创造货币的理念，以及分布式账本、激励、身份验证等核心概念。1998 年，尼克·萨博首次提出了 Bit Gold 构想，并于 2005 年公开且完整地阐述了该构想。在 Bit Gold 网络中，参与者使用算力解决密码学难题，每个解决方案都将成为下一个挑战的一部分，由此成为一个不断增长的链条。[①]

比特币的诞生是加密数字货币走向现实的真正开端。2008 年

---

① 参考自 https://unenumerated.blogspot.com/2005/12/bit-gold.html。

10月31日，中本聪发表了论文《比特币：一种点对点的电子现金系统》。2009年1月3日，中本聪开采出了比特币网络首个区块，世界上第一个加密数字货币比特币诞生。2010年，拉斯洛·汉耶兹（Laszlo Hanyecz）使用10 000个比特币购买了两个比萨，这是比特币第一次被估值。更重要的是，2010年也是加密数字货币市场的形成之年。2010年7月，Mt.Gox上线，并于2013—2014年初占据超过70%的全球加密数字货币交易市场份额，一度成为规模最大的加密数字货币交易所。2011年，加密数字货币进入市场竞争期。自此开始，诸如莱特币（Litecoin）等新型加密数字货币相继出现，共识机制等底层技术创新大量出现。

首次代币发行在加密数字货币发展历程中具有重要意义。它是加密数字货币市场借鉴首次公开发行的筹资方式，以资助新兴项目。在首次公开发行中，公司出售股票以筹集法定货币，股票代表公司资产的所有权和收益分成权。然而，项目方参与首次代币发行的目的是获得流通中的加密数字货币（如早期的比特币），并出售项目方自己发行的代币。这些项目方发行的代币用途各异，具体用途通常在其白皮书中进行详细描述。以太坊项目也是通过首次代币发行的方式获得项目发展所需资金。

以太坊的出现是去中心化金融发展史上一个重要的节点。2015年7月30日，以太坊网络正式启动。作为目前市值第二大的加密数字货币，以太坊给加密数字货币世界带来了智能合约及去中心化金融。这些成果让以太坊得以在其区块链上运行整个生态系统，同时也能托管自己的原生货币以太坊。除此之外，以太坊联合创始人提出的代币标准 ERC-20[①]，允许开发者在以太坊区块链上创建同质化代币并与第三方应用程序集成。该标准被广泛接受，创新的重心逐渐从底层技术层面转移到应用层面。[②]

稳定币的出现是加密数字货币世界锚定现实世界资产的重要节点。2014年7月，由 Bitfinex 组建的泰达公司发行了法定货币抵押稳定币 USDT。该稳定币试图与美元挂钩，采取中心化方式运营。泰达公司每个季度都会公示经过第三方审计的现金储备分布，目前被广泛投资于美国国债、商业票据、美元现金和银行存款、货币市场基金等资产中。后来，稳定币市场还逐渐发展出加密数字货币抵押型稳定币和算法稳定币等。例如 Maker 发行的稳定币 DAI 采取超额抵押加密数字货币的机制运行，但由于锚定的以太坊本身价格的波动性，即使采取超额抵押机制，仍然具有币值不稳定的风险。又如 Terraform Labs 创建的 Terra USD（UST）是一种算法稳定币，它试图通过算法构造的套利机制促使供需平衡，进而维持价格的稳定性，但这种算法稳定币机制仍然具有币值不稳定的风险。我们会

---

① ERC（Ethereum Request for Comments）是概述以太坊区块链编程标准的技术文件，以这些技术文件提出的编程框架为基础创建应用程序和合约，可以使这些应用程序和合约之间的交互更为便捷。ERC-20 是其中一种创建同质化代币的协议标准，开发人员基于这个标准创建的同质化代币，就可以自动与其他支持该标准的服务和软件互操作。而下文智能合约部分提到的 ERC-721 则是另一个编程标准的技术文件，具体内容是关于非同质化代币创建。

② 当然，理论上从是否依托自有区块链发行的角度，将首次代币发行产生的加密数字货币细分为 Coin 和 Token。首次代币发行术语中的 Coin 是广义的，而这里子分类使用的 Coin 概念是狭义的，专指在自身独立的区块链上运行的原生币，依托的是区块链底层技术，比如 BTC、ETH 等。而 Token 是依托非自有区块链的一种次生币，比如 AAVE、COMP、DAI 等代币，这些 Token 通过以太坊代币标准协议发行，涉及区块链的应用层。

在第四章详细介绍这两种去中心化稳定币的运作机制。

接下来我们详细阐述加密数字货币的原理。

第一，区块链技术是加密数字货币的产生基础。货币本质上是信用关系的一种体现。当货币的使用者形成共识时，货币才会真正被赋予价值。而区块链技术恰恰提供了一种非常适合于创建货币的场景。首先，区块链本身就是一个分布式账本，这个账本上详细记录了在这个体系里不同地址之间的信用关系，这与货币本身所代表的"信用"不谋而合。其次，区块链不可篡改的特性保证了这个账本上的信息具有可信度，也就是说区块链的不可篡改特质天然能够产生信任。最后，区块链本身去中心化的特质，使得人们可以摆脱中心化机构带来的一些问题。在传统的金融体系中，货币的发行需要中心化机构为其背书，人们是因为相信中心化机构，从而相信其发行的货币的价值，但中心化机构本身并不完全是绝对可信的。在去中心化的金融体系中，人们转而相信区块链上的信息，区块链上的信息是客观和中立的，相对来说更不以某些人的利益所转移，因而也更加可信。

第二，加密数字货币依托于密码学中的数字签名技术。这是支撑加密数字货币的核心技术，也是加密数字货币中"加密"二字的来源。数字签名可以被理解为使用一些技术手段来模拟现实中的签名。比如在现实世界中，当一个人签署一份知情同意书时，应意味着他认可并接受知情同意书中的条款。这样的签名要具有效力的话，必须满足一些特征。首先，一个人的签名必须只能由本人生成。①其次，一个人在一份文件上的签名应当是有限制性的，这也就意味着一个签名对应一份文件，其他人并不能通过使用这个签名来声明这个人对其他文件的知情同意。在密码学中，数字签名算法可以通过非对称加密技术来实现这一目的。②非对称加密技术会先随机生成一个私钥，私钥可以通过算法生成公钥，公钥可以进一步生成地址，但是公钥和地址均不能反推私钥。信息的发送方可以用自己的私钥对一段信息进行加密，形成数字签名。而后，发送方可以将数字签名和原文一起发送给信息的接收方，然后公布自己的公钥。信息的接收方可以用发送方公开的公钥对被加密后的信息进行解密，从而检查解密后的信息是否和发送方发送的原文一致。如果一致，就可以说明这一信息是由发送方所发送。③

在此基础上，我们用一个例子来简单介绍加密数字货币的交易。我们先假设A的钱包地址里有1枚比特币。A如果想要将这枚加密数字货币转给B，他就需要声明"A将1枚比特币转给了B"。A可以使用自己的私钥对这句话进行加密，而后把这个声明和加密后的数字签名发布在区块链上。在这一信息发布后，区块链上的

---

① 如果其他人也可以生成这一签名，那么这份文件上的签名就不能表示这个人接受文件内容，因为这一签名也可能是由其他人生成的。

② 参考自 https://bitcoin.org/bitcoin.pdf。

③ 在实际的运行中，区块链使用的非对称算法是椭圆曲线密码学（Elliptic Curve Cryptography，简称ECC）——一种基于椭圆曲线数学的公开密钥加密算法。为了节约储存空间，网络上的节点实际接收到的是公开的信息和数字签名，矿工根据ECC算法通过结合验证信息和数字签名的方式解密出该笔信息的公钥和地址，进而跟发出者的地址进行对比，以确认信息的发出者实际拥有这个地址的使用权。https://ethereum.org/en/developers/docs/accounts/。

所有人都可以使用 A 公开的公钥对这一信息进行解密，并将解密后的信息和声明进行对照，如果确认无误，那么这笔交易就被记录在了区块链上，任何人都不可以更改，也就成为一种"信用"的记录。由于区块链是可溯源的，所以其他人也可以根据以往的交易记录，判断 A 是否真的拥有这枚比特币。

当然，在实际的运行过程中，还需要考虑很多其他问题，例如最基础的双重支付（Double Spending）问题等。双重支付问题简单来说就是同一笔钱花了两次，也被称为"双花问题"。在区块链系统中，可能出现 A 在将一枚加密数字货币转给 B 的同时也将这枚加密数字货币转给了 C。有两种情况可能会导致出现这种问题。一是工作量证明共识机制导致区块确认时间较长，因此可能出现 A 在将这枚加密数字货币转给 B 这笔交易还未被确认完成的时间间隔内，用这枚加密数字货币发起对 C 的第二笔交易。二是即使 A 对 B 的第一笔交易已经被验证通过并记录区块，A 仍然可以通过控制算力的方法，验证出新的包含 A 对 C 交易信息的更长链条，A 第二次花费这枚加密数字货币的更长区块链条将使第一次花费的链条变为无效链条，所以导致了"双花"。

比特币创始人中本聪提出，可以通过未花费交易输出（Unspent Transaction Output，简称 UTXO）记录、时间戳（Time Stamp）证明，以及规定每笔交易必须进行 6 次确认等方法来解决这一问题。具体而言，首先，系统在 A 申请交易这 1 枚比特币之前，会检查这枚比特币是否为 A 的未花费交易输出。然后，系统对于 A 向系统提交的每笔交易都会有一个提交时间，如果提交了同一未花费交易输出的两笔交易，系统中的节点只确认时间戳在前的那一笔，这就可以避免 A 利用区块确认时间间隔差进行 A 对 B 和 A 对 C 的双花交易。当然，如果 A 向系统同时提交了对 B 和 C 转账这 1 枚比特币的交易，系统确认此枚比特币为未花费交易输出，而且这两笔交易因为时间接近而被不同节点确认，那么区块链将分叉，剩余节点在两链之间选择一个来构建新区块。当其中 A 对 B 这一笔交易被 6 个节点确认后，其所在链将成为系统最长链，该笔交易被视为最终确认，另一条包含 A 对 C 交易的分叉链将因为该比特币不再被系统视为未花费交易输出而被停止确认。另外，A 大概率不再通过算力控制方法改变最长链进而导致"双花"的原因主要有两个。一是中本聪计算了在 6 次确认规则下，攻击者算力追赶成功的概率很低；二是形成算力控制局面的成本本身很高，即便掌握超过 51%的算力成为算力控制者，该算力控制者也是比特币网络健康运行的最大受益者，发动攻击虽然能够短期获利，但长期来看，比特币价值会遭到毁灭性打击，因此算力控制者出于理性计算，不会做出不利于自己长期经济利益之事。

此外，在比特币的经济系统中，还有一系列类似的巧妙激励设计，来保证整个系统能够正常运作。例如，比特币系统通过提供挖矿激励和交易手续费，来实现加密数字货币的发行，以及保证矿工有动机去做交易的打包和账本的维护等。当然，不同的加密数字货币在经济系统的设计上也有很大的不同。对此，我们可以通过进一步阅读加密数字货币项目的白皮书来了解相关设计的更多细节。

加密数字货币是去中心化金融中的重要基础设施，类似于法定货币在传统金融体系中的作用和地位。金融业务实质上是各种形式的货币流通,与之相对应,去中心化金融业务实质上是各种形式的加密数字货币流通。例如去中心化金融信贷业务是指超额抵押某种加密数字货币,然后从协议资金池中借出另一种加密数字货币;去中心化金融资管是指从加密数字货币的投资中获取收益等。

总之,在加密数字货币的发展过程中,机遇与风险并存。经过数年发展,加密数字货币的种类和市值都呈指数级增加,但也存在比特币价值波动剧烈、Luna 代币崩盘这样的负面新闻。自 2013 年,中国就密切关注加密数字货币。2017 年,中国人民银行等七部委联合发布《关于防范代币发行融资风险的公告》,正式宣布禁止首次代币发行。此后,中国对加密数字货币的监管日趋严格。事实上,随着稳定币的流行,各国都已经意识到加密数字货币对金融稳定的重大影响,开始出台相关的监管政策。我们相信,未来加密数字货币的监管会日趋完善。

第三节　智能合约

智能合约(Smart Contract)是在区块链上运行的计算机程序。智能合约将协议条款写入代码,然后部署于分布式的区块链网络中。智能合约的执行是由代码控制在区块链上自动执行,因此承载于协议的交易是可追踪且不可逆的。智能合约能够允许广泛的匿名主体间在无须对手方身份背景信息和外部执行机制的情况下进行交易。

智能合约这一概念最早由尼克·萨博提出。萨博于 1994 年撰写了《智能合约》一文，介绍了智能合约的概念；又于1996年撰写了《智能合约：数字市场的基石》(*Smart Contracts: Building Blocks for Digital Markets*) 一文，介绍了智能合约的一些特性和设计原则。简单来说，萨博通过这两篇文章设想了一类支持自动化和安全交易的数字市场，使人与人之间可以无须经由中介机构，以点对点的方式进行交易。

随着比特币的发展，人们已经认识到区块链可以用于开发更为广泛的行业和领域的去中心化解决方案。然而，比特币的体系结构只支持检查和验证货币交易，尚不足以支持其他各类应用程序，因此后来的区块链中创造性地引入了智能合约。正如在第三章第一节区块链部分所述，第一代区块链（比特币区块链）只支持支付活动，从第二代区块链以太坊开始，区块链开始具有可编程的属性，智能合约也就应运而生。根据第三方数据公司Dune统计，2022年以太坊上曾经运行过的智能合约总数已经超过5 000万。[①]

智能合约本质上是借助区块链技术实现信任机制的创新。传统合约的信任基础在于合同方对彼此的信任及对国家司法体制的信任。合同方对彼此的信任是指合约签订方相信对方会按约行使合同权利和履行合同义务。而对国家司法体制的信任在于通过指定和实施合同法为合约执行提供制度保障。在现实生活中，合同在签订生效后便具有法律效力，如果有一方不履行合同义务或违背合同条款，另一方就可以诉诸法院要求强制执行或获得赔偿，进而保障其合同利益。可见，法律威慑是传统合约方信任合约可执行的另一个

---

① 参考自 https://dune.com/sawmon_and_natalie/smart-contracts-on-ethereum。

重要原因。

而智能合约通过开源的、不可篡改的代码自动执行来提供陌生人之间交互的信任基础。一方面，智能合约的程序代码都是公开的，用户可以直接通过查阅代码来了解智能合约设定的权利义务内容，进而决定是否加入合约；另一方面，智能合约基于区块链技术，一经上链便不可更改，而且一旦达成合约初始设定的执行条件即自动执行，不受任何主体控制和干预，因而用户可以不考虑其他与智能合约交互用户的可靠性，便充分相信合约定会如约执行。总之，智能合约是部署在区块链上的计算机程序，这使人们无须相信对手方和某个第三方，而是可以通过直接相信代码来实现可靠的交互。

接下来，我们通过一些更形象的说明来介绍智能合约应用的技术过程。对此，以太坊的官方网站提供了一个非常恰当的比喻，即智能合约就像是一个"自动售货机"（Digital Vending Machine）。用户先选择自己需要购买的商品，自动售货机就会给出商品的价格；而后用户投入对应数量的货币，自动售货机就会提供对应的商品。智能合约也是如此——当合约条件被满足时，结果就会自动执行，而无须第三方力量的介入。同时，结果也是完全可预测的，就好比在自动售货机正常运营的情况下，消费者会期待它提供自己所选择的商品一样。

进一步地，我们将此代入加密数字货币交易的场景中来看，交易过程实际上是用户与智能合约进行交互的过程。用户先向智能合约发送信息，告知其自己希望兑换的代币种类和数量，而后智能合约通过计算告知用户目前的兑换比率等信息。用户在确认之后，就相当于把希望兑换的代币打入了智能合约。智能合约在获得用户的输入之后，根据预先设定的程序将兑换好的代币打入用户的地址，这就完成了一次代币交换的过程，中间无须任何第三方来保证交易的进行。

当然，对于以太坊的参与者来说，除了与已有的智能合约进行交互以外，参与者还可以自己编写智能合约上传到以太坊区块链。任何人都可以通过编写程序，以及支付一定的燃料费用，将智能合约部署到以太坊上。目前，智能合约编程语言中比较流行的是 Solidity 语言，但除此之外以太坊也支持 Vyper、Yul、Fe 等语言。这些编程语言有各自的特点，例如 Solidity 的教程和学习工具齐全，开发者社区较大；Vyper 适合有过 Python 开发经验的开发人员，等等，用户可以根据自己的背景进行选择。

以太坊区块链上的智能合约都是公开的，所以具有非常好的组合性（Composability）。也就是说，部署在以太坊网络上的智能合约就像一块块积木一样，可以被自由组合构建成想要的样式。开发者在编写时可以直接调用其他智能合约，这极大地便利了智能合约的开发，也为智能合约带来了更多的可能性。实际上，代币标准本身也是一种智能合约，开发者可以根据需求实时进行设计与编写。例如 ERC-20 提供了一套基于以太坊网络的同质化代币发行标准，所谓同质，是指每个代币与另一个代币在类型和价值上完全相同。正因为采取了相同的标准，不同 ERC-20 代币之间的转换才能变得更加方便。后来，ERC-721 还引入了非同质化代币标准，换句话说，这种类型的代币都是独一无二的，非常适合在提供收藏品、音乐会和体育赛事门票等内容的平台上使用。

去中心化金融能够脱离中心化机构的核心原因就是利用智能合约的自动执行，因此智能合约是去中心化金融的重要基础设施之一。除了完全自治且无须第三方中介机构的干预这一核心特征外，智能合约还具备其他优势，例如具有很高的透明度和非常优秀的组合性等，这些优势极大地促进了去中心化金融的繁荣。

总之，在智能合约的发展过程中，机遇与风险并存。一方面，智能合约是去中心化金融得以飞速发展的助推器，具有很强的灵活性，有助于在加密领域提升用户体验。另一方面，智能合约存在风险。智能合约本质上由人编写，可能存在逻辑错误等漏洞，又因为其具有开源特性，相较于有安全层保护的传统系统更容易受到黑客攻击，用户资产可能因此遭受损失。以闪电贷攻击（Flash Loan Attack）[①] 为代表的一系列网络安全事件已经引起了业界和监管层的广泛关注。值得庆幸的是，开发者们也在采取行动应对智能合约风险。展望未来，我们相信智能合约会在更广泛的领域赋能传统行业的发展。

---

① 闪电贷攻击是指利用闪电贷和平台智能合约漏洞操纵价格和获利的行为。一般来说，黑客攻击需要大量的加密数字货币。闪电贷的特征是可以无须抵押借出加密数字货币，只要所有借款、还款操作均在一个区块内完成。因此，黑客发现平台的智能合约漏洞后，可以利用闪电贷借出大量无须抵押品的加密数字货币，操纵加密数字货币价格并迅速转售谋利。例如在 bZx 攻击事件中，攻击者利用 bZx 的合约漏洞，充分利用去中心化金融的可组合性特点，组合调用了 dYdX、Compound、bZx、Uniswap 和 Kyber 合约，在未动用自有加密数字货币的基础上，在十几秒内操纵 wBTC/ETH 价格，成功套利 30 多万美元。

第四节　去中心化应用

去中心化应用（Decentralized Application，简称 Dapp）是由网络系统中分布的多个节点维护运行的、不受任何单一实体控制的、数据以加密方式存储在公共区块链中的应用程序。

去中心化应用与传统网络应用程序的使用过程具有一定的相似性，但是其核心的运行方式存在较大差别。传统网络应用程序后端由特定个人或企业这样的单个实体控制，在运行过程中，用户的数据储存在中心化数据库中，依赖中心服务器和客户端来提供服务。去中心化应用则是运行于去中心化网络上的计算机程序，应用程序运行数据直接被存储在区块链上，任何实体都可以发布和访问数据，但包括应用程序创建者在内的任何实体都不能删改链上的数据。

去中心化应用与智能合约相伴相生。换句话说，去中心化应用是由结合了智能合约构建的后端和前端用户界面共同组成的。其中，智能合约构建的后端可以实现各种功能。[①] 前端界面可以让用户以友好的方式与智能合约交互，来实现自己想要达成的目的，而无须以编程方式与智能合约交互。这就好比计算机的使用——用户当然可以通过输入代码的方式与计算机进行交互，但显然一个图形

---

① 去中心化应用后端本质上是开源的代码，如果去中心化应用受到制裁，其前端数据将被删除，但用户仍然可以继续使用后端的智能合约，例如 Tornado Cash。

化的界面会让使用过程更加便捷，因此智能合约的繁荣也就意味着去中心化应用的繁荣。根据第三方数据公司 DappRadar 的数据，截至 2022 年 12 月，去中心化应用总数超过 13 000 个。[①]

去中心化应用可以不受时间限制地提供与传统应用无差别的即时互动体验，几乎可被用于包括金融、医疗、游戏、治理甚至文件存储在内的任何领域。更重要的是，用户使用去中心化应用时不必以个人隐私为代价。目前，诸多大的互联网平台集中化利用和控制用户产生的海量数据，这些数据通过算法分析便可熟知用户偏好、财务状况、社交网络等诸多私密信息，而且可以收集、调用、存删用户在使用应用程序过程中所产生的数据。当然，去中心化应用也会面临一些问题，例如应用更新周期较长，需要基于一定规模的用户才能运行，需要进一步降低交互的知识技术障碍，等等。

简而言之，去中心化应用对去中心化金融的作用就是极大地扩展了去中心化世界的生态系统。如果说区块链的世界是一片新大陆，那么去中心化应用就像是这片新大陆上提供各种服务的商户。对于去中心化世界的居民来说，他们所需要的只是一个钱包地址，以及一些在这个世界里通行的加密数字货币，就可以通过和商户交互来获取自己想要的商品。随着商户数量的增加，居民能够获取的服务也更多，生活也就变得更加丰富。

总之，与智能合约类似，去中心化应用也是去中心化金融得以飞速发展的助推器，极大地优化了用户体验，使得缺乏技术基础的用户也可以在去中心化的世界里实现各种各样的目标。例如在金融

---

① 参考自 https://dappradar.com/rankings。

领域，去中心化应用的开发让加密数字货币具有了更大意义上的实用价值。在最早的比特币区块链中，用户在网络中进行比特币的转账和交易，因此比特币只能实现一些非常基础的功能。而在以太坊区块链中，大量的去中心化应用使得更复杂的金融服务变得可能。例如用户可以通过去中心化交易所进行代币的兑换；可以通过将代币存入去中心化应用来赚取利息收入；可以通过购买锚定一篮子资产的代币来实现类似于指数基金的投资，通过将代币打入运营保险服务的去中心化应用来保障自己的加密资产安全；可以通过与保障隐私的应用交互来进行匿名的转账，通过与去中心化预测市场的应用交互来对现实生活中的一些事件进行下注，等等。此外，去中心化应用的使用场景远不限于金融领域，用户还可以通过去中心化应用铸造和交易数字艺术品，也可以通过去中心化游戏程序与其他用户互动和竞技。

第五节　去中心化自治组织

去中心化自治组织（Decentralized Autonomous Organization，简称 DAO）是一个通过在区块链上运行的程序建构起来的、由持币成员民主投票表决进行管理的新型组织体。

早期的一个具有代表性的去中心化组织名为"The DAO"。"The DAO"是一个在以太坊区块链上运行管理风险投资基金的去中心化组织。2016 年 4 月，"The DAO"正式启动。任何人都可以通过向其智能合约发送以太币加入项目,然后取得特定比例数量的代币作为回报。基于区块链的初创企业可以向"The DAO"递交创业和回报方案来申请资金,"The DAO"的代币持有者通过投票决定是否进行此项风险投资。当投票通过时,智能合约池中的资金将被自动按照决议的投资方案转移至该项目。当投资方案回报条件生效时,回报资金将被自动分配给去中心化自治组织中的代币持有者。然而好景不长,2016年6月,有人发现了"The DAO"智能合约代码漏洞,并逐步将合约池中约三分之一的以太币转移到自己的附属账户。"The DAO"发售代币的价值暴跌。到2016年9月,该代币被当时主要的加密数字货币交易所下架。2017年7月,美国证券委员会调查认为"The DAO"发售代币的行为应当受到联邦证券法的约束。

去中心化自治组织对于管理去中心化应用而言至关重要,其与传统组织在运营管理中心化应用时采取的组织结构、决策方式、计票方式、服务方式和公开程度都存在显著差异。以太坊提供了一个针对去中心化自治组织和传统组织特点对照表,如表3.1所示。传统的应用程序的维护和更新主要由其背后的个人或机构来主导,此时,个人或中心机构拥有对该应用程序的完全控制权,他们可以随时根据自己的想法调整应用程序。去中心化应用基于写入智能合约代码中的透明规则自主运行,不受任何单一中心实体控制,如需调整,必须通过去中心化自治组织,例如是否进行某项智能合约的更新,或如何分配去中心化应用所获得的收益,可以由去中心化组织的成员提出,然后由去中心化自治组织的成员基于投票来决定,且不需要可信的中间人即能自动计算投票并执行结果,所有活动均公开透明，也无须依赖外部独立的第三方来监督实施。

表 3.1 去中心化自治组织和传统组织的区别

维度	去中心化自治组织	传统组织
组织结构	通常是平等的	通常等级鲜明
决策方式	需要成员投票才能实施任意更改	可能部分人就能进行决策，也可能投票表决
计票方式	不需要可信的中间人就可以自动计算投票、执行结果	如果允许投票，则在内部计票，投票结果必须由人工处理
服务方式	以去中心化方式自动提供服务	需要人工处理或自动集中控制，易受操纵
公开程度	所有活动公开透明	活动通常是私密进行，不向公众开放

智能合约是去中心化组织运行的支柱。智能合约定义了去中心化组织的运行理念和规则，保管去中心化组织的资金池。一旦智能合约在区块链上部署完毕并开始运行，任何人都无法仅凭个人力量秘密更改组织的运行规则，也无法任意处理智能合约资金池中的资金。因此，在控制智能合约风险的基础上，去中心化自治组织是陌生人为了合作开展特定事业而投入资金的安全场所。

去中心化自治组织有多种运行机制，例如基于代币（Token-based）、基于份额（Share-based）、基于信誉（Reputation-based）等。其中，基于代币是相对最为流行的模式，而基于份额或基于信誉的模式相对来说会更加适合联系更紧密、以人为中心的组织。

具体而言，在基于代币模式下，持有治理型代币（governance token）的协议用户享有治理权。治理型代币可以通过使用协议来获取，部分可以通过交易而获取，但无论以何种方式，持有即享有治理权。以 MakerDAO 为例，其治理代币 MKR 是在二级市场上流通的，我们可以通过购买 MKR 来获得 MKR 代币，进而获得对 Maker 协议的投票权限。[①] 这种基于代币的成员资格本质上是通过激励相容的机制设计，保障去中心化组织的成员有动机为了组织更好的发展来进行投票。[②]

在基于份额模式下，所有人都可以提交提案申请加入组织，但是需要获得审批，审批后会得到份额来代表他的权利，例如为以太坊项目提供资金支持的 MolochDAO 就是一种基于份额机制运行的去中心化自治组织。如果想要加入 MolochDAO，我们需要提前向组织申请，然后由既有组织成员共同判断申请者是否具备足够的成员资质。

在基于声誉模式下，组织由声誉持有者通过投票方式管理，例如 DXDAO 是一个基于声誉机制运行的去中心化自治组织。声誉（REP）并非代币，其最重要的特征是与以太坊地址相关联，且无法转移。在项目启动阶段，REP 被初始分配，我们可以通过存入 ETH 等方式获得 REP。在后期阶段，我们可以通过发帖、参与社区讨论等方式获得 REP 分配，进而参与 DXDAO 的治理活动。

去中心化自治组织最大的意义在于，可以使现实生活中来自不同国家和地区但理念相合的陌生人之间取得信任、开展合作。在去

[①] 除此之外，也有一些协议对代币和投票权之间的关系做出更加严格的限定，例如 Curve 用户需要质押平台的代币 CRV，获得 veCRV 后才能参与平台的投票。质押 CRV 的时间越长，获得的 veCRV 数量越多，且只有拥有超过 2 500 个 veCRV 的用户才能够提出提案。

[②] 例如如果一个成员有意通过恶意投票使去中心化组织往更差的方向发展，那么市场对这样的变化会做出反应，他们所持有的代币价值就会下降，这样一来恶意投票也会造成自己的损失，这大大降低了用户进行恶意投票的动机。

中心化自治组织未出现之前，以传统组织形式开展行动的大规模群体必须信赖少数个人或核心团队。去中心化自治组织的金融活动是去中心化的，这意味着用户交易时不会受到任何单方个体的控制。一旦相应的智能合约在区块链上部署，除非经由委员会投票通过，任何人都不能单独修改组织的规则，也无法挪用组织的资金。这一切治理的过程，包括提出提案和投票以及对应的决策方案，都是公开和透明的，可以被区块链上的任何一个用户监督。总之，去中心化自治组织是管理去中心化金融项目的一种创新组织。

第四章

去中心化金融基础设施类业务

第一节　加密钱包

一、概述

加密钱包（Crypto Wallet）指的是为用户记录加密数字货币地址、公钥与私钥的载体。用户可以通过使用加密钱包更便捷地支付和交易。在去中心化基础设施类业务中，加密钱包是传统金融市场中实体钱包和电子钱包的映射。过去，人们主要是将现金放置在随身携带的实体钱包里保管，当需要交易时，从实体钱包中拿出现金当面交易。随着电子支付逐渐普及，人们越来越多地使用电子钱包来保管电子货币，只需要记住账户及密码，便可以随时随地完成交易。在去中心化金融的世界里，用户也同样需要储存与管理加密数字货币的载体——加密钱包。

与包括实体钱包和电子钱包在内的传统钱包相比，加密钱包的储存内容和功能显著不同。从储存内容来看，实体钱包储存的是有形的现金，电子钱包储存的是无形的电子货币，加密钱包储存的是用户的私钥信息，且掌握私钥信息意味着享有对区块链上加密数字货币的支配权。从钱包发挥的功能来看，加密钱包除了和传统钱包一样具有保管功能之外，还可以更加便捷地提供资产认证服务；实体钱包的交易对手方一般难以直接从外观上识别非法占有钱包和假币等情况，因此较难证实资产的状况；电子钱包必须向电子钱包运营机构申请开具证明完成认证。由于加密数字货币所依赖的底层技术区块链的特殊性，加密钱包只需要通过验证用户对私钥的掌握，即可发挥对外公示用户资产状况的功能。

与现金和电子货币类似，拥有加密数字货币的用户也有保管密钥和交易加密数字货币的需求。加密数字货币通过密码学原理来保障交易安全，其中公钥和私钥是加密数字货币拥有者使用加密数字货币的关键信息，拥有者必须牢记自己的私钥并确保其不被泄露。那么，相较于传统钱包，加密钱包的哪些特点使加密数字货币拥有者如此青睐？

虽然加密数字货币拥有者可以将其私钥誊抄在纸本上并锁进保险箱中保管，但直接抄录保存比较困难且容易出错，而且每次交易加密数字货币时都需要随身携带和开关保险箱，操作过程较为不便且烦琐。加密数字货币拥有者也可以将私钥复制储存在个人的电子设备（如电脑、手机等）当中，虽然可以避免抄录困难和出错，但如果电脑或手机遗失便无法找回私钥，而且也存在因电子设备操作系统被黑客攻击而导致私钥被盗的情况。

相较之下，加密钱包能够相对更好地为用户解决记忆和使用私钥困难问题，同时也在一定程度上减少私钥遗失或被盗的损失。具体而言，第一，加密数字货币钱包通过助记词（Recovery Phrase）[①]

[①] 助记词是为了简化复杂私钥但同时确保安全性，根据第 39 号比特币改进协议（Bitcoin Improvement Proposal 39，简称 BIP39）产生的另一种私钥表现形式。

机制能够协助用户记忆复杂的私钥；而且，即使用户的加密数字货币硬件钱包遗失或被盗，用户仍然可以凭助记词，通过中心化的数据库和新的硬件钱包恢复私钥。第二，加密钱包按照是否联网可以分为冷钱包（Cold Wallet）和热钱包（Hot Wallet）两种。如果采用加密数字货币冷钱包保存私钥，私钥信息将被特殊研发的安全芯片保护，只有用户自己能看到私钥信息，任何人都不能通过互联网访问，而且钱包运营商也不掌握用户的私钥信息。而我们如果使用热钱包，当出现黑客攻击事件时，中心化的热钱包运营商将承担损害赔偿责任，这也能够减少损失。第三，我们进行每笔加密数字货币交易时都需要私钥签名，使用加密钱包（尤其是热钱包）可以便捷地调用私钥，因而能够简化我们的交易操作过程。

此外，我们还可以按照储存私钥的方式，将加密钱包细分为网页钱包（Web Wallet）、硬件钱包（Hardware Wallet）、桌面钱包（Desktop Wallet）和纸质钱包（Paper Wallet）等。其中，网页钱包属于热钱包，其余几种钱包基本上都属于冷钱包。

下面，我们分别以 Ledger 和 MetaMask 为例，介绍冷钱包和热钱包的运行机制。Ledger 是一家专注于开发硬件钱包的公司，也是目前市面上影响力最大的硬件钱包产品之一。该公司成立于 2014 年，截至 2022 年 12 月已经拥有超过 400 万名购买者。[①] Ledger 钱包的工作原理是将用户的私钥信息存储在安全的硬件设备中，将私钥和易于破解的联网设备进行完全隔离。MetaMask 是

---

① 参考自 https://www.ledger.com/zh-hans。

目前最流行的热钱包，创立于2016年，截至2022年12月月度活跃用户已经达到了3 000万。[①] 2019年之前，MetaMask只以谷歌浏览器和火狐浏览器的插件形式提供，之后开发了手机应用程序。MetaMask钱包的工作原理是将用户的私钥信息存储在本地的浏览器中。

二、运作机制与操作示例

1. 冷钱包 Ledger

冷钱包又被称为离线钱包，是互联网不能访问的加密钱包。不联网的电子存储设备、记录密钥的纸条以及硬件钱包都属于冷钱包的范畴。由于互联网不能进行访问，因此冷钱包能够避免因遭受黑客攻击而造成的财产损失，但是也面临着物理意义上的遗失风险。当然，由于冷钱包是离线的，因此冷钱包还需要和特定应用程序配合使用，才能即时完成查询和交易。

本节内容将大致介绍Ledger的操作流程。Ledger的官方网站为www.ledger.com。Ledger目前提供了两款硬件钱包产品：Ledger NANO X和Ledger NANO S Plus，售价分别是1 376港元和701港元。两款的主要差别在于体型的大小、是否配有电池，以及是否支持蓝牙连接。

购买了Ledger的硬件设备后，用户需要通过数据线将钱包连

[①] 参考自 https://metamask.io/institutions/。

接到个人的电脑或者手机。用户需要在电子设备上下载 Ledger 提供的 Ledger Live App 来激活钱包，包括设置助记词、配对和使用 Ledger 的硬件钱包。第一，Ledger 硬件钱包通过内部芯片的保护使得私钥被个人所掌握，包括 Ledger 在内的任何第三方都无法掌握用户的私钥信息。第二，用户如果使用 Ledger 硬件钱包进行交易和转账，需要与 Ledger 提供的应用程序 Ledger Live App 共同配合。其他网络浏览器也可以直接使用 Ledger，但是可能存在风险，而官方提供的 Ledger Live App 会更加安全。Ledger Live App 会对去中心化金融平台网址进行审核，帮助用户规避进入"钓鱼网站"的风险。

2. 热钱包 MetaMask

热钱包又被称为线上钱包，是互联网能够访问的加密钱包。由于热钱包是联网状态下可以使用的钱包，因此用户可以便捷地使用热钱包来进行交易，然而也容易面临被黑客盗取钱包内财产的风险。

下面我们将具体介绍 MetaMask 的操作流程。MetaMask 的官方网站为 metamask.io。我们可以在官方网站的"下载"栏目中下载电脑端和移动设备端两种版本的钱包软件。以电脑端版本为例，我们下载完软件后，点击开始使用 MetaMask，就会跳转到注册选项页面。如果我们之前已经注册过钱包账户，可以点击"导入钱包"按钮，直接使用账户助记词导入现有钱包；如果我们暂无钱包账户，则可以点击"创建钱包"按钮，创建新的钱包账户和账户助记词。假设我们需要创建新的 MetaMask 加密钱包，那么在进入创建页面后，我们需要再设置至少 8 个字符的密码，创建后页面会显示出系统自动生成的账户助记词。账户助记词是 12 个包含顺序信息的英文单词，是私钥的一种表现形式，可以方便用户记录和记忆私钥。当用户忘记钱包登录密码时，助记词可被用于备份和恢复钱包账户，是用户保障钱包安全的核心。当我们记录好助记词之后，点击"下一步"，MetaMask 加密钱包就创建成功了。

一般来说，我们创建成功后会显示一个钱包界面，如图 4.1 所示。[①] 具体而言，我们在使用 MetaMask 时，首先，可以点击页面中上部的账户名称来快速复制自己的地址，方便我们接收加密数字货币。例如我们这里新创建的地址为"0x9DD15e1B4946e3B8dF165C6bF7B12300a3ad5429"，用户可以从其他渠道转移加密数字货币到本账户。其次，MetaMask 用户可以点击右上方的"创建账户"或"导入账户"，也可以点击"连接硬件钱包"功能，例如连接到前文提到的硬件钱包 Ledger。最后，作为热钱包的 MetaMask 还提供了多种交易功能，例如 MetaMask 对接了包括 Coinbase 等加密数字货币在内的购买渠道，用户可以在功能区点击"购买"功能键来购买加密数字货币；点击"发送"功能键，用户可以将钱包中的加密数字货币转给其他地址；点击"兑换"功能键，用户可以实现不同加密数字货币之间的兑换。

[①] 出于知识产权保护方面的要求，我们无法在此展示 MetaMask 钱包操作画面，但我们可以通过简明示意图大致了解加密钱包界面可能包含的功能，这样可以帮助我们更好地理解操作过程。

第四章 去中心化金融基础设施类业务

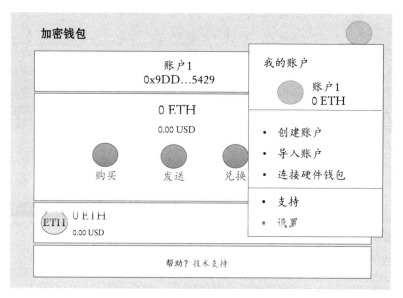

图 4.1 加密钱包功能界面简明示意

第二节 加密数字货币支付

一、概述

加密数字货币支付（Crypto Payment）指的是为交易双方提供加密数字货币与商品和服务交换功能的业务。加密数字货币支付平台为我们在更多场景使用加密数字货币交易提供了良好的解决方案。

在去中心化基础设施类业务中，加密数字货币支付是传统金融市场中电子支付的映射。尽管从依赖的基础设施以及交易媒介来看，加密数字货币支付与传统的电子支付存在差异，但两者本质上都是便利和促进支付的业务。正如第三方支付平台提供的二维码支付、刷脸支付等应用极大地方便了电子货币支付一样，这些提供电子支付服务的支付科技公司将全球的消费者与金融机构、商家等各类组织连接起来，使他们能够使用便捷的电子支付方式，降低了交易的成本，提高了交易的速度，促进了经济的发展。类似地，加密数字货币支付也增加了加密数字货币的应用场景，提升了其在现实世界的接受程度。

在没有出现加密数字货币支付这样的基础设施之前，我们使用加密数字货币进行交易存在一系列技术、制度和设施方面的障碍。第一，区块链本身存在扩展性问题，交易速度相较于传统电子支付而言不具有显著优势，而且对于小额日常交易来说交易成本较高；第二，加密数字货币在绝大多数国家和地区被视为不具有法偿性的数字财产或商品，部分国家明确禁止使用加密数字货币进行交易；第三，加密数字货币目前实际应用的场景有限，绝大多数的线下消费场所和电商平台还不支持直接使用数字货币支付，所以我们依然需要选择去交易所把加密数字货币兑换成法币。可见，加密数字货币支付平台的出现将帮助我们在更多场景下更便捷地使用加密数字货币。

根据 DeFiLlama 的分类，截至 2022 年 12 月底，共有 11 个为加密数字货币支付提供解决方案的平台，总锁定价值超过 1.72 亿美元。[①] 其中，Flexa Network 创立于 2018 年 2 月，总锁定价值超

---

① 参考自 https://defillama.com/protocols/Payments。

过7200万美元，排名第二，是总锁定价值较大的加密数字货币支付平台。Sablier Finance 创立于2019年6月，总锁定价值超过698万美元，排名第三，是总锁定价值较大且具有特色的加密数字货币支付平台。因此，我们以 Flexa Network 和 Sablier Finance 为例介绍其运作机制。

二、运作机制与操作示例

1. Flexa Network

Flexa Network 主要聚焦现实生活中的零售场景，计划由一系列产品矩阵来支撑其企业的发展。一方面，Flexa Network 开发了服务于零售场景的应用程序，供买家使用加密数字货币购买商品和服务；另一方面，Flexa Network 还为卖家提供支付渠道，使得卖家可以接受消费者使用 Flexa Network 开发的应用以及加密数字货币支付。

Flexa Network 支付有以下六大特征：第一，Flexa Network 的结算过程是完全数字化的，每笔经过 Flexa Network 的支付从开始到结束都是经过加密的，不会涉及通过网络发送敏感的用户信息；第二，Flexa Network 是抗欺诈和抗攻击的，Flexa Network 不依赖于个人敏感信息来进行交易，即使黑客攻击造成了损失，Flexa Network 也会补偿 Flexa Network 商家遭受的损失；第三，Flexa Network 支持各国的货币，商户可以接受包括美元、加元等在内的一系列货币，并最终以商户所选择的货币进行最后结算，整个过程无须任何兑换费用；第四，Flexa Network 符合数据保护与消费者隐私保护的规定，严格保护用户的隐私，并且允许定制化的个人数据披露机制；第五，Flexa Network 是完全开源的，它建立在经由第三方安全审计验证的开源软件协议上；第六，Flexa Network 通过智能手机的摄像头和显示屏来实现支付，无须任何物理接触。

Flexa Network 的官方网站为 http://flexa.network。根据官方网站显示，Flexa Network 计划由一系列产品矩阵来支撑，目前上线的应用程序有 SPEDN，这款应用程序主要被用于进行加密数字货币的线下支付。在 Flexa Network 的支持下，SPEDN 可以在无须兑现美元或使用实体卡片的情况下使用比特币和其他加密数字货币。SPEDN 目前支持比特币（BTC）、以太币（ETH）、莱特币（LTC）、比特币现金（BCH）、Celo 原生资产（CELO）、狗狗币（DOGE）、双子币（GUSD）和 Zcash（ZEC）等加密数字货币。使用时，我们首先需要将加密数字货币存入账户余额，然后即可携带下载了 SPEDN 的手机前往任何接受 Flexa Network 的商店。当我们选择好拟购买的商品之后，点击我们想使用加密数字货币的品牌，然后扫描屏幕的条码即可付款。

2. Sablier Finance

Sablier Finance 主要关注流式支付（Streaming Payment）业务，使资金可以以一种连续的方式逐步转移到指定账户。流式加密数字货币传输的概念最早于 2017 年提出。流式的概念类似于我们使用流媒体，例如在 Netflix 上播放电影或在 Spotify 上播放歌曲时，我们以一种视频流或音频流的方式实时接收影音信息，而流式支付指的是我们可以通过加密数字货币流式支付平台，以秒为单位发送和接收加密数字货币。

假设 A 计划向 B 支付 3 000 个 DAI 作为一个月的工资，那么 A 可以在 1 月 1 日将 3 000 个 DAI 存入该平台，将加密数字货币传输的停止时间设定为 2 月 1 日，然后点击开始传输。B 的收款到账金额会从 1 月 1 日开始每秒逐渐增加。到了 1 月 10 日，由于时间过去了三分之一，那么 B 大约将会收到 1 000 个 DAI，直到 2 月 1 日，B 才会接收到来自 A 的全部 3 000 个 DAI。在此过程中，A 可以随时停止流式支付，并且从平台中取回还没有被发送出去的加密数字货币。这种流式支付可以被广泛应用于一些特殊的、需要实时结算的场景。例如采用加密数字货币流式支付平台支付工资，不仅使雇用者可以方便地根据被雇用者的日绩效来实时控制工资的发放，而且使被雇用者免于遭受薪资拖欠问题。

下面我们将简单介绍加密数字货币流式支付平台 Sablier Finance 的操作流程。Sablier Finance 的官方网站为 sablier.finance。用户点击页面右上角的"打开 Sablier"（Open Sablier），然后点击"登入"（Sign In）连接钱包后，即可开始使用 Sablier Finance。在连接钱包后的页面中，如果点击"设置流式货币"（Stream Money），页面会跳转到设置支付流界面。然后，用户便可以根据自身的需要，设置拟支付的加密数字货币币种、金额、接收方地址以及完全到账所需的时间。当这些流支付信息设置完毕后，系统会自动计算并生成一个汇总的支付提示信息。例如我们于 2022 年 12 月 7 日 0：28 设置向某地址 12 小时内发送 100 个 DAI，支付提示信息会显示为：支付速率将为每秒 0.002DAI，流支付将于 2022 年 12 月 7 日 12：28 结束。当我们确认支付信息后，便可以点击"新建"（Create

Stream）创建这笔流支付订单，如图 4.2 所示。①

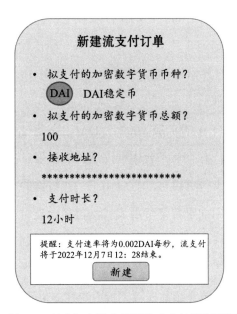

图 4.2　创建加密数字货币流式支付简明示意

我们新建订单、同意交易并支付手续费后，这笔加密数字货币流式支付便开始了。我们可以通过区块链浏览器 Etherscan 来浏览该笔交易的具体信息。例如该笔交易将 100 个 DAI 注入 Sablier 协议，交易费用为 7.92 美元。对于收款方来说，可以前往 app.sablier.finance 实时查看收款状态，而且可以随时提取已经收到的加密数字货币。例如收款方随时可以在接收流支付过程中，在已接收数量限度内，输入想要提取的加密数字货币数量，然后点击"提取至我的钱包"（Withdraw to wallet）功能键，并在钱包确认交纳交易费用后，即可完成提取。图 4.3 展示了当已经接收了 1.569 个 DAI 时，收款方

---

① 因为平台用户使用协议中的知识产权条款限制，我们不能截图展示具体的操作，但我们可以参考简明示意图来大致了解整个操作界面的基本情况。

第四章 去中心化金融基础设施类业务

将这部分加密数字货币提取到钱包的简明示意图。

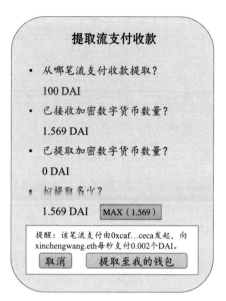

图 4.3 提取加密数字货币流式支付到账简明示意

第三节 稳定币

一、概述

稳定币（Stable Coin）指的是价值锚定于法定货币的加密数字货币。从发行和治理方式来看，稳定币分为中心化稳定币和去中心化稳定币。中心化稳定币一般是中心化机构发行的法定货币抵押型

95

稳定币，即发行稳定币的中心机构在其链下的银行账户内存有链上加密数字货币的储备资金，例如USDT等。而去中心化稳定币则是去中心化协议发行和治理的稳定币，包括加密数字货币抵押型稳定币和算法稳定币。

去中心化稳定币是去中心化金融的重要基础设施。第一，去中心化稳定币可以起到支付手段的作用，用户可以直接使用稳定币购买商品和服务。第二，去中心化稳定币可以成为价值尺度，去中心化稳定币锚定法定货币，能够更便利地衡量价值。第三，去中心化稳定币还可以成为储存手段，无须通过直接出售加密数字货币兑换法币的方式，投资者可以直接离开加密数字货币市场来规避市场的剧烈波动。第四，去中心化稳定币不依赖于中心化机构发行和治理，发行和运行过程公开、透明和去中心化，能够减少机构储备金造假和挪用等问题，对于去中心化金融产业生态的发展具有重要意义。

目前，去中心化稳定币市场已经形成一定规模。DeFiLlama提供了去中心化稳定币市场的统计数据，我们可以从中了解去中心化稳定币市场的发展状况。相关统计数据显示，截至2022年12月底，去中心化稳定币平台有超过160个协议，总锁定价值超过91亿美元，是目前去中心化金融中具有代表性的一类业务模式。

去中心化稳定币运作机制的核心是以去中心化的方式铸造锚定法定货币价值的稳定币，其核心目标是稳定币值、降低价格的波动性。一般而言，去中心化稳定币包括加密数字货币抵押型稳定币和算法稳定币两种类型。第一，用户可以通过超额抵押加密数字资产的方式铸造稳定币。Maker是所有去中心化金融中全球总锁定价值最大的平台，通过抵押加密数字货币铸造的稳定币 DAI，其总锁定价值目前为 59 亿美元，曾经最高接近 200 亿美元。第二，用户也可以通过算法调节稳定币供需关系，进而铸造稳定币并保持其价值的稳定性。Terra 公链生态上发行的锚定美元的 UST 稳定币是典型的算法稳定币，生态总市值曾最高达到 600 亿美元，但于 2022 年 5 月遭遇了重大信任危机，发生暴跌事件，目前价值已经基本归零。①

下面，我们先以 DAI 和 UST 为例，分别介绍两类去中心化稳定币的运作机制。然后，我们在介绍加密数字货币抵押型稳定币时，会简单介绍通过 Maker 协议铸造 DAI 的操作过程；而对于 Terra，我们将一起回顾 Luna 崩盘事件的整个过程。

二、运作机制与操作示例

1. 加密数字货币抵押型稳定币 DAI

DAI 是由 Maker 协议生成的，通过加密数字货币超额抵押机制，锚定美元价值的去中心化稳定币。Maker 协议是构建在以太坊区块链上的可被用于创造加密数字货币的协议，该协议目前由 DAI、Maker 担保物金库（Maker Collateral Vault）、预言机和投票治理机制组成。用户通过 Maker 协议创建 Maker 担保物金库，向其中存放一定数量的特定类型的加密数字货币。当担保物金库所有者选择发起交易，并在加密货币钱包中进行确认后，就可以生成一定数量的稳定币 DAI。在此过程中，这些加密数字货币抵押品均会

---

① 参考自 https://www.bloomberg.com/graphics/2022-crypto-luna-terra-stablecoin-explainer/。

被锁定在担保物金库中。生成 DAI 的数量由存入担保物金库的资产数量和风险参数决定。一方面，加密数字货币抵押品的价值必须超过一定比例的 DAI 的价值，不同的协议设定了不同的最小抵押比例（Min. collateral ratio）；另一方面，DAI 的供给与需求必须相对平衡才能维持 DAI 与美元之间的价格锚定，因此不同协议也设定了不同的稳定费（Stability Fee）。这些关键参数的确定和调整，由 MakerDAO 组织根据 MKR 治理型代币持有情况投票决定。该协议的预言机每小时更新一次价格，一旦加密数字货币抵押品价值低于生成的 DAI 价值的一定比例，拍卖清算机制会被自动启动并执行清算程序。

具体而言，目前 Maker 平台上允许超过 20 种加密数字货币作为 DAI 生成的抵押资产，如 ETH、BTC 等。以 ETH 为例，平台目前有三种协议，分别是标准协议 ETH-A、更为保守的 ETH-B 和相对激进的 ETH-C。这三种协议在最小额度（Dust Limit）、最小抵押比例、稳定费率等方面存在差异，具体差别如表 4.1 所示。

表 4.1 ETH-A、ETH-B、ETH-C 三种协议对比

维度	ETH-A	ETH-B	ETH-C
最小额度（DAI）	15 000	5 000	40 000
最小抵押比例	145%	170%	130%
稳定费	2.25%	0.50%	4%
清算费	13%		
最少需要存入数字货币的市场价值（美元）	21 750	8 500	52 000

首先，最小额度指的是每次操作至少要产生的 DAI 的数量，每种协议均设定了最小的开设账户额度。ETH-A 协议要求最少产生

15 000 枚 DAI，ETH-B 协议要求最少产生 5 000 枚 DAI，ETH-C 协议要求最少产生 40 000 枚 DAI。该额度由 Maker 治理确定，并且可以通过投票的方式进行调整。最小额度的设置提高了使用门槛，在一定程度上确保用户审慎使用协议。

其次，加密数字货币的价值波动很大，Maker 上的这些协议需要通过超额抵押加密数字货币的方式产生 DAI。抵押比例是指抵押品价值与生成 DAI 价值的比例，最小抵押比例是指协议能够产生 DAI 的最小数值。当抵押比例小于等于最小抵押比例时，协议会自动启动清算机制，以确保 DAI 币值的稳定性。ETH-A 协议的最小抵押比例为 145%，为了产生 15 000 枚 DAI，我们至少需要抵押 21 750 美元以上的加密数字货币。ETH-B 协议的最小抵押比例为 170%，我们如果想使用该协议生成 5 000 枚 DAI，则至少需要抵押价值 8 500 美元以上的加密数字货币。ETH-C 协议的最小抵押比例为 130%，我们如果想使用该协议生成 40 000 枚 DAI，则至少需要抵押价值 52 000 美元以上的加密数字货币。

再次，从另一个角度理解，最小抵押比例是指每个协议中可以保证不被清算的最小比例，因此我们也可以将该比例理解为清算比例。当抵押品的价值乘以最小抵押比例后低于所产生的 DAI 价值时，即发生清算事件。此时，协议会通过拍卖机制强制出售抵押品，并销毁对应数量的 DAI。在这个清算过程中，协议会自动收取 13% 的清算手续费，实际清算用户将以对应数量的 DAI 换取竞拍时所提数量的抵押品，只有当清算手续费和交易给实际清算者后还有抵押品价值剩余时，被清算用户才能获得这部分剩余价值的抵押品。可见，这种机制能够激励创建担保物金库生成 DAI 的用户经常性地查看账户、及时补充抵押物来避免被清算。

最后，除了当发生自动清算时需要支付的清算手续费之外，我们使用该协议时还需要支付稳定费。稳定费是用于调整DAI供给与需求平衡性的参数，是用户抵押特定加密数字货币生成DAI时，还需付给协议的费用。MakerDAO可以通过投票的方式调整稳定费率。ETH-A协议的稳定费率为年化2.25%，ETH-B协议的稳定费率为年化0.5%，ETH-C协议的稳定费率为年化4%。我们可以看到，最小抵押比例越低的协议，往往稳定费率越高。这是因为，最小抵押比例相对较低时，用户将以相对价值更小的加密数字货币抵押品生成特定数量的DAI，当遇到所抵押的加密数字货币价格快速下降时，更容易发生清算事件，协议将承担相对更大的风险。

总之，主流加密数字货币超额抵押、自动清算机制以及风险参数设定是保持DAI币值相对稳定的关键所在。第一，协议支持的抵押品种类主要是较为常见的主流加密数字货币，拥有足够的市场深度，如果遇到清算问题，协议相对更容易成功出售抵押品来保证币值的稳定。第二，用户必须抵押超过稳定币价值较大比例的加密数字货币才能生成DAI，当所抵押的加密数字货币币值下跌，导致与生成的DAI价值之比降至最小抵押比例时，协议就会启动自动清算程序来维持DAI币值的稳定性。第三，除了清算之外，协议主要根据最小抵押比例、抵押品类型设定了稳定费。

在整体了解了DAI的运行机制之后，下面我们来看一个使用ETH-B协议生成DAI的具体例子。用户在协议选择界面选择好拟使用的具体协议后，即可开设账户。我们选择协议ETH-B，连接钱包后，该协议会确认我们是否拥有能够使用该协议的足够价值的加密数字货币。刚才介绍运行机制时我们看到，ETH-B 协议需要至少价值 8 500 美元的加密数字货币。在 2022 年 5 月时，ETH 的价值为 1 900—2 000 美元，因此我们需要 4—5 个 ETH 才能开通协议。为了避免 ETH 价格波动导致被迅速清算的问题，我们输入 5 个 ETH 来确保合约能够被成功签署。在交纳以太坊的矿工费后，我们完成了签署，然后我们就可以将原计划的 5 个 ETH 存放至担保物金库。如图 4.4 所示，我们选择存入 5 个 ETH 加密数字货币，相关操作界面将会显示可生成的 DAI 的最大数量，即 5 756.64 个。其计算方式为 5 个 ETH 的市场价值 9 786.3 美元除以协议 ETH-B 的最小抵押比例 170%。

图 4.4 开设金库和配置加密数字货币抵押品到金库

上面这个操作是开设金库和配置加密数字货币抵押品到金库，并不直接生成DAI稳定币。当然，实际上，我们可以在一笔交易内完成存入加密数字货币和生成DAI稳定币的操作，此处我们是为了更清晰地阐述，所以选择分开操作。我们刚才已经存入了5个ETH，现在担保物金库内已经有足够的抵押品可供生成DAI稳定币。如图4.5所示，我们输入想要生成的稳定币数量——5 000个DAI，在担保物金库变化确认界面，我们将核对此次交易的相关信息，例如实际抵押比例、清算价格（Liquidation Price）、金库还可取回的剩余ETH数量，以及还能够生成的DAI稳定币数量，等等。例如，这里的实际抵押比例为195.72%，所以相应的清算价格为1 700美元。我们在确认单的左侧还可以通过账户信息看到ETH的当前价格为1 957.26美元。我们用ETH当前价格乘以ETH抵押数量，即1 957.26乘以5，可以得到当前抵押品的总价值为9 786.3美元。又由于生成DAI的数量为5 000个，价值5 000美元，两者相比得出实际抵押比例为195.72%。从这个过程我们可以看到，当我们生成了DAI之后可以通过实时比对当前价格与清算价格，来控制自己被清算的风险。这些信息全部核对完毕后，我们点击确认即生成了5 000个DAI稳定币。

图 4.5　生成 DAI 稳定币

我们可以在区块链浏览器 Etherscan 里看到这笔生成 DAI 稳定币的交易记录，即该笔交易产生了 5 000 个 DAI，交易费用为 6.77 美元。我们产生的 DAI 稳定币被转移到了我们关联的加密钱包中，然后可以被用来交易或者存入其他去中心化金融项目中。当然，根据我们对 DAI 市场行情的判断，我们也可以通过抵押更多数量的加密数字货币来生成更多的 DAI 稳定币，或者可以选择赎回抵押品或归还 DAI。图 4.6 展示了归还 DAI 稳定币时的大致情况。需要注意的是，使用一段时间会产生稳定费，清算价格从最初的 1 700 美元上涨到了 1 700.12 美元，所以我们需要多归还 0.35 个 DAI。

```
┌─────────────────────────────────────┐
│ 归还DAI稳定币                        │
│                                     │
│ 归还 DAI      最大可取：5 000.35 DAI │
│ ┌─────────────────────────────────┐ │
│ │ 5 000.35                        │ │
│ └─────────────────────────────────┘ │
│ ┌─────────────────────────────────┐ │
│ │ + 通过这笔交易取回ETH           │ │
│ └─────────────────────────────────┘ │
│ 金库变化列表                         │
│ 被锁定抵押品    5.000 0 ETH→5.000 0 ETH │
│ 抵押比例        183.02%→ 0.00%      │
│ 清算价格        $1 700.12 → $0.00   │
│ 金库负债        5 000.35 DAI → 0.00 DAI │
│ 可取回          0.355 7 ETH→5.000 0ETH │
│ 可生成          0.00 DAI→ 5 756.64DAI │
│ ……                                  │
└─────────────────────────────────────┘
```

图 4.6　归还 DAI 稳定币

最后，我们来介绍清算机制如何具体运行。我们还是假设抵押品为 5 个 ETH，协议产生了 5 000 个 DAI，清算价格为 1 700 美元，目前 ETH 的价格已经跌到了 1 680 美元。此时，5 个 ETH 的市场价值为 8 400 美元，需要归还 5 005 个 DAI（约为 5 005 美元）。假设我们自己无力归还 DAI，那么将进入拍卖流程，由第三方清算者提供 5 655.65 个 DAI 参与竞拍，计算方式为 5 005 ×（1 + 13%），获取抵押品 ETH。我们介绍两种可能的清算方案与结果。第一，如果只有唯一一名竞拍者，出资为 5 655.65 个 DAI，那么该名竞拍者会被算法选中成为清算者。清算者提供的 DAI 稳定币中的 5 005 个 DAI 被归还，剩余 650.65 个 DAI 会被送入 Maker 协议，清算者得到5个ETH，相当于盈利2 744.35美元，计算方式为8 400−5 655.65，抵押者的抵押品和DAI全部归零。第二，清算是有利可图的，所以实际可能不止一个竞拍者，我们假设有两个竞拍者A和B，他们都愿意提供5 655.65个DAI，不过A要求4个ETH，而B要求5个ETH，此时算法会选中A作为清算者。A提供的DAI稳定币中的5 005个DAI被归还，650.65个DAI会被送入Maker协议，A获得4个ETH，相当于盈利1 064.35美元，计算方式为6 720−5 655.65，抵押者可以收回1个ETH且不用再归还DAI。

2. 算法稳定币UST

UST稳定币是由Terra协议生成的，是一种通过挖矿激励、弹性货币供应算法实现价格稳定的算法稳定币。Terra协议维持币值稳定的关键在于反馈机制，一旦价格偏离其挂钩，系统必须施加压力使价格回归正常化。因此，第一，系统需要有足够有效的价格反馈机制，让Terra区块链得知币值的真实价格。Terra采用的是矿工预言机，即矿工们投票给出分散的汇率信息，系统再将这些分散信息进行加权汇总，那些提供信息足够准确的矿工会获得一定数量的代币奖励，而提供信息在一个标准差之外的矿工则会面临惩罚。第二，当价格偏离时，系统应该自动进行纠正。Terra遵循钉住汇率的简单供求规则。具体来说，在所有条件不变的情况下，系统通过增加或收缩UST货币供应量来维持价格。

围绕稳定币建立的公链生态Terra，建立了与世界主要货币（例如美元、欧元、人民币和国际货币基金组织特别提款权等）挂钩的稳定币家族，其中与美元挂钩的UST规模最大，因此我们以此为例介绍算法稳定币的运行机制。

具体而言，Terra一方面铸造了与美元挂钩的UST稳定币，另一方面还发行了价格浮动变化的算法代币LUNA，且协议约定LUNA可以与UST代币等比例兑换。当UST的价值高于1美元时，假设为1.02美元，套利者可将1美元LUNA转换为1枚UST来赚取2美分。UST供应量提升，需求量减少，价格会降低到稳定状态。① 如果UST的价格是0.98美元，套利者用1枚UST换取1美元的LUNA代币来赚取2美分差价。这种机制增加了UST的需求量，同时减少其供应量，价格会增加到稳定状态。②

仅从供需稳定价格机制的原理来看，的确，在一般情况下，这种机制可以维系币值的稳定性，但是，在价格突然大幅下降时，可能反而会深陷"死亡螺旋"。一般情况下，如果UST的偏离1美元的数值较小，LUNA代币的价格稳定且市场有足够的深度，那么这样的机制会正常运行。由于LUNA代币最大供应量为10亿，因此，当用户对UST的需求变高时，LUNA的价格会逐步攀升，用户对Terra的信任更高，因而可以铸造更多的UST稳定币。然而，这个体系在极端情况下无法正常运行。在UST的价格大幅偏离1美元时，用户对于UST的需求量会大幅降低，用户会将手里的UST兑换为等值的LUNA代币，然后再进行出售。而由于市场出

---

① 例如LUNA代币目前的市场价格为10美元，那么用户可以使用1美元购买0.1个LUNA代币，利用协议将0.1个LUNA兑换为1个UST，然后新的UST会被铸造出来，因为1个UST的市场价格为1.02美元，此用户可以出售1个UST获得0.02美元的利润。

② 例如LUNA代币目前的市场价格为10美元，那么用户可以使用0.98美元购买1个UST代币，利用协议将1个UST兑换为0.1个LUNA，然后UST会被销毁，因为0.1个LUNA的市场价格为1美元，因此用户可以出售0.1个LUNA获得0.02美元的利润。

现了大量的 LUNA 的出售，因此 LUNA 的市场价格也会大幅下降。由于 UST 完全由 LUNA 代币铸造，因此用户会进一步担心 UST 的价值，这进一步降低了用户对该体系的信心，进而再次抛售 UST，形成了价格的"死亡螺旋"。

2022 年 5 月，市值曾经高达 410 亿美元的加密数字货币 LUNA 价格连续暴跌，几天时间内，价格从接近 90 美元一枚跌至几乎为 0。出现这一暴跌事件的根本原因在于，UST 和 LUNA 背后没有实质价值支撑，该稳定币生态的维系全靠 Terra 设计的外生激励措施。UST 和 LUNA 本身没有任何底层资产或信用支持，因此 Terra 试图通过一系列做法树立人们对 UST 和 LUNA 的信心。例如 LUNA 的基金会 LFG 陆续买入价值 15 亿美元比特币和其他集中加密数字货币作为储备资产，增强市场对 UST 和 LUNA 的信心。[1] 此外，Terra 平台推出 Anchor 的 20% 固定收益储蓄计划，激励人们持有 UST。[2]

Anchor 计划是 Terra 维系 UST-LUNA 生态的非常关键的项目，但是 Anchor 计划所承诺的 20% 固定收益实际上难以维系。在发生崩盘事件之前，Terra 已经多次通过消耗备用金补足承诺收益的方式来维持人们对 UST 的信心。当 Anchor 储备金耗尽时，存款利率下降势在必行。当 Anchor 的收益率无法继续维持时，人们开始将 UST 换为 LUNA 并寻求其他投资项目。

---

[1] 参考自 https://www.cnbc.com/2022/05/05/luna-foundation-guard-bolsters-stablecoin-reserve-by-raising-1point5-billion-in-bitcoin.html。

[2] 参考自 https://www.bloomberg.com/news/articles/2022-03-23/terra-s-promise-of-20-defi-return-raises-sustainability-concern。

2022年5月8日,Terra因推出新计划从资金池中抽出了1.5亿个UST,导致UST流动性短暂下降。很多做空大机构在看到Anchor利率下降势在必行的逻辑基础上,借此机会迅速开始大规模UST抛售计划,导致当天20亿美元的UST从Anchor流出。[①]一时之间,市场上UST的供需平衡被打破,UST价格迅速下跌,很多人开始将持有的UST换成LUNA。当越来越多的人将UST换为LUNA时,这不仅导致UST与美元价格脱钩,还导致市场中LUNA供给量显著增大,价格迅速下跌,走向"死亡螺旋"。最终,从交易价格来看,UST和LUNA基本已经被宣告"死亡"。

第四节　隐私保护

一、概述

数字经济时代,数据是关键的新型生产要素,因此我们要充分挖掘大数据的经济价值,但要注意在收集和使用用户数据信息的同时,保护好用户隐私。近年来,我国陆续制定或修改完善了隐私保护相关法律。2016年,《中华人民共和国网络安全法》出台,对网络运营者收集包含个人信息的网络数据行为做出了相关规定。2020年

---

① 参考自 https://jumpcrypto.com/the-depegging-of-ust/。

制定、2021年开始实施的《中华人民共和国民法典》不仅在总则篇确定了自然人享有隐私权,自然人的个人信息受法律保护等原则性规定,同时在人格权编以专章方式制定了个人信息和隐私权保护方面的具体规则。2021年,《中华人民共和国数据安全法》通过并实施,对规范数据处理活动,保障数据安全,促进数据开发利用,保护个人和组织的合法权益,维护国家主权、安全和发展利益具有重要意义。

个人金融信息是个人信息中的一项特殊信息,对传统金融市场而言,个人金融信息是金融机构日常业务工作中收集的一项重要基础数据,也是金融机构客户个人隐私的重要内容。除了前述与个人信息利用和隐私保护相关的一般性保护规定之外,对于个人金融信息而言,相关监管部门也出台了部门规章或规范性文件来保护金融用户隐私。例如2011年,中国人民银行为了规范银行业机构收集、使用和对外提供个人金融信息行为,保护金融消费者合法权益,不仅界定了个人金融信息的具体范围,而且明确了银行业金融机构收集和管理个人金融信息的原则,以及加强个人金融信息保护的多项法定义务。2020年,中国人民银行发布了《个人金融信息保护技术规范》这一行业标准规范,该标准规定了个人金融信息在收集、传输、储存、使用、删除、销毁等生命周期各环节的安全防护要求,从安全技术和安全管理两个方面,对个人金融信息保护提出了规范性要求。[①]

与传统金融不同,去中心化金融无须金融中介机构干预和控制,个人金融信息隐私保护不能再依赖于传统的机构保护义务法

---

① 参考自 https://www.cfstc.org/jinbiaowei/2929436/2975867/index.html。

定化的方法，而必须依赖去中心化隐私保护（Decentralized Privacy Protection）业务。去中心化隐私保护是以去中心化方式解决用户隐私泄露问题的业务，是一种重要的去中心化金融基础设施类业务。

尽管去中心化金融因其底层技术特点而具有显著不同于传统金融的匿名性，但其交易公开和可溯源的特性使用户仍然可能面临隐私被泄露的风险。例如用户使用真实姓名命名以太坊域名（Ethereum Name Service），那么其钱包地址与本人的关联可能被发现。又如有的用户在使用去中心化金融业务的同时，也可能会使用中心化交易所等中心化机构的服务，由于用户从中心化交易所提取加密数字货币时会输入提款地址，而且中心化的交易所会对用户进行背景调查，如果中心化的交易所的后台数据库被盗，那么用户所有的关联信息将被泄露。因此，去中心化金融用户仍然需要隐私保护服务。

根据 DeFiLlama 的数据，2022 年 12 月底，共有 9 个去中心化隐私保护协议，总锁定价值超过 1.84 亿美元。Tornado Cash 曾经是总锁定价值最大的去中心化隐私保护平台，于 2019 年 12 月成立。2022 年 8 月 8 日，Tornado Cash 受到美国财政部海外资产控制办公室的制裁，被列入"SDN 黑名单"（Specially Designated Nationals and Blocked Persons），这意味着全球任何机构和个人如果与其进行金融业务往来，都会被制裁。[①] 受此影响，Tornado Cash 客户端已经下线。尽管 Tornado Cash 因为监管原因而成为过去时，但我们还是可以简单了解其运行机制，以此为基础认识其法律风险产生的原

---

① 参考自 https://home.treasury.gov/news/press-releases/jy0916。

因，这对于今后在去中心化金融隐私保护领域发展出更负责任的创新模式，可能具有启发意义。

二、运作机制

Tornado Cash 是通过混币器（Cryptocurrency Tumbler）的方式实现去中心化隐私保护。混币器可以通过打破存款地址和收款地址在区块链上的连接，来规避隐私泄露的风险。简单来说，混币器的发送方可以通过混币器，将自己需要发送的资产与其他人的资产进行混合，而后合约会将这些混合后的资产发送给资产的接收方。潜在的追踪者就很难找出发送方与最后接收方之间的现金流，从而达到隐私保护的目的。

具体而言，有混币需求的地址 A 将资产存入 Tornado Cash，而后 Tornado Cash 会给用户提供一个密钥作为存款凭据；在取出时，用户只需要向 Tornado Cash 提交该凭据及取款地址 B，Tornado Cash 就会将存款转移到新的地址 B 中。经过这一过程，该笔地址 A 向地址 B 进行的转账就会变得不可追溯。

在上述过程中，提款用户需要向 Tornado Cash 提交存款凭据，证明自己曾经存入过一笔资产，这一过程既需要证明先前用户有过存款，同时又要保障用户的隐私不被泄露，这就涉及使用零知识证明技术。零知识证明技术在隐私协议中被广泛使用。零知识证明本质上是一个涉及多方的协议，其定义是：证明者能够在不向验证者泄露任何信息的情况下，使验证者相信证明者拥有某些信息。① 零知识证明技术保证了 Tornado Cash 的顺利运作。

Tornado Cash 平台的官方网站为 Tornado.Cash，由于 Tornado Cash 的网站已经无法登录，我们可以通过网站时光机（Wayback Machine）的网页快照功能查看 2022 年 8 月的网页页面，大致了解其产品。② 具体而言，Tornado Cash 平台提供了经典产品 Classic 和新产品 Nova。在具体产品的存款界面中，用户可以存入包括 ETH、DAI、USDC 等六种加密数字货币在内的加密数字资产，但每种都只能存入固定数量的货币。例如 ETH 支持存入四种数量档次的货币，包括 0.1 个、1 个、10 个、100 个，假设我们选择存入 10 个 ETH，交易费用为 17.15 美元。我们在完成存款后会获得存款证明，可以在后续取款时使用。我们可以通过提款功能按钮提取存入的款项，即输入存款证明以及需要提款的目标账户，就可以完成提款。例如我们操作提取了 10 个 ETH，其中 9.95 个 ETH 发送到了提款人的地址，0.05 个 ETH 发送给了替用户支付矿工费的中继者（Relayer）③，那么该笔交易的交易费用为 8.68 美元。

---

① 零知识证明是一个比较抽象的概念，我们用一个例子来辅助解释这一技术，例如 A 希望向 B 证明自己拥有某个房间的钥匙且假设这个房间只能通过这把钥匙打开。如果 A 把房间钥匙给 B，让 B 把这个房间打开，那么确实证明了 A 拥有这个房间的钥匙，但这样 B 因为拿到了钥匙，就获取了和钥匙有关的信息（例如钥匙的形状，等等），这样就不符合零知识证明的定义；而如果 B 确定房间内有一物品，A 通过自己的钥匙开门拿出该物品给 B，B 就可以确认 A 拥有该房间的钥匙，同时在这一过程中，因为 B 并没有看到钥匙，所以并没有获取任何与钥匙相关的信息，这样的证明方式就符合零知识证明。零知识证明一般分为两种：一种是互动式的，如上文举例，即 B 要求 A 拿出某种物品，A 拿出该物品以证明其拥有钥匙；另一种是非互动式的，即 A 主动拿出某种物品让 B 相信 A 拥有钥匙。

② 详见 https://web.archive.org/web/*/tornado.cash。

③ 中继者代替用户交纳手续费，进一步保护了存款人和收款人的隐私。

第五章

去中心化金融信贷类业务

第一节　借贷业务

一、概述

去中心化借贷（Decentralized Lending and Borrowing）是指通过去中心化协议来为用户存入和借出加密数字货币提供服务的业务。通过去中心化借贷协议，用户既可以将其闲置的加密数字货币提供给协议，成为存入方（Supplier）来获取利息收益，又可以在不卖出自己长期看好的自有加密数字货币的前提下，将提供给协议的加密数字货币作为抵押资产，借出另一种新的加密数字货币，进而成为借出方（Borrower）。[①]

在去中心化信贷类业务中，去中心化借贷平台是传统商业银行、消费金融公司等机构在去中心化金融中的映射。去中心化借贷平台与商业银行的功能相似，用户既可以向平台资金池中存入加密数字货币来获取利息（类似于商业银行的储蓄功能），也

---

① 假设用户想获得稳定币 USDC，这时他有两种选择：一种选择是在交易所卖掉手里的 ETH 并购买 USDC；另一种选择是抵押 ETH，然后借出 USDC。在看好 ETH 升值的前提下直接将其卖掉是不明智的；但是，如果用户抵押 ETH 并借出 USDC，只要抵押品 ETH 升值的收益率高于借入 USDC 需要付的利息，用户还能够从中获益。

可以从资金池中借出新的加密数字货币（类似于商业银行的借贷功能）。

然而，去中心化借贷平台与商业银行交易流程不同。第一，商业银行依托于公司内部员工与制度的管理，而去中心化借贷则基于去中心化借贷协议，由智能合约自动执行。第二，去中心化借贷平台与商业银行的利率确定机制不同，商业银行的利率定价需综合考虑市场利率和央行引导，此外还受内部成本、客户风险、市场环境、同业竞争等各方面因素影响，利率一般来说比较稳定；而去中心化信贷的利率则不受任何中心化实体控制，每种加密数字货币市场的利率由算法根据市场供需自动确定，存入方和借出方直接与协议互动来赚取或支付利息，双方无须就到期日、利率或抵押品等条款进行协商，也无须第三方机构参与。

DeFiLlama的数据显示，截至2022年12月底，去中心化借贷平台共有200个协议，总锁定价值超过105亿美元，是目前去中心化金融中最具代表性的一类业务模式。其中，Compound和AAVE是最具有代表性的平台。Compound于2019年2月发布，总锁定价值超过16亿美元，排名第三，是最早采用点对协议模式的去中心化借贷协议。AAVE的总锁定价值超过37亿美元，排名第一，它的前身ETHLend（2018年更名为AAVE）成立于2017年，早期是基于以太坊的点对点借贷的协议，后期由于成交效率的问题转换为点对协议模式。

二、运作机制与操作示例

　　Compound 和 AAVE 是两个非常典型的去中心化借贷平台，均以点对协议的模式进行运作。两者运行机制存在诸多相似性。首先，拟从平台借出某加密数字货币的用户将平台支持的特定加密数字货币抵押至协议资金池，以获取平台发放的抵押凭证。其次，由于加密数字货币币值波动较大，去中心化借贷平台采用超额抵押（Overcollateralization）机制和自动清算机制来降低协议风险。平台借助预言机来获取加密数字货币价格信息，实时计算借出加密数字货币的用户是否达到清算阈值，如果达到则协议自动清算化解风险。最后，平台通过发放治理型代币的方式，由治理型代币持有者自主提议和投票，以管理去中心化借贷协议的具体事宜。

　　当然，如表 5.1 所示，两个平台所支持的公链、借贷利率、还款方式和保护措施都存在一定差别。首先，两者支持的区块链种类不同，Compound 只支持 Ethereum；而 AAVE 支持多条公链，包括 Ethereum、Avalanche、Polygon 等 7 条公链。其次，两者借出端的利率定价模式不同，Compound 只支持变动利率借贷；而 AAVE 可以选择以固定利率借贷。再次，借出端提供的产品不同，Compound 只提供抵押贷款；而 AAVE 还提供非抵押闪电贷。最后，Compound 目前仅通过小于 1 的抵押因子来确保协议的稳定；而 AAVE 除了抵押因子以外，还上线了通过质押来为协议提供保障的安全模式，我们将在质押业务部分详细介绍该模式。

117

表 5.1 Compound 和 AAVE 协议的区别

比较维度	Compound	AAVE
支持公链	Ethereum	Ethereum、Avalanche 等 7 条公链
借贷利率	随区块增加和货币供需浮动	可选固定或浮动
还款方式	抵押贷款	可选抵押贷款或闪电贷
保护措施	抵押因子	抵押因子与安全模块

下面，我们分别详细了解一下这两个典型的去中心化借贷平台是如何运行和操作的。

1. Compound 的借贷业务

Compound 的借贷业务主要由 Compound 平台存入方和借出方共同参与组成，其运作示意图如图 5.1 所示。

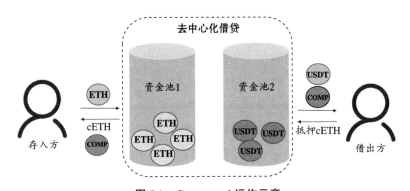

图 5.1 Compound 运作示意

首先，无论我们是想储蓄还是想借贷，我们必须将我们特定数量的加密数字货币提供到协议资金池中。假设我们向 Compound 协议资金池中供给 1 个 ETH，提供后我们将获得 Compound 平台发放的凭证 cETH，以及作为存入奖励的治理代币 COMP。获取 cETH 的具体数量由交易时 ETH 和 cETH 汇率决定，假设汇率为 0.02，则我们会获得 50（=1/0.02）个 cETH。一方面，COMP 作为治理

第五章 去中心化金融信贷类业务

代币可以被用来投票，参与决定协议支持的加密数字货币的种类、抵押因子的大小、COMP 代币奖励的分配等诸多事宜；另一方面，COMP 本身具有市场价值，可以被出售用来赚取收益。

现在，我们具体操作一下如何向协议提供 ETH。我们连接自己的钱包，在供给市场里找到想要提供的加密数字货币种类，点击 ETH 进入提供界面，在钱包余额范围内输入想要提供的 ETH 数量，例如 0.1 枚。如图 5.2 所示，这里我们可以看到提供 ETH 目前的年化收益率是 0.08%，COMP 代币分发年化收益率为 0.12%。确认完毕后点击"提供"即可。在交纳完矿工费后，交易完成，该笔交易的相关数据将被记录在以太坊区块链上，我们可以通过相关浏览器调出交易记录信息进行查看。区块链上记录了该笔交易成交的时间、发起的账户、调用的合约、发生交易变动的加密数字货币的种类和数量、交纳的手续费和矿工费等信息。此外，存入时奖励的 COMP 代币数量及其当前市场价值可以在额外的页面获取查看，如图 5.3 所示。

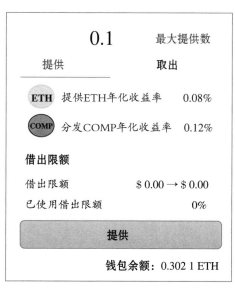

图 5.2　Compound 上提供 ETH 功能示意

图 5.3　Compound 上 COMP 余额查询和提取功能示意

其次，如果我们只是想将 ETH 储存到协议中来赚取利息收益，那么完成上述步骤即可。但如果我们想进一步借出其他种类的加密数字货币，假设我们想借出一定数量的 USDT，那么我们需要将 cETH 抵押给协议，并且借出 USDT，这样我们才能成为借出方，完成基本的借款流程。我们在提供 ETH 的时候，看到供给 ETH 的年化收益率为 0.08%，协议为用户提供的治理代币 COMP 的年化收益率为 0.12%，因此我们存入后会得到两份收益，净收益率为 0.2%。现在，假如我们准备借出 USDT，如图 5.4 所示，借出需要支付的利息率为 3.43%，协议提供的 COMP 代币的年化收益率为 0.41%，因此我们实际需要支付的净利息率为 3.02%。对比净收益率和净利息率来看，目前我们在平台上存入 ETH 并借出 USDT 是无利可图的。不过，由于供给和借出加密数字货币的币值和在池中的数量会实时变动，每种加密数字货币的收益率和借贷成本会随着时间而变化，因此也会出现有利可图的情况，即净收益率大于净利息率。

图 5.4 Compound 上借出 USDT 功能示意

最后，当我们想要赎回抵押的加密数字货币时，需要支付利息、偿还借出的 USDT，当所有借出的 USDT 偿还完毕时，可以赎回抵押的 cETH，然后再将赎回的 cETH 换回 ETH。当然，在 Compound 上，利率由算法自动确定，根据加密资产的供需实时浮动。当需求大于供给，流动性下降时，利率便会上升，刺激供给、抑制需求。假设我们之前提供给协议的 ETH 被其他人借出，ETH 与 cETH 间的汇率可能会发生变化。为了便于计算，我们回到最初提到的存入 1 个 ETH，在 0.02 的汇率下获得了 50 个 cETH 的情况，假设 100 天后，汇率变为 0.020 1，那么我们此时就可以最终换回

1.005 个 ETH（＝50 × 0.020 1）。进一步，如果我们想要取回存款，我们需要在功能界面中选择"取出"（Withdraw）一栏，输入想要取回的 ETH 数量，点击取出，交纳手续费和矿工费即可完成操作，取回的交易记录也会被存储在区块链上，可供我们随时查看。

值得注意的是，Compound 采用超额担保机制降低借贷违约风险和增强协议的稳定性。具体而言，我们借出加密数字货币的价值必须小于经过抵押因子（Collateral Factor）调整后的存入加密数字货币的价值。抵押因子介于 0 和 1 之间，抵押资产的流动性越高，则抵押因子越大。例如 ETH 在 Compound 上的抵押因子为 0.8，这意味着用户只能用存入 ETH 价值的 80% 并借出 USDT。如果因为 ETH 价值缩水或者 USDT 价值上升，抵押品的价值不再高于借出资产的价值，就会出现清算风险（Liquidation Risk）。只要不发生这种资不抵债的情况，借出者就可以持续使用借出的加密数字资产，没有固定的归还期限。为了实现超额抵押和自动清算，Compound 会公示每种加密数字货币的抵押因子，同时通过信息输入系统 Chainlink 来实时获取更新的加密数字货币价格。当加密数字货币价格波动导致借出加密数字货币价值超出担保限额时，自动清算机制将开启，平台上其他用户会成为清算人来协助清算并获取清算激励。其中，清算激励是指清算人以低于市场价格 8% 的折扣来获得借出方所抵押的加密数字货币，该折扣比例可以通过 Compound 的自治组织提议和投票调整。

2. AAVE 的借贷业务

刚才我们大致了解了 Compound 平台上存入和借出加密数字资产业务的运行机制和具体操作，现在我们再来具体看看另一家非常

第五章 去中心化金融信贷类业务

具有代表性的平台 AAVE 的情况。AAVE 与 Compound 的运行机制非常相似，只不过存入凭证由 cToken 变为 aToken，例如，我们在 Compound 平台上存入 ETH 获得的凭证为 cETH，在 AAVE 平台上存入 ETH 获得的凭证则为 aETH。

首先，我们还是连接好钱包，在界面显示出我们所拥有的加密数字货币种类和数量后，我们选择想要存入的特定种类和数量。如图 5.5 所示，我们这里选择提供约 1 796 个 DAI 稳定币，然后交纳手续费确认提供。提供之后，系统会显示目前还可以提供的加密数字货币种类和数量，以及已经成功存入的加密数字货币的种类、数量和年化收益率。如图 5.6 所示，目前我们已经成功存入了约 1 796 个 DAI，当前年化收益率为 1.64%。在这里，我们也可以看到系统开放了提取存入资产和置换存入资产功能。我们既可以随时增加供给，也可以随时取回存入的加密数字货币。如果我们想要增加供给，则可以按照上述方式重复操作，只要钱包内有足够的加密数字货币余额即可。当我们想要取回存入的加密数字货币时，在对应的加密数字货币一列选择"提取"进入具体操作界面，然后输入想要取回加密数字货币的具体数量，交纳手续费确认提出即可。另外，我们还可以在已提供的加密数字货币界面中使用置换功能，将存入的 DAI 置换为其他加密数字货币，例如 WBTC 等。[①]

---

① 置换是因为对抵押品升值潜力预期的变化。

图 5.5　在 AAVE 提供 DAI

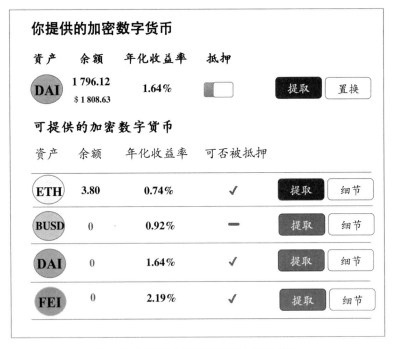

图 5.6　可提供加密数字货币与提供结果

第五章 去中心化金融信贷类业务

其次，如果我们想要借出某种加密数字货币，同样也需要满足超额抵押的要求。例如我们目前向协议提供了约 1 796 个 DAI，在符合超额抵押的情况下，最多可以借出约 0.766 个 ETH，即最多

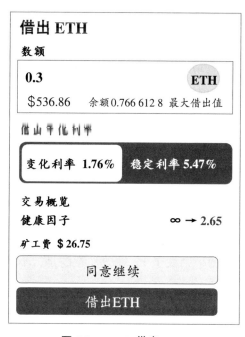

图 5.7 AAVE 借出 ETH

77% 抵押品价值的 ETH。我们这里选择借出 0.3 个 ETH，如图 5.7 所示。值得注意的是，我们通过 AAVE 平台借出加密数字货币时，可以在稳定利率和变化利率两种利率模式中选择其一。稳定利率是短期内不变的利率，目前 ETH 借贷的稳定年化利率为 5.47%；而变化利率则是基于 AAVE 上的供给和需求的利率，目前 ETH 借贷的变化年化利率为 1.76%。我们也可以在交纳手续费后调整利率模式。当我们完成这笔借出 0.3 个 ETH 的操作后，我们可以看到如下汇总的账户信息：已存入 1 796 个 DAI（市场价值为 1 781.67 美元），已借出 0.3 个 ETH（市场价值为 536.86 美元），目前账户净值约为 1 244 美元，净年化收益率约为 1.57%，健康因子为 2.65，目前借出能力已使用比例为 39%。

再次，AAVE 以健康因子作为触发清算机制的关键指标。具体而言，健康因子是抵押价值和借出资产价值的比值乘以清算比例，

当健康因子低于 1 时，清算机制即被触发。例如 DAI 的清算比例为 0.8，健康因子 2.65 等于 1 781.67 除以 536.86 后再乘以 80%。一般来说，清算比例会略高于最高可借出比例，这样可以为借出者提供一个缓冲期，避免其仓位由于加密数字货币价格的波动而被迅速清算。如果某借出者出现健康因子低于 1 的情况，其他用户可以成为清算者来赚取收益。清算者最多可以协助借出者偿还 50% 的债务，以获得借出者所抵押的加密数字货币，同时赚取清算奖励。例如某借出者存入 10 个 ETH 并且借出了相当于 5 个 ETH 价值的 DAI 稳定币。假设受 ETH 币值波动影响，该借出者的健康因子低于 1，清算机制被触发。清算者此时可以通过偿还 50%（相当于 2.5 个 ETH 价值）的 DAI，并索取 2.5ETH 的抵押物和 0.125ETH（2.5ETH×5%）的清算奖励。[①] 在完成清算后，借出者的 50% 的债务得到了偿还，偿还后的健康因子则大于 1。需要注意的是，不同种类加密数字货币对应不同的清算比例与奖励，清算比例与奖励会由协议进行更新。

最后，除了比较典型的超额抵押机制下的去中心化借贷之外，AAVE 还创新地提出了闪电贷（Flash Loan）。如前所述，去中心化借贷一般依赖超额抵押机制来控制加密数字货币币值波动较大带来的风险。与之不同的是，闪电贷是一种无须抵押品的借贷业务。目前，AAVE 平台对每笔闪电贷收取 0.09% 的费用。不过，使用闪电贷具有较高的知识门槛，我们需要通过编程的方式组合调用智能合约。之所以能够实现闪电贷，是因为我们需要在同一个以太坊区块

---

① 参考自 https://docs.aave.com/faq/liquidations。

中的一笔交易内完成借出和归还加密数字货币的整个操作。而且，这种无须任何抵押和客户背景调查的借贷业务也导致了闪电贷攻击的兴起。例如 2021 年 10 月 27 日，某攻击者发现 Cream Finance 存在智能合约漏洞，于是便通过闪电贷借出大额资产，操纵了作为抵押物的加密数字货币价值的计算，干扰了预言机的价格信息，进而转走了价值 1.3 亿美元的加密数字货币。

第二节 质押业务

一、概述

去中心化质押（Decentralized Staking）是以去中心化的方式为加密数字货币质押行为提供服务的业务，是一种比较独特的信贷类业务。在去中心化信贷类业务中，质押在传统的信贷类业务中没有完全对应的模式，因而是加密数字货币市场独特的一种收益模式。但我们从投资者目的和业务风险的角度来看，质押业务实质上类似于一种广义的储蓄业务，质押也是向协议提供加密数字货币，进而获得较为稳定的收益（一般也是固定收益率）。[1]

---

[1] 这里我们介绍的是以获取稳定收益为目标的质押业务，当然，质押行为也广泛存在于其他业务模式中，比如收益耕种等，对于这些质押行为，我们会在相应的业务模式中再详细介绍。

质押（Staking）与放贷（Lending）的本质区别在于收益来源。与放贷不同，质押收益不再来源于借出方（Borrower）偿还债务所支付的利息。质押收益来源大致分为两类。第一类质押的目的是赚取原生代币（Coin），例如 Lido 的验证费模式。在权益证明共识机制下，验证者需要通过质押来赚取验证费，区别于这种自我质押（Self Staking），Lido 协议通过聚合用户资金进行质押，来赚取验证费，是一种流动质押（Liquid Staking）。第二类质押的目的是赚取次生代币（Token），例如 AAVE 的奖励代币模式。这种模式是以质押加密数字货币的方式为协议的稳定性提供保障，如果协议存在风险，需要以质押的加密数字货币进行赔偿，因此质押类似于用户为协议提供保险，协议给予质押用户奖励代币。当然，随着加密数字货币与去中心化金融的发展，质押在未来可能会有其他的收益来源。

去中心化质押协议在保障加密数字资产安全性的基础上，丰富了我们获取较为稳定收益的投资渠道。例如在权益证明共识机制下，通过质押加密数字货币获取验证交易机会，一般需要将加密数字货币锁定较长时间，而且只有当质押的加密数字货币价值越大，被选中验证的可能性才越大，因此参与门槛较高，普通用户即使有参与意愿，也通常不具备相应的参与能力。在此情况下，去中心化质押协议降低了普通用户参与的门槛，使用户能够享受质押加密数字货币来获取验证交易的机会，进而赚取验证费的投资收益。而且，去中心化质押协议运行无中介机构控制，这种结构特征也能够避免因中介机构汇集、滥用用户所质押资产而导致的资产安全问题。

DeFiLlama 的数据显示，截至 2022 年 12 月底，去中心化金融市场共有超过 120 个去中心化质押协议，总锁定价值超过 87 亿美元。[①]其中，Lido 成立于 2020 年 10 月，总锁定价值超过 58 亿美元，是该类别总锁定价值最大的协议，也是总锁定价值排名第二的协议。Lido 支持多种区块链网络中的质押，例如 ETH、Solana、Kusama、Polygon 等。在不同网络质押将获取不同年化回报率，Lido 官方网站数据显示，在 2022 年 12 月底，ETH 的年化回报率为 4.8%，目前质押加密数字货币总市值约相当于 58 亿美元；Polygon 的年化回报率为 6.3%，目前质押加密数字货币的总市值约相当于 1 121 万美元，Solana 的年化回报率为 6.3%，目前质押加密数字货币的总市值约相当于 2 917 万美元；Polkadot 的年化回报率为 14.3%，目前质押加密数字货币的总市值约相当于 1 108 万美元；Kusama 的年化回报率为 11.6%，目前质押加密数字货币的总市值约相当于 245 万美元。需要注意的是，年化回报率是波动而非固定的，因此我们下面会以 Lido 为例，详细介绍以获取原生币为目标的质押业务。

此外，由于 AAVE 平台也提供质押业务，该质押业务的收益不是来自区块链交易验证费，而是为协议安全性提供保障的次生代币奖励，因此我们也会介绍 AAVE 的质押业务。

二、运作机制与操作示例

1. Lido 的质押业务

Lido 的质押业务收益源自权益证明共识机制下验证交易的验

[①] 参考自 https://defillama.com/categories。

证费。权益证明机制采取某节点被随机选取成为验证者的方式验证交易，一个节点必须先质押一定数量的代币，就像押金一样，押金数量的多少决定了下次被选为验证者的概率。因为押金要远高于验证费，因此验证者作弊的动机大幅下降，保护了分布式账本的可信度。

ETH 已经开始使用权益证明机制，然而，我们在 ETH 上质押加密数字货币来参与验证交易则需要专业知识和设备来运行。例如我们最低需要质押 32 枚 ETH，而且需要锁定这些资产数年，才能成为可被选择节点。而且，如果质押管理不当，我们还可能会受到诸如削减和离线处罚（Slashing and Offline penalties）等严重的经济惩罚。针对此痛点，以 Lido 为代表的流动质押平台出现了。这类协议能够使我们更容易地获得质押奖励，我们只要将加密数字货币提供给协议，即可参与质押业务。而且，质押获得的质押凭证也是可以交易的，也就是所谓的"流动的"（Liquid）。

下面，我们以 ETH 区块链为例，简单介绍一下如何在 Lido 平台上使用去中心化质押业务。首先，我们要选择一个 Lido 平台支持的权益证明共识机制的区块链作为我们参与质押的网络。这里我们选择 ETH，选择完毕后我们就进入质押 ETH 操作界面。其次，如图 5.8 所示，我们填写好想要质押的 ETH 的数量，然后确认好本次交易的各类信息，确认完毕后点击"提交"即可完成质押。再次，完成质押后，我们将等比例获得质押凭证 stETH。这里我们质押了 0.5 个 ETH，获得了 0.5 个 stETH。值得注意的是，理论上说 stETH 是未来用于赎回 ETH 的凭证，但实际上，stETH 目前还不能用于赎回 ETH，我们无法直接通过解除质押的方式将 ETH 从协议中提取出来，但是，我们可以在 Curve 或 Balancer 等去中心化交易所将 stETH 兑换为 ETH。最后，在 Lido 上质押 ETH 的收益会每天以 stETH 的形式发放给质押用户，协议会抽取收益的 10% 作为费用。

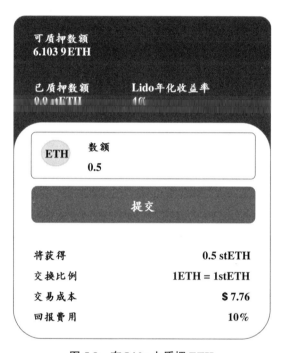

图 5.8　在 Lido 上质押 ETH

2. AAVE 的质押业务

AAVE 上的质押是指将加密数字货币存入协议安全模块（Safety Module）中，获取保障协议安全的收益。AAVE 质押业务收益源自协议发放的治理代币奖励。AAVE 推出质押业务是为了以此方式鼓励用户为其去中心化借贷协议的安全提供保障。AAVE 平台本身是借贷协议，但发生抵押品价值不抵借出资产价值启动清算时，其依赖的预言机更新可能不及时。例如某种抵押品的价值迅速下跌，导致存入端抵押品价值显著低于借出端加密数字货币的价值，所以仍有可能出现因流动性不足带来的系统性损失。

为了应对这种流动性风险，AAVE平台于2020年7月上线了安全模块，旨在在超额抵押机制和自动清算机制之下，再为协议的安全性提供一份保障。安全模块是通过激励AAVE用户质押其AAVE币建构起来的，用户向协议中存入AAVE币的过程被称为质押，如果协议出现流动性问题，进入安全模块质押资产池中的AAVE价值将最多减少（Max Slashing）30%，来弥补流动性问题造成的损失。为了鼓励用户质押，每天质押者之间可以分配1 100个AAVE。这个总分配数量由AAVE的持有者投票进行决定，由于AAVE一共只有1 600万个，因此早期奖励的数量较多，后期奖励的数量会较少。与此同时，由于质押者和质押资产量实时变动，所以分配到的收益也会实时变化。2022年6月，AAVE质押的年化收益率为8.09%；2022年12月，AAVE质押的年化收益率为8.47%。

下面，我们简单介绍一下如何在AAVE平台上参与质押业务。我们可以前往AAVE应用程序质押部分，进入质押操作功能界面。然后，大致如图5.9所示，我们输入想要质押的AAVE代币的数量，仔细阅读AAVE对解除质押的期限限制提醒，确认好交易信息后，相继点击"同意继续"（Approve to continue）和"质押"（Stake）两个操作步骤，然后我们在交纳手续费后即完成质押操作。在质押后，AAVE会返回给我们stkAAVE代币作为获取收益和未来解除质押的凭证。

图 5.9 在 AAVE 安全模块中质押 AAVE 币

我们可以在特定的界面里实时查看和确认质押所获收益，也可以在满足一定条件下解除质押。协议规定必须先经过 10 天的冷却期（Cooldown Period）后，才能将已质押的加密数字资产从安全模块中提取出来。而且，解除质押的操作必须在冷却期满后 2 天内进行，否则将需要再次启动冷却。大致的操作界面如图 5.10 所示，我们交纳手续费后启动了冷却程序。

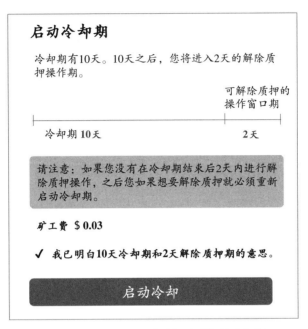

图 5.10　在 AAVE 上启动解除质押的冷却期

成功启动冷却程序后，我们可以在质押主界面中看到冷却期进度。如图 5.11 所示，当前冷却期还剩余 9 天 23 小时 59 分钟 9 秒。与此同时，在质押主界面里，我们还可以看到目前发放的 AAVE 奖励数量，并可以随时获取或者补充质押。

图 5.11　AAVE 质押功能界面

10天冷却期满后，我们就可以在2天可解除质押期间随时解除质押。如图5.12所示，此时为AAVE经过10天冷却期后的页面，左下方显示了解除质押期还剩1天22小时3分钟13秒，我们必须在这个倒计时结束前解除质押。具体而言，我们可以选择"立即解除"（Unstake Now），然后输入想要解除质押的AAVE的数量。比如我们这里将全部的18.6个AAVE解除质押，确认并在交纳了价值4.32美元的手续费后，完成了解除质押操作，于是18.6个AAVE币返回了我们连接的加密钱包中。此外，我们质押的收益可以通过点击"获取AAVE"（Claim AAVE）来获得。

图5.12　在AAVE上解除质押

第六章

去中心化金融资管类业务

第一节 交易所

一、概述

去中心化交易所（Decentralized Exchange，简称 DEX）指的是以去中心化方式提供加密数字货币交易功能的业务，用户可以通过智能合约在区块链上进行加密数字货币之间的交易。

在去中心化资管类业务中，去中心化交易所是传统金融市场交易所在去中心化金融中的映射。去中心化交易所平台与传统交易所的功能相似，用户可以在其中交易加密数字货币，买进预期未来能够升值的加密数字货币，或者出售预期未来会下跌的加密数字货币。

去中心化交易所与加密数字货币中心化交易所也有诸多不同。第一，两者的交易机制不同，实际上，中心化的加密数字货币交易所如币安、Coinbase 等平台，主要依赖中心限价订单簿的交易机制，这与传统金融市场的交易所更为相似；而以 Uniswap 为代表的去中心化交易所则主要使用自动化做市商机制作为交易机制。第二，两者的验证模式不同。中心化交易所需要进行用户背景调查，而去中心化交易所不需要对用户身份背景信息进行任何验证，具有匿名性。第三，两者的风险类型不同，中心化交易所交易前需要将资产交由中心化交易所，因此用户会面临中心化交易所的欺诈风险、操作风险等；而去中心化交易所的资产自我托管，用户需要注意的是智能合约风险、私钥保管风险等。

去中心化交易所为人们提供了快捷、便利和安全的交易加密数字货币的渠道。第一，去中心化交易所的存在为用户快捷地开展买卖交易提供了便利。持有加密数字货币的用户既包括长期投资者，也包括短期投资者。由于加密数字货币的币值波动非常大，因此，部分交易者希望从价格波动中获利。第二，去中心化交易所的自动做市商交易机制能够快速帮助交易者完成交易，不再需要寻找交易的对手方。第三，去中心化的特征也保证了用户不需要将加密数字货币寄放在中心化机构，这进一步保障了用户资产的安全。

根据 DeFiLlama 的分类，截至 2022 年 12 月底，去中心化交易所数量超过 640 个，协议数量超过 650 个，总锁定价值超过 150 亿美元，是协议数量和总锁定价值都最大的一种去中心化金融商业模式。Uniswap 于 2018 年 11 月 2 日创立，是创立时间早、总锁定价值较大且模式具有代表性的去中心化交易所。2022 年 12 月底，Uniswap 总锁定价值超过 33 亿美元，仅次于去中心化交易所 Curve 的 36 亿美元，排名第二。Uniswap 最早仅支持 Ethereum 公链，而目前支持 Ethereum、Polygon、Arbitrum、Optimism 和 Celo 五条公链。因此，我们接下来以 Uniswap 为例，具体介绍去中心化交易所如何运作。

二、运作机制与操作示例

加密数字货币去中心化交易所和中心化交易所具有不同的交易机制和流动性来源。其中，加密数字货币中心化交易所主要依赖中心限价订单簿的交易机制。具体而言，买家和卖家发出的订单会被记录在订单簿中，当买单的出价（Bids）与卖单的要价（Asks）匹配上时，则交易达成，这进一步形成了资产当前的价格，而订单簿的规模则直接决定了匹配达成的可能性。中心化交易所的流动性来源于买单出价和卖单出价订单簿的规模，报价的订单越多，流动性越好。然而，去中心化交易所并没有这样的订单簿，用户之间不会直接交易，而是以自动做市商机制的方式，通过流动性池完成交易。具体而言，Uniswap由一系列代币对的交换合约组成，流动性提供者（Liquidity Provider，简称LP）将两种代币存入合约形成代币对，他们提供流动性获取交易者交纳的手续费作为回报。去中心化交易所的流动性来源于两种代币的交易对，这两种代币的数量越多，流动性越好。

去中心化交易所的自动做市商机制拥有独特的价格确定机制，因为市场不存在出价和要价，所以加密数字货币之间的价格并非由最新一笔达成的交易来确定。一般来说，Uniswap主要使用恒定函数做市商机制（Constant Function Market Makers）的方式来确定价格。恒定函数指的是流动性池内作为代币对的两种代币数量乘积保持为常数。图6.1展示了以ETH和DAI为案例的运作机制。假设DAI（Y）和ETH（X）目前的价格为1∶1 000，即1 000个DAI等于1个ETH，而流动性池中一共有100 000个DAI（x_1）和100个ETH（y_1），因此目前池子里的常数（K）为10 000 000。我们想要卖出1个ETH，那么流动性池内的ETH会增加1个（a），变为101个（x_1+a），而为了保持乘积为常数，因此目前池子内会剩下99 009.90个DAI（y_2=10 000 000 / 101），而我们则能够得到990.10

个 DAI（y_1-y_2=100 000-99 009.90）。

去中心化交易所采用的自动做市商机制中流动性池的价格仅具有参考意义，而非准确数字，我们实际得到的比例可能低于该值。例如我们实际得到的 DAI 的数量为 990.10 个，低于之前流动标注的价格 1 000 个，这样的影响叫作滑点（Slippage），该样例的滑点为 -0.99%。此外，每次交易还会对价格产生影响，在完成这笔交易后，流动性池中两种代币的数量发生了变化，DAI 和 ETH 的比例变为了 980.30（99 009.90 / 101），与前值 1 000 的差距为 -1.97%，这个变化叫作价格影响（Price Impact）。①

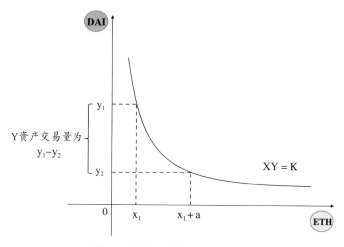

图 6.1　恒定函数做市机制示意

提供流动性是为了赚取交易者通过买卖交易交纳的手续费，但是也可能面临一定的风险。无常损失（Impermanent Loss）是用户为去中心化交易所提供流动性最典型的风险，指的是流动性提供者

---

① 当然，去中心化交易所的价格确定机制也在逐步演变，需要我们持续更新和学习。

由于提供流动性而产生的损失。恒定函数做市商的机制会优化用户体验和便利性，这牺牲了绝对回报。当流动性池中的代币比例变得不均匀时，流动性提供者可能会产生这种无常损失。我们以前文的案例进行说明。假设乙是流动性池的提供者，由于刚才完成了一笔交易，目前流动性池的价格变成了 ETH 的价格，为 980.30 美元，假设 DAI 的价格稳定于 1 美元，那么目前的无常损失为 9.8 美元。①

下面我们详细描述 Uniswap 如何操作。Uniswap 项目的官方网站是 uniswap.org。我们首先连接钱包进行登录操作，选择使用的公链，再选择想要交易的加密数字货币。例如我们选择 Ethereum 公链，想要卖出 DAI，并买入 WBTC。如图 6.2 所示，首先，我们进入"兑换"（Swap）界面，在第一列选择想要卖出的加密数字货币 DAI，并输入想要交易的数量，目前该钱包中共有约 1 797 个 DAI，因此输入的数量最多不超过 1 797 个，我们这里直接输入最大值。其次，我们需要在第二列选择想要买入的加密数字货币 WBTC，然后系统会自动显示预估能够获取 WBTC 的数量。根据目前流动性池的情况，我们能够获取的 WBTC 约为 0.087 56 个，我们需要交纳的手续费和矿工费约为 6.82 美元。我们输入好交易数量后点击"兑换"，然后在钱包点击确认，即可等待区块链完成相关交易。我们可以在 Etherscan 浏览器上看到这笔交易记录：卖出了约 1 797 个

---

① 用户提供流动性使得他的资产损失了 9.8 美元。在别人交易后，流动性提供者的流动性池还剩下 99 009.9 个 DAI 和 101 个 ETH，所以目前流动性池的价格为 198 020.2 美元，计算公式为 99 009.9×1+101×980.03。流动性提供者如果不提供流动性，用户应该拥有 100 000 个 DAI 和 100 个 ETH，该资产的价值为 198 030 美元，计算公式为 10 000×1+100×980.03。用户的损失计算方式为 198 030 美元减去 198 020.2 美元，大概是 9.8 美元。

DAI，实际获得了约 0.087 56 个 WBTC。

图 6.2　Uniswap 选择交易的加密数字货币并输入数量

与此同时，我们还可以为 Uniswap 提供流动性来获取其他用户交易所交纳的手续费。Uniswap 早期的交易手续费用为 0.3%，而后期升级后交易手续费用改为四档，分别为 0.01%、0.05%、0.3% 和 1%，我们在交易时可以自由选择具体的手续费档位。我们点击"流动性池"（Pool）进入提供流动性的页面，选择使用的公链，这里我们选择 Polygon。然后，我们点击"添加流动性"（+New Position），进入具体设置界面。第一，我们需要选择想要提供的加密数字货币种类与数量，我们这里提供 MATIC 和 USDC 两种数字货币的流动性；第二，选择交易费的比例，一般平台会自动推荐交易费的比例，这里我们选择 0.05%；第三，选择愿意成交的价格范围，目前 MATIC 的价格为 0.593 个 USDC，因此选择的价格范围必须将该价格包含其中，我们这里选择的范围为 0.5—0.7 个 USDC；第四，输入提供数字货币的数量，我们这里输入 500 个 MATIC，算法会自动匹配 USDC 的数量，也就是 305 个 USDC；第五，我们点击"预览"（Preview），在确认信息后点击"添加"（Add），并在钱包签字确认，交纳手续费后即可成功添加流动性。图 6.3 展示了预览的大致界面，主要包括币种、数量、费率和价格范围等关键交易信息。值得注意的是，预览还提出了包括如果后续 MATIC 与 USDC 的币价波动超出这个范围后的情况。如果 MATIC 的价格小于 0.5 个 USDC，那么我们的仓位会全部转换为 MATIC；而如果 MATIC 的价格大于 0.7 个 USDC，我们的仓位会全部转换为 USDC。添加完流动性后，我们可以看到目前的仓位情况：因为 MATIC 的价格为 0.574 个 USDC，低于加入流动性时的 0.593，所以仓位剩下 614.7 个 MATIC 和 246.9 个 USDC，仓位市值约为 600 美元，比加入的市值大约降低了 2 美元，目前获得的手续费约为 10.4 美元。如果我们想将收益收至钱包当中，我们可以点击"收取手续费"（Collect Fees），在交纳矿工费后即可获取手续费。此外，我们可以随时进一步增加流动性或者减少流动性，具体操作可以通过点击"增加流动性"（Increase Liquidity）[①] 或者"减少流动性"（Remove Liquidity）来实现。

[①] 需要注意的是，增加流动性必须按照目前仓位的比例进行添加。

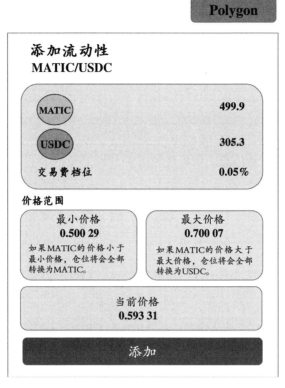

图 6.3 Uniswap 添加流动性预览

第二节 交易所聚合器

一、概述

去中心化交易所聚合器（Decentralized Exchange Aggregator）是

指提供聚合去中心化交易所平台以方便用户高效地进行加密数字货币交易。

去中心化交易聚合器平台并没有在传统金融模式中对应的模式，但是类似于互联网金融商业模式中的互联网理财超市，它是一站式提供优质报价的信息聚合平台。

那么为什么需要去中心化交易所聚合器呢？加密数字货币的种类超过了1万种，去中心化交易所数量超过640个平台，协议数量超过650个，而去中心化交易所的成交依赖于加密数字货币交易对，因此，加密数字货币的兑换在不同的交易所可能会有完全不同的兑换结果。交易者需要通过使用去中心化交易所聚合器平台在数以千计的报价和费用中选出最佳的交易方案，通过节约交易成本和尽可能减少滑点带来的损失实现收益最大化。

由于去中心化交易所聚合器一般只提供信息，不需要用户将数字货币锁定在去中心化交易所聚合器的合约中，因此 DeFiLlama 的分类并不包括其总锁定价值的信息。换言之，去中心化交易聚合器的总锁定价值为其使用的去中心化交易所的总锁定价值的加总。1inch Network 是具有代表性的去中心化交易所聚合器之一，在 2019 年 5 月的 ETHGlobal 纽约黑客马拉松期间创立，我们以 1inch Network 为例介绍其运作机制。

二、运作机制与操作示例

去中心化交易所聚合器是去中心化交易所交易池信息的集合。由于去中心化交易所是协议数量最多、总锁定价值最大的一种去中心化金融商业模式，各协议的创建目的和服务场景不相同，不同交易所的流动性机制和手续费也差别很大，所以用户需要花费高昂的时间成本找到最优的兑换路径。

去中心化交易所聚合器有三种实现最优交易的运行机制。第一，去中心化交易所聚合器能够协助找到报价最优交易所。目前比较流行的去中心化交易所有 Curve、Uniswap、PancakeSwap、Balancer、Sushiswap 等，其中 Uniswap 对于主流加密数字货币的兑换有着较好的兑换深度，而 Curve 则更加专注于提供稳定币兑换服务。去中心化交易所聚合器可以根据不同交易所的特点，筛选出符合交易需求的报价最优交易所。第二，去中心化交易所聚合器可以利用算法拆分交易帮助匹配最优交易组合。在使用 1inch Network 交易时，平台会自动计算如何拆分交易，然后通过不同的交易所交易，进而实现交易最优。例如对于将 100 个 ETH 换为 DAI 这笔交易，聚合器可能将其拆分为 50 个 ETH 通过 Uniswap 交易所完成，另外 50 个 ETH 通过 Curve 来完成。第三，去中心化交易所聚合器通过桥接交易帮助实现交易。如果我们希望进行的交易在所有目前的交易协议中都无法执行，平台还会自动对多家交易所提供的交易进行桥接。例如当 DAI 和 AAVE 无法直接兑换时，可以先把 DAI 换为 ETH，然后再把 ETH 换为 AAVE。

1inch Network 本身不提供流动性，因此无法通过收取交易费用的方式来赚取收益，1inch Network 的收入主要来源于正滑点（Positive-slippage）。由于加密数字货币的交易需要在区块链上确认，而价格在实时变动，所以用户最后实际的交易价格可能会低于看到的交易价格，在这种情况下，普通的去中心化交易所会把额外的加密数字货币返还给用户，但是 1inch Network 平台会获得额外的这些加密数字货币，1inch Network 的收入由此而来。

1inch Network 的网站是 app.1inch.io，1inch Network 提供了简单模式（Simple Mode）、经典模式（Classic Mode）、限价模式（Limit Order Mode）、点对点模式（P2P Mode）这 4 种交易模式。其中，简单模式、经典模式提供聚合器的功能，但后两种模式则提供其他服务，其中限价模式类似于限价订单簿的交易机制，点对点模式类似于私人之间的交易，因此，我们下面详细介绍 1inch Network 的简单模式和经典模式的操作方式。

1inch Network 的网站默认的是简单模式。我们需要在页面中间选择需要兑换的加密数字货币种类和数量，如图 6.4 所示，我们希望将 100 枚 MATIC 兑换成 USDT。简单模式提供了两种具体兑换方案。第一种方案是默认的最优兑换路径，通过这个方案，我们可以兑换到 80.662 623 枚 USDT 代币，对应的交易手续费为 3.238 2 美元，该兑换路径为 PMM 流动性协议。第二种方案是通过 Uniswap 进行兑换，在这个方案下我们可以兑换到 79.745 51 枚 USDT 代币，对应的交易手续费是 3.324 3 美元。通过比对可见，使用 1inch Network 推荐的最优兑换方案能够大约节省 1.00 美元[①]，这个兑换方案是综合考虑兑换比率和手续费后的最优方案。我们选择好方案后，要对协议调用 MATIC 进行授权（Give Permition），并在钱包签名，在授权后点击"兑换"（Swap）进一步确认交易，即可实现兑换。在兑换成功后，我们钱包里的 100 个 MATIC 就被转换成了 80.479 1 个 USDT 代币，与预计的 80.662 623 个相比少获得了约 0.183 5 个。手续费为 2.42 美元，比预计的 3.238 2 美元节省了 0.818 2 美元。因此，交易页面提供的数值与最后获得的数值

---

① 计算方式如下：使用第一个方案的兑换后美元价值减去手续费，减去第二个方案的兑换后美元价值减去手续费，即 (80.72 − 3.238 2) − (79.81 − 3.324 3) = 0.996 1。

未必完全对应。

1 MATIC价格	0.806 6 USDT（~ $ 0.80）
1 USDT价格	1.239 7MATIC（~ $ 1.004 686）
路径	MATIC至USDT

图 6.4 1inch Network 简单模式的交易页面

另外，1inch Network 平台也提供了经典模式，这种模式为我们提供了更多的交易信息。在经典模式中，我们可以看到该组加密数字货币交易对在近期的兑换价格变化趋势，我们可以更好地选择兑换的时机。除此之外，1inch Network 还展示了其他交易所如 Uniswap、

第六章　去中心化金融资管类业务

Sushiswap 等的兑换价格。这里我们将钱包中的 100 枚 MATIC 兑换成 USDT。如图 6.5 所示，在经典模式页面的左上方（a）会展示近期该交易对的兑换比率变化，左下方（b）展示其他交易所的兑换价格和交易费用，以及它们和最优兑换方案之间的差异。例如 Uniswap v2 的兑换方案比最优方案差 0.76%，DeFi Plaza 比最优方案差 2.6%、Hashflow 比最优方案差 2.68% 等。在右侧的兑换菜单中，我们可以选择三种不同的交易策略，即最大化收益（Max Return）、最低手续费（Lowest Gas）和场外交易（OTC），平台默认的是最大化收益策略，但也可根据我们的选择调整交易方式。我们选择好交易策略之后，同样点击"兑换"（Swap），在钱包签名后即可完成兑换，这样我们钱包里的 100 个 MATIC 就被转换成了约 80.56 个 USDT 代币，交易费用为 2.12 美元。

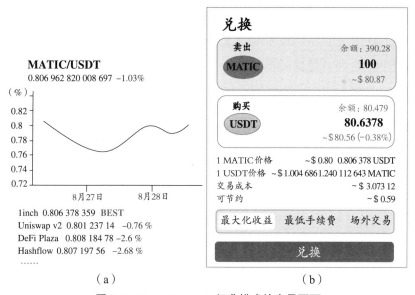

图 6.5　1inch Network 经典模式的交易页面

151

第三节 指数基金

一、概述

去中心化指数基金（Decentralized Indexes Funds）指的是以去中心化的方式提供以跟踪指数为投资目标的基金产品功能的业务，用户可以通过该智能合约在区块链创建和管理加密数字货币指数，或者购买加密数字货币指数。

在去中心化资管类业务中，去中心化指数基金是传统金融市场中基金公司提供的指数基金在去中心化金融中的映射，例如各大公募基金提供的上证 50 指数基金等。传统金融中的各类指数本质上是由成分股构建而成的资产组合，其价值由其成分股决定，用户可以通过持有对应的指数基金获得对应成分股的风险敞口，而无须分别购买所有成分股。与个股相比，指数基金具有风险分散化、交易费用低、操作便捷、维护成本低等优势，对缺乏投资经验的投资者而言是较好的选择。而加密数字货币的种类超过 1 万种，运作机制复杂，价格波动大，普通交易者投资和管理数字资产的难度大，因此去中心化指数基金为用户提供了便利的投资选择。

接下来我们以上证 50 指数基金为例来介绍指数、成分股、指数基金、法币、份额的详细映射关系。

第一，上证50指数由上海证券市场规模大、流动性好的最具代表性的50只股票组成样本股，以便综合反映上海证券市场最具市场影响力的一批龙头企业的整体状况，该指数以2003年12月31日为基日，以1 000点为基点；而去中心化指数由某个主题或者策略为目标进行搭建，选取一定种类和数量的加密数字货币组成样本，例如去中心化金融指数围绕主流的去中心化金融平台的治理代币，该指数的基点可以由管理者进行设定。

第二，上证50指数的成分股是对证券按照过去一年的日均总市值、日均成交金额进行综合排名，选取排名前50位的证券；去中心化指数的成分代币是以创建者的意愿进行选取，例如去中心化金融指数的成分代币主要包括主流去中心化金融的治理代币，如UNI、AAVE、Maker等。

第三，上证50指数基金的基金管理者通过购买成分股的方式，紧密跟踪标的指数，例如某些公募基金会在报告期内采取完全复制法，即完全按照标的指数的成分股组成及其权重构建基金股票投资组合，并根据标的指数成分股及其权重的变动进行相应调整；而去中心化指数基金的管理者则通过购买数种加密数字货币的方式来跟踪去中心化指数。

第四，上证50指数基金单位份额的价格一般从1元起售，会随着指数的变化而涨跌，投资者可以使用人民币购买上证50指数基金的份额，而基金份额是投资人购买基金时得到的数量单位；去中心化指数基金单位份额的价格则由创建者自由设定，投资者可以使用加密数字货币购买去中心化指数基金的份额，而该份额则是投资人持有去中心化指数基金时得到的数量单位。

去中心化指数基金与传统公募基金提供的指数基金也有诸多不同。第一，公募基金行业需要接受监管机构如证监会的监管，因此，中国的基金经理需要通过证券投资基金业协会的考核才能够任职，而去中心化指数基金的管理者则无须任何考核，任何人都可以成为创设者和管理者，任何人都可以创设去中心化指数基金，如果有投资者购买该基金，那么该创始人就成为该基金的管理者。第二，公募基金的收费一般与持有时间相关，鼓励基金投资者长期持有基金，持有时间越长收费越低，而去中心化指数基金的收费则比较多样性，既可以收取铸造和赎回的费用，也可以收取持有的费用。

那么为什么会存在去中心化指数基金呢？去中心化指数基金为加密数字货币的用户提供了便利的投资机会。第一，去中心化指数基金节约了交易成本，投资者通过购买一个抽象代币就能代表一篮子底层资产，大大减少交易费用和花费的时间。第二，去中心化指数基金帮助投资者分散风险，正如前文提到的，加密数字货币种类与数量繁多，指数基金允许投资者在特定资产类别上分散和管理风险。

根据 DeFiLlama 的统计，指数基金截至 2022 年 12 月底共有 32 个协议，总锁定价值接近 1.68 亿美元。其中，Set Protocol 是于 2017 年 11 月成立的、目前总锁定价值最大的去中心化指数基金平台，因此，我们以指数基金的头部平台 Set Protocol 为例介绍其运作机制。目前该平台提供了四大类资产组合，包括主题类（Thematic Exposure）、杠杆类（Leveraged Exposure）、收益耕种类（Yield Bearing）和其他类（Uncategorized）。主题类一般围绕某一个主题来进行搭建，例如关注去中心化金融的 DeFi Pulse Index；杠杆类主要通过借入资产进行投资的方式实现杠杆操作，例如 BTC 2x Flexible Leverage Index 借入稳定币购买比特币；收益耕种类通过持有一篮子资产组合的方式来获得收益耕种的收益，例如 Interest Compounding ETH Index 借入 ETH 购买存入借贷平台 AAVE 协议的 STETH；其他类包括未被归类的投资组合，主要由来自非权威的第三方机构创建。

二、运作机制与操作示例

Set Protocol 是一个基于 Set 协议搭建的、用于数字资产组合投资和管理的平台，该平台的运作需要两类角色的参与。第一类是基金投资者，基金投资者的角色类似于公募指数基金的投资者。投资者可以在平台上买卖资产组合，复制资产管理者的投资策略。第二类是基金创建者和管理者，基金创建者和管理者的角色类似于公募指数基金的基金经理。管理者可以在平台上通过将资产进行抵押的形式，将多个资产合成为标准化的资产组合，并进行代币化发行，收取管理费用。

Set 代币是 Set Protocol 运作的核心。具体而言，Set 代币是基于 ERC-20 代币标准构建的同质化代币，是代表抵押资产组合的数字资产，使用户能够定制化地管理资产。Set 代币是一系列同质化代币，资产管理者每创造出一个指数，都可以产生一种新的 Set 代币并进行命名。我们分别展示基金投资者以及创建者和管理者这两种角色在平台的运行机制。

基金投资者的操作逻辑与传统公募基金的投资者类似，主要包括购买和出售。一方面，基金投资者购买 Set 代币类似于申购基金，Set Protocol 目前提供两种方式购买 Set 代币。第一种方式是 TokenSets Issuance，它指的是平台将用户的加密数字货币交易为发行 Set 代币所需的所有抵押品，然后再将铸造得到的 Set 代币发回用户钱包；第二种方式是 Direct Swap，它指的是平台将用户的加密数字货币通过交易所兑换为已经流通在市场中的 Set 代币。另一方面，基金投资者出售 Set 代币类似于赎回基金，基金投资者出售也同样存在两种方式，出售的流程与购买的流程完全相反。TokenSets Issuance 指的是平台将用户的 Set 代币背后的抵押品分别在去中心化交易所出售，而 Direct Swap 则是直接将 Set 代币完整地进行出售。

创建者和管理者的操作逻辑与基金经理类似，主要包括创建和维护。创建者需要创建 Set 代币，类似于基金经理的选股。创建者可以选择一系列代币并调整其占比，然后创建者需要为 Set 代币命名并设置起始价，例如 Set 代币名称设置为 DeFi Pulse Index，Set 代币的符号设置为 DPI，起始价格为 1 美元，发布并支付矿工费后 Set 代币就创建成功。管理者还需要维护 Set 代币，类似于基金经理的调仓。管理者可以随时调整 Set 代币包含的代币资产的占比。管理者发布创建的 Set 代币后就可以赚取持有费用，持有费用是基于 Set 代币的整个市值支付给管理者的费用，这会激励管理者不断维护 Set 代币中的资产构成。

我们以 TokenSets 为例，分别介绍用户作为基金投资者以及基金创建者和管理者如何进行操作。TokenSets 的首页地址是 www.tokensets.com。该页面主要展示了平台的简单介绍等信息，点击页面中间的"Explore Sets"即可进入 TokenSets 的交易页面。在交易页面中，我们既可以成为基金投资者，也可以成为基金创建者和管理者。

我们先介绍购买与赎回资产组合的操作示例。我们需要点击交易页面右上角的"登入"（Sign In）连接钱包，即可开始在该平台上的投资行为。我们需要选择交易页面下方的具体指数，进入投资组合详情页面，我们选择目前市场市值最大的 DeFi Pulse Index 进行操作。图 6.6 展示了 DeFi Pulse Index 指数页面。该指数由数据网站 DeFi Pulse 和 Set Protocol 于 2020 年 9 月合作推出，使用的是资本加权（Capitalization Weighted）的方式跟踪去中心化金融市场的发展。目前的指数创建者收取的年化管理费（Streaming Fee）为 0.95%。该页面汇详细展示了 DeFi Pulse Index 近期的价格走势图与目前的详细构成占比前五的代币是 Uniswap、Aave、Synthetix、Maker 和 Loppring。

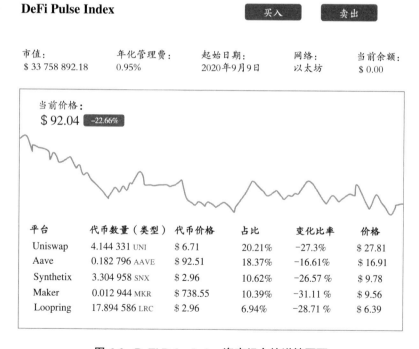

图 6.6　DeFi Pulse Index 资产组合的详情页面

我们可以通过"买入"（Buy）购买目前该投资组合，点击购买操作后的页面，我们可以选择购买的份额以及支付的加密数字货币，然后平台会自动计算出所需支付的数字货币数量。目前该平台支持五种数字货币，包括 WBTC、ETH、USDT、USDC 和 DAI。第一种购买方式 Direct Swap 是指我们可以直接在去中心化交易所购买对应代币来等同于持有该资产组合。第二种购买方式 TokenSets Issuancej 是指通过发行持有这个资产组合。在这种购买方式下，平台会将你所支付的货币兑换成资产组合中的其他货币，然后再发行对应的代币。因为交易流程更为复杂，所以 TokenSets Issuance 的交易费用要远高于 Direct Swap。

以 Direct Swap 的购买方式为例。我们选择购买 2 个 DPI，然后先点击"同意协议对 USDC 的调用"（Approve your USDC for trading），然后再点击"预览"（Preview）并点击"购买"（Buy），在钱包交纳手续费后即可完成操作。在区块链浏览器 Etherscan 的交易记录中，该笔交易通过 Sushiswap 交易所将用户的 173.31 个 USDC 兑换成了 2.02 个 DPI 代币，交易费用为 11.45 美元。

如果我们在获取一定收益或者认为该组合的价格未来会下跌时，那么我们也可以选择出售该组合。出售的操作与购买相似，选择出售的数量与想要获取的加密数字货币，然后先点击"同意协议对 DPI 代币的调用"（Approve your DPI for trading），再点击"出售"（Sell），并在相应步骤中的钱包确认交纳手续费即可完成出售操作。

我们既可以作为基金投资者，也可以作为基金创建者和管理者。所以，除了刚才提到的交易现有的投资组合以外，我们还可以选择创建属于自己的投资组合，供其他用户购买，并从中赚取管理费用等。

我们可以点击"创建 Set"（Create Set）按钮来创建资产组合。我们点击该按钮后，会跳转到步骤指南页面，该页面简要介绍了管理投资组合的 5 个步骤，如图 6.7。第一，我们需要选择自己投资组合里包含的代币以及对应的配置占比；第二，我们需要命名自己的投资组合；第三，我们需要设置管理者的细节，包括管理人的以太坊地址，以及投资组合的管理费用等；第四，在设定完成后，我们就可以发布投资组合了，在支付费用后，该投资组合会部署到以太坊主网上；第五，发布完成后，我们可以通过连接到 Set Protocol 来进行投资组合的管理，以及收取费用。

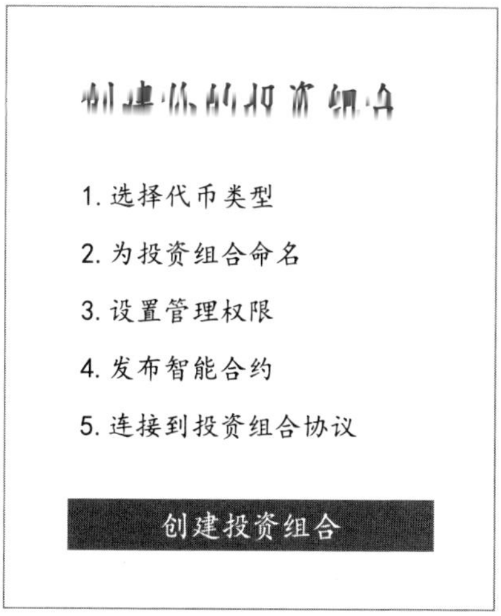

图 6.7　创建投资组合的流程

我们点击"开始"（Get Started），网页页面会跳转到资产选择的页面。我们可以在这个页面的搜索框中搜索希望添加到投资组合中的资产，并选择资产在这个投资组合中的配比。比如说，我们计划创建一个以去中心化交易所治理代币为主题的投资组合。

具体而言，我们选择了市值领先且具有代表性的 Curve、Uniswap、Sushiswap、Convex 和 Balancer 这五个平台的治理代币，并分别赋予 20% 的权重。在选定好投资组合后，点击"继续"

（Continue）按钮，就可以继续下一步。我们可以自由地选择相关内容，其中名称的字数要少于32个字母，代码一般为3—5个字母，价格可以自由定义，我们使用的组合名称和代码均定义为DEX，初始价格设置为1美元。我们需要输入基金管理人的以太坊地址，我们还可以设置更多的运营以太坊地址。此外，管理人还需要设定其他资产购买者使用该投资组合需要支付的费率，包括发行费（Issuance Fee）、赎回费（Redemption Fee）和持有费（Streaming Fee），我们可以全部设置为年化0.5%。

设置成功后会出现发布投资组合的预览页面，左侧会显示前述步骤设置的内容。我们确定后，即可点击右侧"同意协议"（I have read and agree the Tokensets Terms of Service）并点击"发布"（Publish），在钱包支付交易费用以创建投资组合，显示预估的费用为24.17美元。在区块链浏览器Etherscan的交易记录中，该笔交易与Set协议创造新资产组合的智能合约交互，该笔交易的费用为40.17美元，高于前期估计。

我们在发布成功后，还需要把资产组合连接到Set Protocol。我们需要点击"连接到Set Protocol"（Connect to Set Protocol）并在数字钱包交纳手续费。在区块链浏览器Etherscan的交易记录中，该笔交易的交易费用为4.64美元。我们可以在完成设置资产组合后的页面购买、赎回和管理资产组合。

第四节 衍生品

一、概述

去中心化衍生品（Decentralized Derivatives）指的是提供加密数字货币金融衍生品工具交易功能的业务。用户可以通过智能合约在区块链上进行金融衍生品的交易，例如提供类似于期货衍生品功能的加密数字货币永续合约。

在去中心化资管类业务中，去中心化衍生品平台是传统衍生品交易所在去中心化金融中的映射，如香港交易所提供的恒生指数期货以及期权。去中心化衍生品平台与传统衍生品交易所的功能相似，用户可以交易相关金融衍生品，包括期货、期权、远期合约等基于其他资产衍生出的金融产品。

去中心化衍生品平台也与传统衍生品交易所有不同之处。第一，去中心化衍生品平台提供的金融工具的底层资产主要是加密数字货币，而传统衍生品市场可用于交易的资产类型种类则较多，包括股票、债券、房地产、大宗商品等；第二，去中心化衍生品平台提供的衍生工具一般无明确到期期限，而传统衍生品市场提供的衍生工具一般有确定的到期期限。

那么为什么会存在去中心化衍生品平台呢？第一，投资者使用衍生品交易可以实现套期保值或者杠杆交易，持有加密数字货币的投资者可以通过做空来进行套期保值；另外，投资者可以通过衍生品进行杠杆交易来放大潜在的投资收益，当然有可能面临更大的风险。第二，衍生品交易使得投资者间的交易更为高效，用户可以直接使用智能合约在不同资产之间进行转换，而无须交易对手，这种机制解决了用户在去中心化交易所进行资产兑换可能会遇到的流动性和滑点问题。第三，去中心化衍生品未来还可以拓展加密数字货币世界资产配置的广度，在去中心化金融市场中，投资者并没有直接交易传统金融市场中的这些资产的渠道，因此可交易资产的种类受到限制，尽管目前衍生品的底层资产仍以加密数字货币为主，但是其提供的运作机制为投资者提供了交易更多种类资产的可能性。

根据 DeFiLlama 的分类，去中心化衍生品平台既包括类似传统衍生品的业务模式，如去中心化衍生品、去中心化期权，也包括一类全新的业务模式，如去中心化合成资产类。截至 2022 年 12 月底，去中心化衍生品共有 56 个协议，总锁定价值约超过 12.6 亿美元；去中心化期权共有 42 个协议，总锁定价值约超过 1.9 亿美元。dYdX 在 2017 年创立，是一个专注于交易加密数字货币永续合约的交易所，永续合约与期货类似，投资者购买的是未来的加密数字货币。但是永续合约也与期货有所不同，该合约没有实际交割日期，投资者只要保证金足够，即可持续持有该合约，截至 2022 年 12 月，其总锁定价值已超过 3.97 亿美元。

截至 2022 年 12 月底，去中心化合成资产类共有 25 个协议，总锁定价值为 3.58 亿美元。其中，Synthetix 是一个提供合成资产交易的去中心化平台，于 2017 年成立，成立时的平台名称叫 Havven，并在 2018 年后改名为 Synthetix。截至 2022 年 12 月底，其总锁定价值已超过 2.48 亿美元。因此，我们以 dYdX 和 Synthetix 为例介绍去中心化衍生品平台。

二、运作机制与操作示例

1. dYdX

dYdX 是基于以太坊提供永续合约的去中心化交易平台。永续合约是一类加密数字货币衍生品，它与传统期货合约的概念较为相似，但和传统期货合约的区别是没有到期日。在传统期货合约中，买卖双方约定在将来的某一个到期日，以某一价格交割一定数量的金融或者实物商品。而在永续合约当中是没有到期日的概念的，这就意味着不会有最终的结算或交割。换言之，用户通过储蓄 USDC 的方式提供保证金，而永续合约的投资者可以一直持有期货合约，直到爆仓或者主动平仓。

由于没有到期日的存在，永续合约需要使用一定的激励来保证期货价格在稳态上能够锚定现货价格，这就是资金支付（Funding Payments）机制。dYdX 平台对该机制进行了较为详细的描述，资金支付每 8 小时结算一次，在每个小时开始时，账户将收到 USDC（如果 F 为正）或支付 USDC（如果 F 为负），金额计算方式为：

$$F = (-1) \times S \times P \times R$$

其中，S 是投资者持有的合约头寸大小（多头为正，空头为负），P 是市场的预言机（指数）价格，R 是资金利率（即 1 小时利率），

R 是浮动的，可取正值也可取负值，取值范围在 –0.75%—0.75%。[①]

该机制的逻辑如下：例如在某个时间，某数字货币 A 的永续期货合约的期货价格远高于现货市场的价格，也就是说市场做多的情绪要比做空的情绪更强，那么此时根据平台的机制，合约多头方就要向合约空头方支付一定的费用。在这样的情况下，就会为空单提供更多的激励，鼓励更多的投资者做空，使得期货价格能够降低，不至于与现货市场价格差距过大；同样，如果在某个时间点，永续期货合约的现货价格远低于现货市场价格，也就意味着市场做空情绪比做多情绪更强。那么这时候，合约空头方就需要向合约多头方支付一定费用，使得更多的投资者做多，让永续期货合约价格上升。该机制可以保证数字货币的永续期货合约价格不至于在短期偏离现货价格太多，从而避免不必要的爆仓和损失风险。

dYdX 协议首页的网址是 dydx.exchange。我们可以下载其手机 App 进行交易，也可以点击网页右上角的"交易"（Trade）按钮直接进入交易页面。我们需要点击"连接数字钱包"（Connect Wallet），在连接钱包后可以查看自己目前的仓位和订单情况。

投资者需要在账户里存入一定的资金才能在平台上进行交易。我们点击交易页面左下方的"储蓄"（Deposit）。目前协议支持 11 种加密数字货币存入协议中，包括 WBTC、ETH、USDT、DAI、UNI 等主流加密数字货币。我们需要先允许协议调用该种数字货币，然后再选择存入的数量，我们选择存入了 50 个 USDT，再点击"确认储蓄"（Confirm Deposit），并在钱包交纳手续费即可完成存入。在区块链浏览器 Etherscan 的交易明细中，该笔操作将 50 个

---

① 参考自 https://help.dydx.exchange/en/articles/4797443–perpetual–funding–rate。

USDT 通过 Uniswap 转换为 49.84 个 USDC，然后储存到 dYdX 的协议里，该笔交易的交易费用为 1.94 美元。在以太坊的 35 个区块确认后，我们将可以使用该加密数字货币进行交易。当我们在平台的所有交易结束后，我们可以点击"赎回"（Withdraw）按钮来赎回 USDC。

在存入资金后，我们就可以开始在市场上进行交易。平台提供了限价（Limit）、市价（Market）和止损（Stop）三大类模式来进行交易。限价模式与交易所的限价模式相似，都是确定价格和数量后在一段时间内挂单；市价模式是指按目前市场价格进行交易，我们只需要确定交易的数量；而止损模式分为五种，包括止损限价（Stop Limit）、止损市价（Stop Market）、追踪止损（Trailing Stop）、获利限价（Take Profit Limit）和止盈市场（Take Profit Market）。在止损模式里，我们可以在设定特定条件时进行自动平仓退出市场，以达到损失和收益可控的目的。dYdX 的帮助文档提供了更为详细的关于止损策略的内容。

我们既可以通过做多看涨某种加密数字货币，也可以通过做空看跌某种加密数字货币。我们分别以市价做多 ETH 和做空 SOL 为例展示如何进行操作。点击交易页面最上方的"交易"（Trade）按钮，衍生品交易页面默认交易的是"ETH-USD"这一永续合约，如图 6.8 的页面。我们点击左上角"市场"（Market），然后点击"买入"（Buy），设定 ETH 订单数量为 0.187 个 ETH，杠杆率大约为 5 倍，点击左下角的"下单市场订单"（Place Market Order），我们则以市价下订单，订单会立刻被执行。图片右下方的"清算价格"（Liquidation Price）指的是平仓价格为 1 094.2 美元。目前 ETH 的价格为 1 327.9 美元，当 ETH 的价格低于 1 094.2 美元时，账户会被强制平仓。

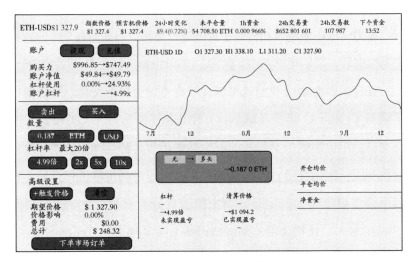

图 6.8 dYdX 做多 ETH 的页面

我们点击交易页面左上方的"全市场"（All Market）选择"SOL-USD"，会跳转到如图 6.9 所示的页面，该页面交易的是"SOL-USD"这一永续合约。我们点击左上角"市场"（Market），然后点击"卖出"（Sell），设定 SOL 订单数量为 7.4 个 SOL，杠杆率大约为 5 倍，点击左下角的"下单市场订单"（Place Market Order），我们则以市价下订单，订单会立刻被执行。图片右下方的"清算价格"（Liquidation Price）指的是平仓价格为 37.611 美元。目前 SOL 的价格为 33.781 美元，当 SOL 的价格高于 37.611 美元时，账户会被强制平仓。

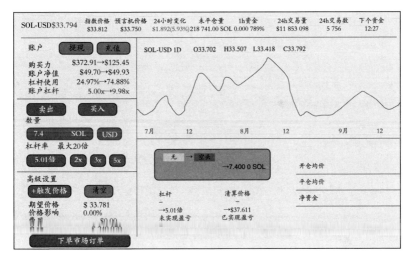

图 6.9　dYdX 做空 SOL 的页面

图 6.10 为做多 ETH 和做空 SOL 后的资产页面，目前资产仅剩 43.30 美元。目前 ETH 的价格由 1 328.3 美元跌到了 1 325.9 美元，ETH 做多的数量为 0.187 个，因此做多 ETH 大约亏损了 0.65 美元。目前 SOL 的价格由 33.795 美元涨到了 34.617 美元，SOL 做空的数量为 7.4 个，因此做空 SOL 大约亏损了 6.25 美元。我们在确定收益或者希望止损时，可以进行平仓操作。我们需要点击"Ethereum"，再次进入"ETH-USD"永续合约的交易页面，然后点击右下角的"结束仓位"（Close Position），并在左侧选择平仓的数量，再点击左下角的"结束仓位"即可完成平仓操作。

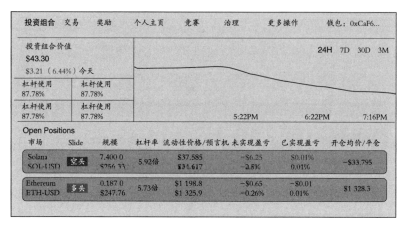

图 6.10 dYdX 操作后的资产页面

2. Synthetix

Synthetix 是基于 Ethereum 公链铸造合成资产的去中心化智能合约。合成资产由 Synthetix 代币（SNX）担保，用户只要将 SNX 在智能合约中锁定，即可发行合成资产（Synths）。[①] 合成资产是一类虚拟资产，它直接锚定金融市场上的各类资产的价格，从而使得投资者可以通过在区块链上投资这类虚拟资产来达到获得持有对应资产的风险敞口的目的。例如在 Synthetix 中，sEUR 就是锚定欧元的虚拟资产，sBTC 是锚定比特币的虚拟资产等。

Synthetix 的平台原生代币是 SNX。该平台的使用者可以在 Synthetix 铸造稳定币，然后再通过 Kwenta 将 SNX 超额抵押的稳定币兑换为其他合成资产。目前平台的目标抵押率是 350%，而该抵押率会随着社区治理改变。当抵押率降低到一定程度，用户则会面临清算风险。2022 年 5 月 14 日起，Synthetix 发布了一种新的清

---

① 参考自 https://docs.synthetix.io/litepaper/。

算机制，当用户的抵押率低于150%后会有12小时的自行恢复操作时间，只要在12小时内将抵押率恢复至350%即可，否则会面临惩罚。

由于质押SNX可以为合成资产交易提供流动性，因此平台为抵押者提供了两方面的好处。一方面可以分得其他用户在平台上进行交易支付的交易手续费，另一方面可以获得每周通胀新增的SNX代币奖励。所有的收益需要手动确认，否则该奖励将会发送给其他质押者。而在平台以外，在质押SNX获得合成资产后，投资者也可以将合成资产存入其他平台的流动性池中来赚取流动性做市的收益。

用户在质押SNX的过程中会产生债务，根据网络中合成资产的兑换比率和供应情况，该债务可以独立于其原始铸造价值而增加或减少。换言之，Synthetix采用了动态债务计算的方式，而这样的机制使得Synthetix具有独特的市场特征。一方面，Synthetix的交易市场是零和博弈，因为整个市场需要平均分担债务，一部分投资者的盈利来源于另外一部分投资者的亏损；另一方面，铸造本身也参与到了市场博弈，用户只要质押SNX生成sUSD后，即使不兑换其他的合成资产而只是持有这一稳定币，也相当于参与到了市场的博弈中。

我们引用Synthetix白皮书中的例子来做解释。如表6.1所示，假设市场中只有两个用户：M和Y，他们分别通过质押SNX，铸造了价值5万美元的sUSD，目前整个网络的总债务加起来等于10万美元，其中M和Y分别承担了其中的50%。在此基础上，M用

5万美元购买了价值5万美元的sBTC，而Y则继续持有sUSD。一段时间后，假设BTC的价格上涨了50%，此时M持有的sBTC的价值就变为7.5万美元，其中2.5万美元的利润让网络的总债务达到了12.5万美元。而此时，M和Y仍然各承担网络总债务的50%，目前每人的债务为6.25万美元。当M的sBTC的价值减去他的债务，可获利1.25万美元；而Y持有sUSD，其仓位价值依然为5万美元，但他的债务增加了1.25万美元，因此Y遭遇了1.25万美元的损失。

表6.1 Synthetix动态债务机制（单位：美元）

步骤		M	Y	总负债
步骤一	开始sUSD	50 000	50 000	100 000
步骤二	sBTC sUSD	50 000	50 000	100 000
步骤三	sBTC sUSD	75 000	50 000	125 000
步骤四	Final Debt Owed	75 000 62 500	50 000 62 500	125 000
净利润		12 500	−12 500	

资料来源：Synthetix白皮书

Synthetix的官方网站是synthetix.io，我们可以点击官方网站首页右上方的"质押"（Staking）进入平台的业务流程，如图6.11所示。在该页面，我们可以通过Synthetix铸造sUSD，然后再合成资产。此外，我们也可以直接通过去中心化或者中心化交易所购买其他用户铸造好的sUSD。

我们可以点击图6.11中的"铸造sUSD"（Mint sUSD）质押SNX铸造sUSD。我们选择质押钱包中所有的SNX代币，共40.79个SNX，按照目前的最高抵押率（Collateralisation Ratio，简称

C-Ratio），最多可以铸造 28.67 个 sUSD。图 6.12 为铸造页面，此时的最高抵押率是 350%。我们必须质押价值 3.5 美元的 SNX，才能铸造 1 枚 sUSD。我们点击下方的"铸造 sUSD"按钮，在钱包确认并交纳手续费后，完成质押操作。在区块链浏览器 Etherscan 的交易记录中，本笔交易铸造了 28.67 个 sUSD，交易费用为 9.94 美元。此外，如果我们希望取回自己的 SNX，还可以通过销毁 sUSD 的方式取出质押的 SNX 代币。我们可以点击图 6.12 页面中部的"销毁"（Burn）按钮进行销毁操作。

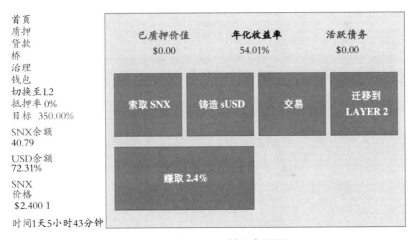

图 6.11　Synthetix 的业务页面

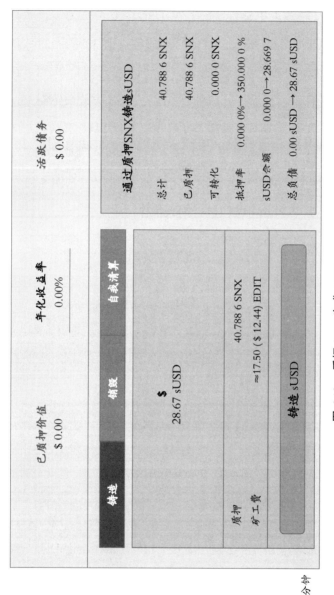

图 6.12　质押 SNX 生成 sUSD

我们质押铸造的激励在于质押奖励。在质押一段时间后，用户的资产情况如图 6.13 所示。在页面上方，目前已经质押的 SNX 的价值是 95.57 美元，而活跃债务（Active Debt）是目前的负债情况，为 28.57 美元，质押奖励的预期年化收益率为 53.75%，目前的抵押率为 334.51%，低于目标 350%。如果我们想要获取质押奖励，那么首先需要通过销毁 sUSD 的方式来达到目标抵押率，这也是平台维持币值稳定的重要方式。

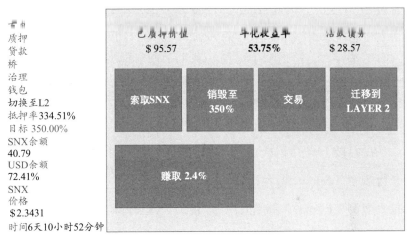

图 6.13　质押后的 Sythetix 业务界面

我们点击"销毁至 350%"（Burn to 350%），即可进入销毁 sUSD 的页面。我们需要再点击下方"销毁 sUSD"（Burn sUSD），并在钱包确认并交纳手续费。该笔操作后 1.26 个 sUSD 被销毁，总债务降低，质押的 SNX 的数量不变，因此抵押率提升到了 350%。在区块链浏览器 Etherscan 的交易记录中，1.26 个 sUSD 被销毁，交易费用为 4.78 美元。

我们也可以点击图 6.13 的"索取 SNX"（Claim SNX）并点击"可索取的"（Claimable）的第一行即可进入索取收益页面。我们目前可以索取的质押奖励大约为 0.89 美元，点击"索取收益"（Claim Rewards），在钱包确认并交纳手续费即可索取质押奖励。在区块链浏览器 Etherscan 的交易记录中，该笔交易获取了 0.1 个 sUSD 并产生了 0.34 个 SNX 代币，交易费用为 5.57 美元。在索取质押奖励后的资产页面中，由于 SNX 的数量上升为 41.13 个，sUSD 的价值目前为 27.31 美元，因此目前抵押率变为了 352.90%。[①]

我们在获得 sUSD 后，可以点击"交易"（Trade）按钮进行合成资产交易，也可以点击"赚取"（Earn）按钮在 Curve 的流动性池中提供 sUSD 来获得流动性做市的收益。Curve 提供流动性的操作与 Uniswap 提供流动性相似。

我们接下来介绍合成资产如何进行交易，我们可以用 sUSD 进行现货（Spot）或者期货（Future）的交易。我们点击图 6.13 的"交易"（Trade）按钮后，会跳转到 Kwenta 页面。Kwenta 是 Synthetix 生态中的一个去中心化交易所。我们以现货交易为例进行说明，期货交易的交易门槛为 50 个 sUSD，而现货的交易门槛则仅为 0.01 个 sUSD。

我们在 Kwenta 的页面，先点击"交易"（Trade）按钮，再点击新弹出页面上方的"兑换"（Exchange），可以进入现货资产的兑换页面，如图 6.14 所示。我们选择用约 27.50 个 sUSD 兑换约 0.02 个

[①] 352.90% 等于账户拥有的 SNX 的价值 93.27 除以债务 sUSD 的价值 27.31。抵押金额 95.57 除以 40.79 个抵押的 SNX 乘以 41.13 个。

第六章　去中心化金融资管类业务

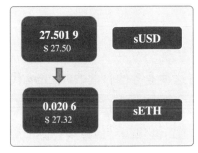

图 6.14　在 Kwenta 进行现货交易

sETH。目前平台可以兑换的合成资产的类型既包括各种法定货币对应的合成资产，也包括各类数字货币对应的合成资产。在区块链浏览器 Etherscan 的交易记录中，该笔交易铸造出了约 0.02 个 sETH，销毁了约 27.50 个 sUSD，同时为 Kwenta 平台提供了 0.03 个 sUSD 的交易费用，该笔交易的交易费用为 4.61 美元。

第五节　收益耕种

一、概述

收益耕种（Yield Farming）指的是通过组合协议构建的高风险投资方式，用户可以通过使用多个去中心化金融平台来获得投资回报。例如投资者利用 Convex 为 Curve 协议中的 "USDT + wBTC + wETH" 流动性池提供流动性，会获得比较高的收益。这种策略的收益来源于三个方面：第一，用户可以得到其他用户使用该流动性池交易而获得的手续费；第二，Curve 协议会为提供流动性的用户提供额外的 CRV 代币作为奖励；第三，Convex 协议提供额外的 CVX 代币奖励。

"Yield Farming"是去中心金融化领域创造出的一个新词汇，Yield 表示的是收益，即投资者参与这项业务的目的，Farming 代表了投资者寻找合适的投资渠道的努力，从名词直译的角度可翻译为"收益耕种"，从业务实质的角度可翻译为"通过组合协议构建的高风险投资方式"，从目前常见的操作方式可翻译为"流动性挖矿"。①

收益耕种是全新的去中心化金融商业模式，类似于传统金融模式中的量化投资。从相似性来看，两者同样以获得高回报为目的，面临比较高的不确定性。从区别来看，量化投资依赖于计算机程序执行交易策略，而收益耕种不需要使用计算程序执行策略。

在收益耕种中，质押行为是组合行为中重要的方式之一。从投资者目的和业务风险的角度来看，质押业务实质上类似于一种广义的储蓄业务，质押也向协议提供加密数字货币，进而获得较为稳定的收益，风险较低。而投资者参与收益耕种希望获得的收益率较高，因此愿意承受的风险也更高。

---

① 目前中文媒体对于 Yield Farming 的翻译大致有三种，包括流动性挖矿、抵押代币收息、收益耕种。例如币安将 Yield Farming 翻译为流动性挖矿，等同于质押业务（Staking），也被称为抵押代币收息。因为提供流动性是高风险的，无常损失可能会带来严重的损失，因此平台为了鼓励用户提供流动性，对提供流动性质押代币的用户提供平台的代币奖励，所以叫作流动性挖矿，更准确的说法是用户提供流动性来挖矿。此外，Sushiswap 交易所将 Yield Farming 定义为：通过多种协议组合来实现较高年化收益率的行为，其中质押业务一般都是 Yield Farming 中必不可少的一个组成部分，因此我们翻译为收益耕种，从实际业务上可以理解为传统金融中的高风险投资（High Risk Investment）。

尽管收益耕种以获得高回报为目标，但是这样的回报并不稳定，收益耕种也存在诸多的风险。第一是参与者数量不稳定，由于市场参与者数量一直在变化，协议的收益率会迅速地变化，因此，之前有利可图的协议可能会迅速变得无利可图。第二是币值不稳定，由于币值具有很强的波动性，一方面，如果协议中使用了借贷可能会出现清算的问题，进而会造成很大的损失；另一方面，流动性提供者可能会面临无常损失[1]。第三是策略不可持续，正是由于收益率、币值的波动，需要频繁地更换策略才可能持续获得收益。第四是交易费用昂贵，由于以太坊每笔交易的费用昂贵，因此，多条协议的高频使用可能要花费很高的交易费用。第五是操作门槛高，各项交易的协议具有各自的特点，其中的部分条款较为复杂而且经常会变动，因此需要较高的门槛进行学习。

DeFiLlama 的分类没有提供收益耕种的分类，但是相关的种类可能包括质押（Staking）、流动质押（Liquid Staking）、收益（Yield）、收益聚合器（Yield Aggregator）、耕种（Farm）等去中心化金融平台，除去第五章第二节介绍过的两类质押平台，其余三类平台的协议数量接近 500 个，总锁定价值超过 64 亿美元。[2]

本文以成立时间早、总锁定价值大和模式具有代表性的 Curve、Convex 和 Yearn 三家平台为例介绍收益耕种。第一，Curve 在 2020 年 1 月创立，是一个为稳定币特殊设计的去中心化交易所，目前的总锁定价值超过 36 亿美元，排名全球第四，是总锁定价值排名最高的去中心化交易所。为了鼓励用户提供流动性，Curve 提供了收

---

[1] 无常损失见第六章第一节去中心化交易所的运行机制。

[2] 参考自 https://defillama.com/categories。

益耕种的奖励 CRV 代币，但是操作流程较为烦琐。第二，Convex 于 2021 年 5 月上线，其主要目的是简化用户在 Curve 上的使用流程，目前的总锁定价值超过 30 亿美元，①排名全球第六，是总锁定价值排名最高的收益类平台。第三，Yearn 于 2020 年 2 月创立，它旨在为投资者提供收益聚合服务，与 Convex 不同的是，Yearn 涵盖了更多种类的数字资产，目前的总锁定价值超过 3.57 亿美元，排名全球第二十六，是总锁定价值排名最高的收益聚合器类平台。这三个平台本质上都可以通过在 Curve 平台流动性挖矿的方式进行收益耕种，我们进行可对比的操作来帮助大家更好地理解这三家平台的联系与区别。

二、运作机制与操作示例

1. Curve 的收益耕种业务

Curve 是为稳定币兑换特殊设计的去中心化交易所，Curve 的算法在兼具稳定性和流动性的同时，能够尽可能地减少滑点带来的损失。图 6.15 展示了 Curve 的算法在稳定币兑换方面的优势，长虚线是 Uniswap 使用的恒定乘积算法，实线是经 Curve 优化过的 Stableswap 算法，短虚线是恒定和算法，用户在使用 Curve 的算法

---

① Convex 是基于 Curve 平台的收益耕种平台，所以 Convex 的总锁定价值小于 Curve 的总锁定价值。此外，Convex 的业务实际存入 Curve 平台，所以 Convex 的总锁定价值可能与 Curve 平台的总锁定价值存在"双重计算"的问题。

时会有更优的兑换比例。①

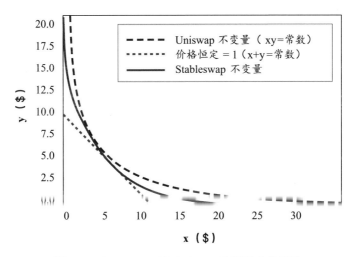

图 6.15　Stableswap 和 Uniswap 在算法上的对比

为了帮助加密数字货币兑换，Curve 平台需要吸引流动性提供者为平台注入流动性。平台为流动性提供者提供两方面收益的激励，包括提供流动性获得的交易费用以及流动性挖矿获得的 CRV 代币。第一，我们可以成为兑换池的流动性提供者，获取交易者买卖加密数字货币所交纳的交易费用，流动性提供者会分配交易费用收益的 50%（另外的 50% 分配给 Curve 的治理者，也就是 veCRV 持有者），目前 Curve 的交易费用为 0.04%。第二，Curve 平台还进

---

① Uniswap 使用恒定乘积算法，该算法要求流动性池中的加密数字货币数量满足 $xy = K$，其中 K 是一个常数。假设流动性池中有 5 枚 DAI 和 5 枚 USDC，如果有用户希望用 1 枚 USDC 换取 x 枚 DAI，如果不考虑交易手续费，那么应当满足 $(5+1)(5-x) = 5 \times 5$，可以求得 $x = 0.83$。Curve 使用的是优化过的 Stableswap 算法，该算法要求池中的货币数量满足 $A(x+y) + xy = K$，其中 A 和 K 都是一个常数，假设 1 枚 USDC 在 Stableswap 算法下可换取的 DAI 数量为 x'，则应当满足 $A \times (11 - x') + 6 \times (5 - x') = K$。Curve 白皮书中 A 的赋值为 100，K 等于 $100 \times 10 + 5 \times 5$，可解得 $x' = 0.99$。也就是说，在 Curve 算法下，1 枚 USDC 能够换得 0.99 枚 DAI，显然优于 Uniswap 中的 0.83 枚 DAI。

一步为流动性提供者提供平台治理代币 CRV 的奖励，流动性提供者可以通过质押提供流动性获取的 LP Token 的形式来进行流动性挖矿。①

下面将介绍 Curve 的操作流程。我们需要登录 curve.fi 来使用 Curve 的服务。在连接钱包后，用户即可通过首页的"Swap using all curve pools"来便捷地进行数字货币之间的兑换服务。我们主要展示收益耕种的操作指南。

Curve 网站的首页提供了诸多加密数字货币流动性池。我们可以在这里查看各个加密数字货币流动性池的收益率、交易量与总锁定价值，以决定是否成为流动性提供者，以及具体为哪个流动性池添加流动性。这里的收益率加总了加密数字货币交易费用的收益率与奖励代币的收益率。

我们以三种主流数字货币"USDT + wBTC + wETH"的流动性池 tricrypto2 为例，介绍如何成为流动性提供者，目前数据显示根据当日成交额和总锁定价值计算的年化收益率为 1.44%，而目前进行质押能够获得的 CRV 代币奖励的收益率为 4.53%，11.31% 的收益率是最大加速倍数 2.5 下的流动性挖矿收益。② 用户在 Curve 首

---

① CRV 是 Curve 平台的治理代币，我们获取 CRV 的方式包括参与流动性挖矿和直接从二级市场购买。

② 11.31% 约等于 4.53% 乘以 2.5。2.5 倍加速是在 Curve 平台提供流动性质押凭证获取 CRV 代币的最快速度，该加速方式由账户持有 veCRV 的代币来确定。如果账户不持有 veCRV，该数值为最小值 1，账户持有 veCRV 的数量越多，加速度则越大。为了获得最高速度，每个流动性池和每次持仓所需要持有最小 veCRV 的数量不同，我们可以通过查看网页计算器的方式来查找。例如目前我们为 cDAI 和 cUSDC 提供 100 个流动性凭证，需要至少持有 2 453.39 个 veCRV 代币来获取 2.5 倍的加速度。该数值会实时变化，计算的网址为 https://dao.curve.fi/minter/calc。

页界面中点击 tricrypto2，即可跳转到 tricrypto2 流动性池首页，如图 6.16 所示。页面上方可以选择想要置换的加密数字货币，下方则显示了相关的统计数据，可以看到目前三种代币的金额各占 33% 左右，总锁定价值为 2.45 亿美元，交易手续费用为 0.06%，用户提供流动性能够获得交易手续费用的 50%。

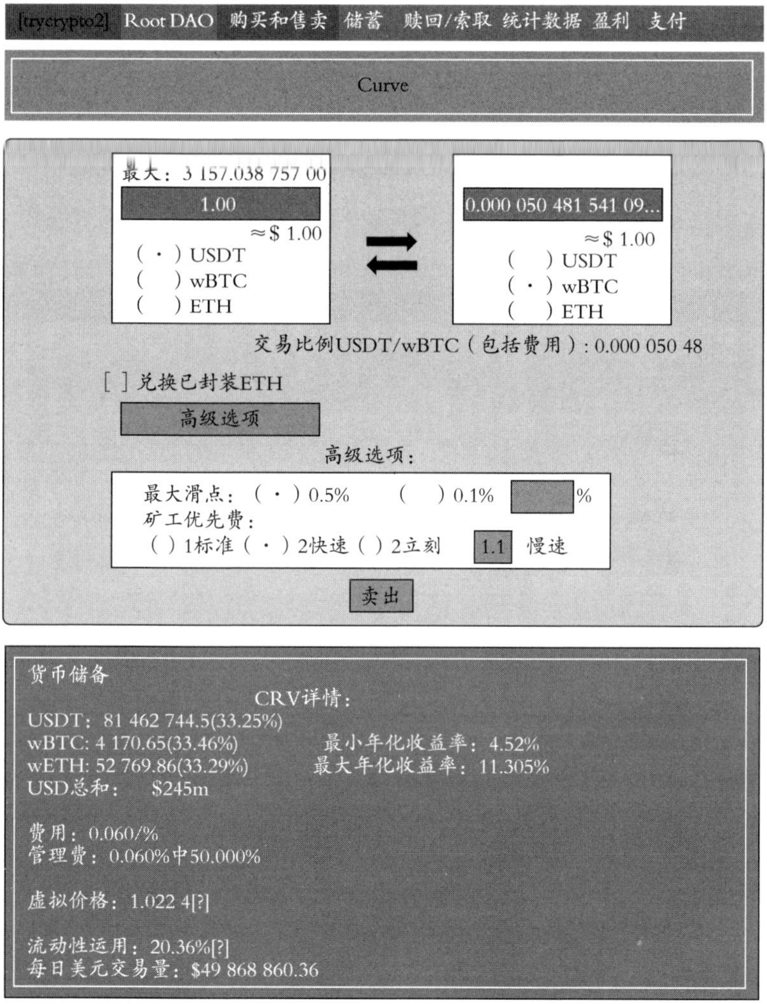

| [trycrypto2] | Root DAO | 购买和售卖 | 储蓄 | 赎回/索取 | 统计数据 | 盈利 | 支付 |

Curve

最大：3 157.038 757 00
1.00
≈ $ 1.00
(·) USDT
( ) wBTC
( ) ETH

⇄

0.000 050 481 541 09…
≈ $ 1.00
( ) USDT
(·) wBTC
( ) ETH

交易比例 USDT/wBTC（包括费用）：0.000 050 48

[ ] 兑换已封装 ETH

高级选项

高级选项：

最大滑点：(·) 0.5%　　( ) 0.1%　　[　　]%
矿工优先费：
( ) 1标准　(·) 2快速　( ) 2立刻　1.1　慢速

卖出

货币储备
　　　　　　　　　CRV 详情：
USDT：81 462 744.5(33.25%)
wBTC：4 170.65(33.46%)　　最小年化收益率：4.52%
wETH：52 769.86(33.29%)　最大年化收益率：11.305%
USD 总和：　$245m

费用：0.060/%
管理费：0.060%中50.000%

虚拟价格：1.022 4[?]

流动性运用：20.36%[?]
每日美元交易量：$49 868 860.36

图 6.16　tricrypto2 流动性池的页面

我们点击图 6.16 页面顶部的"储蓄"(Deposit)按钮,即可跳转到流动性提供页面,如图 6.17 所示。我们可以在该页面存入代币,成为流动性提供者。我们可以选择任意数量的 USDT、wBTC 或者 wETH 的代币提供流动性,比如我们选择提供 2 000 个 USDT,这样会获得 2.071 138 9 个流动性质押凭证(LP Token)。我们需要在钱包签名,先允许该协议使用 USDT 代币,然后再确认进行储蓄。此时用户有两种选择:第一种是直接储蓄(Deposit),然后可以额外进行质押行为操作;第二种是储蓄并直接将流动性质押凭证质押到协议中进行流动性挖矿(Deposit & stake in gauge)。

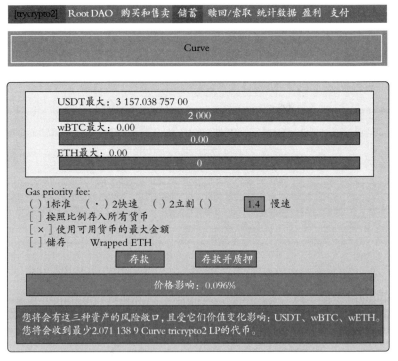

图 6.17　tricrypto2 流动性池的流动性提供页面

为了帮助大家更清晰地认知，我们先来看单纯进行储蓄的操作示例，点击"存款"（Deposit）并在钱包进行签名即可完成相关操作。我们在区块链浏览器 Etherscan 的交易记录中可以看到该笔操作提供了 2 000 个 USDT，换取了 2.080 2 个流动性质押凭证，交易费用为 2.06 美元。我们可以在存入代币后的页面查看目前的仓位，目前我们持有的 2.080 2 个流动性质押凭证相当于持有 672.13 个 USDT、0.033 7 个 wBTC 和 0.425 0 个 wETH，我们可以继续在该页面选择增加流动性，或者在页面顶部的"赎回/索取"（Withdraw/Claim）处赎回自己的流动性。

此外，用户可以点击"存款并质押"（Stake unstaked in gauge）来质押全部流动性质押凭证，或者点击"质押未质押的部分"（Stake Unstaked）的按钮来质押部分流动性质押凭证，参与到流动性挖矿当中以获取 Curve 平台的治理代币 CRV。如图 6.18 所示，我们选择质押 50% 的流动性质押凭证，输入 50%，然后点击"质押未质押的部分"。我们需要在钱包签名，先允许该协议使用流动性质押凭证，然后再确认进行质押。在区块链浏览器 Etherscan 的交易记录中，我们质押了 1.040 1 个流动性质押凭证，手续费为 9.36 美元。我们可以在页面顶部的"赎回/索取"查看并索取自己的流动性挖矿收益。在流动性挖矿收益的页面中，我们至今获得了 0.005 7 个 CRV 的收益，用户可以点击"索取 0.005 7 CRV"（Claim 0.005 7 CRV）并在钱包交纳手续费获得 CRV 代币。

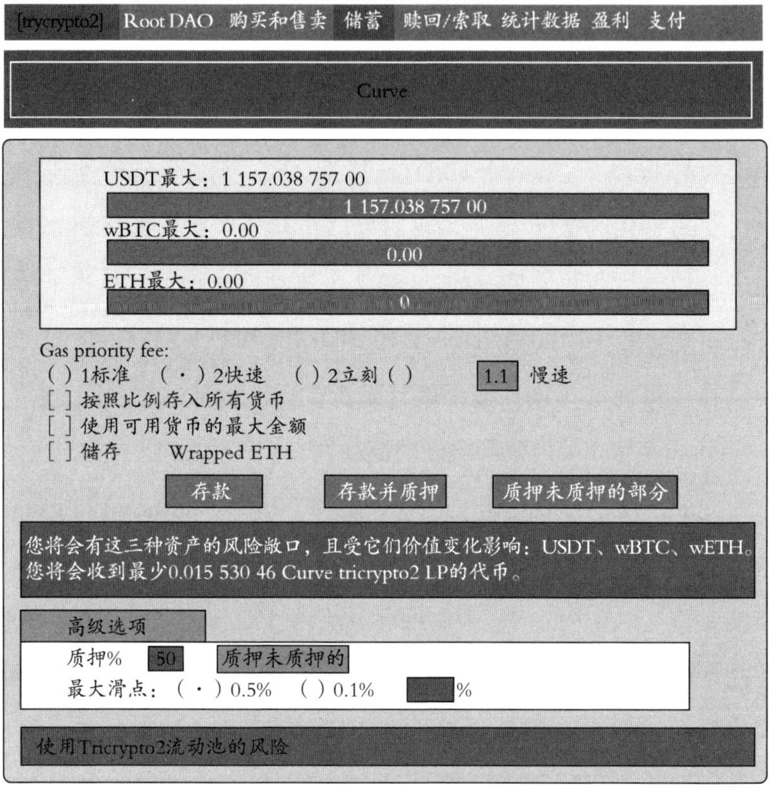

```
[trycrypto2]   Root DAO   购买和售卖   储蓄   赎回/索取   统计数据   盈利   支付
```

```
                              Curve

    USDT最大：1 157.038 757 00
                        1 157.038 757 00
    wBTC最大：0.00
                              0.00
    ETH最大：0.00
                               0

    Gas priority fee:
    (  ) 1标准     ( · ) 2快速    ( ) 2立刻 ( )      1.1  慢速
    [  ] 按照比例存入所有货币
    [  ] 使用可用货币的最大金额
    [  ] 储存        Wrapped ETH
              存款          存款并质押         质押未质押的部分

    您将会有这三种资产的风险敞口，且受它们价值变化影响：USDT、wBTC、wETH。
    您将会收到最少 0.015 530 46 Curve tricrypto2 LP 的代币。

    高级选项
    质押%   50    质押未质押的
    最大滑点：( · ) 0.5%   ( ) 0.1%         %

    使用 Tricrypto2 流动池的风险
```

图 6.18 tricrypto2 流动性池存入代币后的页面

用户在获得 CRV 后，还可以把钱包里的 CRV 继续质押到平台来进一步获得加速流动性挖矿赚取收益。用户需要点击 Curve 首页最上方的"DAO"按钮，在 DAO 页面将 CRV 质押到 Curve DAO 后获得投票权益代币 veCRV，之后才能参与到平台治理当中。交易费用收益的 50% 会分配给 Curve 的治理者，即 veCRV 持有者。

CRV 与 veCRV 的兑换比率与质押的年限相关，质押的年限最短为 1 周，最长为 4 年。例如 1 枚 CRV 质押 4 年，能得到 1 枚

veCRV；若只质押 2 年，就只能获得 0.5 枚 veCRV；若只质押 1 年，就只能获得 0.25 枚 veCRV。我们选择质押 300 枚 CRV，质押年限为 1 年，因而可以获得 75 枚 veCRV，然后再点击"创建锁定"（Creat Lock），选择 OK，在钱包签署同意使用 CRV 代币，即可完成对代币的使用。我们需要再次点击确认并在钱包签署同意及交纳手续费。在区块链浏览器 Etherscan 的交易记录中，我们质押了 300 枚 CRV，交易费用为 11.31 美元。

2. Convex 的收益耕种业务

Convex 是一站式地实现用户在 Curve 平台上进行流动性挖矿的去中心化协议。Curve 的用户体验不友好：一方面，Curve 的 UI 界面设计得不够友好；另一方面，Curve 的操作流程复杂，交易手续费高昂。例如用户获得奖励性代币 CRV 的速度与 veCRV 有关，veCRV 需要通过质押 CRV 获得，而质押 CRV 后获得的 veCRV 数量又与用户质押 CRV 的时间有关。另外，veCRV 是与用户地址绑定的，不可交易。

Convex 除了简化操作流程以外，还进一步提升了用户的收益率。第一，Convex 通过提供新的 CVX 代币来奖励用户；第二，Convex 通过整合大量的流动性提供者，可以集零为整，节约交易费用；第三，由于 Curve 的交易费用分配由 veCRV 持有者来投票决定，平台通过质押大量 CRV 并获得大量 veCRV，可以获得较多的投票话语权，将交易费用更多地分配到对平台有利的兑换池中。这一模式非常成功，根据 Delphi Digital 的报告，截至 2022 年 1 月，在 Curve 质押的 47% 的 CRV 代币是通过 Convex 来进行质押的。①

Convex 的官方网站是 www.convexfinance.com。我们点击连接钱包后，然后点击首页最上端的"质押"（Stake），进入操作页面。图 6.19 为质押代币页面，该页面展示了 Convex 最核心的功能，质押 CRV 代币或者质押流动性凭证赚取收益。

质押代币页面的第一列"转换 CRV"（Convert CRV）支持转换 CRV 代币的操作，如图 6.19（a）所示，用户可以通过将自己的 CRV 代币转换成 cvxCRV，并且质押 cvxCRV，来获得类似于在 Curve 平台质押 CRV 的收益。质押 cvxCRV 的用户可以获得 Curve 上分配的交易费用收益，以及流动性挖矿加速的 10% 的收益，还有平台的 CVX 代币奖励。具体而言，用户需要选择数量，这里我们选择 157.91 个 CRV 代币，然后点击"同意"（Approve）并在数字钱包签名交纳手续费以通过协议对该代币的调用。该笔交易在区块链完成后，用户可以点击"转换并质押"（Convert & Stake）完成转换和质押。区块链浏览器 Etherscan 显示了在 Convex 存入 CRV 换取 cvxCRV 并质押的交易记录，该笔交易第一步将 157.91 个 CRV 存到了 Convex 里面，第二步铸造出 157.91 个 cvxCRV，第三步将这些 cvxCRV 质押到了协议中，该笔交易的手续费为 3.88 美元。

---

① 参考自 https://members.delphidigital.io/reports/convex-wars-opensea-recovery-nft-endorsements/。

第六章 去中心化金融资管类业务

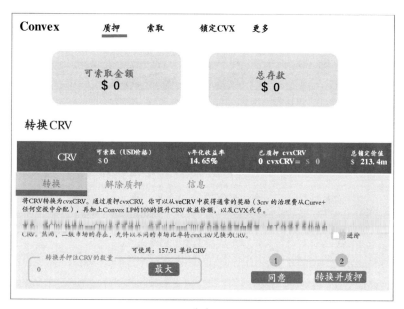

（a）

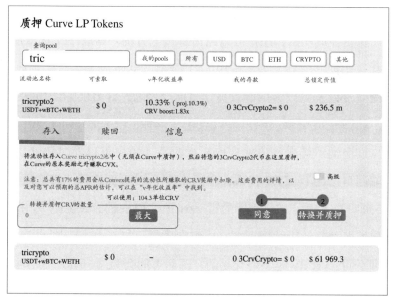

（b）

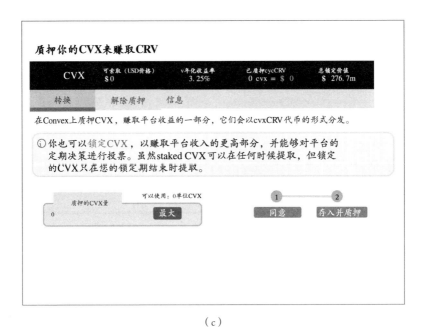

（c）

图 6.19　Convex 的质押页面

在质押成功后，用户可以点击首页上方的"索取"（Claim）按钮获取质押的收益，如图 6.19（a）所示。页面上方会显示目前质押的数量以及可以索取的收益，目前已经获取了 0.009 4 美元的收益，如图 6.20 所示。用户可以点击"索取"（Claim）并在钱包签名，以交纳手续费的方式获取质押收益。用户可以随时解除质押来取回自己的 cvxCRV 代币，在图 6.19（a）页面选择"解除质押"（Unstake），然后点击"解除质押 cvxCRV"（Unstake cvxCRV），并在钱包签名并交纳手续费即可完成解除质押。与 Curve 上进行流动性质押不同，veCRV 是不可交易的，因而可能会为用户带来流动性上的风险。而 cvxCRV 代币可以在去中心化交易所进行交易，因而流动性挖矿的流动性会更好，这也是在 Convex 质押 CRV 的重要优势。

第六章　去中心化金融资管类业务

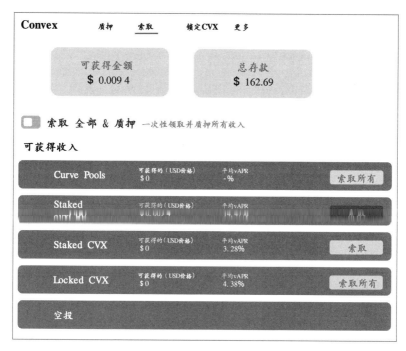

图 6.20　Convex 索取质押收益页面

质押代币页面的第二列"质押 Curve LP Tokens"（Stake Curve LP Tokens）支持流动性质押凭证的操作，如图 6.19（b）所示。在前文 Curve 的操作案例中，用户在兑换池中注入流动性后可以获得流动性质押凭证，正如前文所述，用户可以直接在 Curve 进行质押来进行流动性挖矿，也可以在 Convex 进行质押。如果在 Convex 质押的话，用户除了获得在 Curve 上质押的收益之外，还可以获得 CVX 代币。我们选择质押之前获得的 tricrypto2 流动性池的 1.040 1 个流动性质押凭证，在搜索栏输入"tricrypto2"，选择"存入"（Deposit），输入数量 1.040 1，然后点击"同意"（Approve）并在数字钱包签名交纳手续费以通过协议对该代币的调用。该笔交易在区块链完成后，用户可以点击"存入并质押"（Deposit & Stake）并在数字钱包签名交纳手续费完成储蓄和质押。在区块链浏览器Etherscan中，这笔交易的手续费为7.42美元。如图6.20所示，与质押CRV代币类似，用户可以点击首页上方的"索取"（Claim）获取质押的收益。

3. Yearn 的收益耕种业务

Yearn与Convex有一些相似之处，也是通过更简洁的页面与操作方式来协助用户参与收益耕种，赚取收益。然而，Yearn涵盖了更广泛的资产类型，而非像Convex完全基于Curve上的操作实现更高收益。当然，Yearn的策略，尤其是高收益的策略也有非常大的一部分是基于Curve完成的，因此我们在这里也介绍收益耕种如何在Yearn来实现。

Yearn平台主要有以下三大优点。第一，支付手段更为多样化，用户可以用任意类型的加密数字货币进行收益耕种，因此节省了用户兑换加密数字货币的流程；第二，交易流程更为简单，用户只需要在该平台依次确定即可完成全部交易，因此简化了在多平台操作的烦琐工作；第三，整体交易费用更为划算，由于平台策略倾向于集中性地进行操作，协助用户索取收益并再次投资，所以可以节省一定的交易费用。

Yearn的官方网站是yearn.finance。我们在连接钱包后，网站会展示该地址目前的投资组合（Portfolio）、金库（Vaults）的持仓量、投资收益以及年化收益率等信息。我们点击页面左侧的"金库"（Vaults），即可进入Yearn的业务页面，如图6.21所示。该页面上方的"金库"展示了更加详细的用户持仓情况；下方的

"投资机会"（Opportunities）则展示了目前提供的收益策略，主要包括该策略对应的资产类型、预期年化收益率、目前的总锁定资产价值以及用户能够储蓄加密数字货币的数量等信息。我们可以在搜索栏输入想要交易的策略类型。与前文在 Curve 提供流动性来获得流动性质押相比，Yearn 的操作更为简易。因此，我们选择再次实操在前述 Curve 平台为 tricrypto 提供流动性的操作。

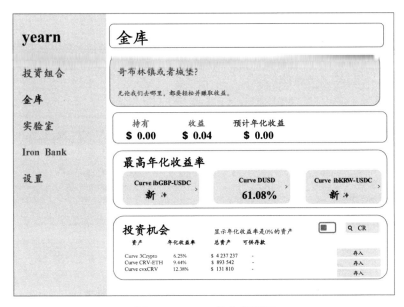

图 6.21　Yearn 的金库页面

我们点击 Curve 3Crypto 策略，即可跳转到该策略的详细介绍页面，如图 6.22 所示。页面左侧介绍了这个策略的基本内容和操作方法。与前文基本一致，该策略主要基于 Curve 的 3Crypto 流动性池，包括 USDT、wBTC 和 wETH 这三种加密数字货币，用户通过提供流动性来赚取手续费，并且可以通过质押流动性质押凭证来流动性挖矿赚取 CRV。由于这个兑换池包含了非稳定币资产，因而可能存在无常损失。具体而言，该策略会把流动性质押凭证提供到 Convex 平台来赚取收益 CRV 和 CVX 代币，并采取复利策略，将赚取的代币出售后，再买入 3Crypto 并复投回该策略中。该策略的预计年化收益率为 6.25%，目前约有 424 万美元的资产存在该策略中。

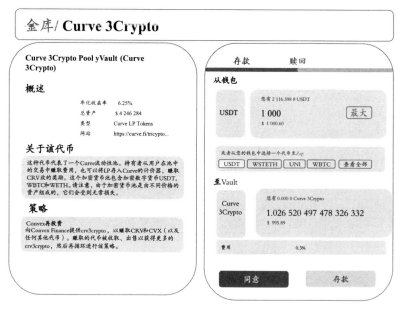

图 6.22　Yearn 提供的 Curve 3Crypto 策略详情

在图 6.22 页面右侧，我们可以选择在这个策略中存入或赎回资产。我们可以直接将该种代币存入 Curve 3Crypto 策略中，也可以使用任何其他的加密数字货币进行支付。我们以 USDT 为例，需要先点击"同意"（Approve），然后在数字钱包签名并交纳手续费，以同意该协议对该代币的调用，完成该交易后，需要填写数字货币的数量，我们选择 1 000 个 USDT，页面显示存入该笔资产能够得到约 1.026 5 个对应的 Curve 3Crypto 代币，然后点击"存款"

(Deposit),在数字钱包签名并交纳手续费,即可完成储蓄。在区块链浏览器 Etherscan 中,我们的账户里支出了 1 000 个 USDT,经过与多个合约的交互后,得到了 0.921 7 个 yvCurve-3Cr 代币作为用户使用 Yearn 协议的凭证,由于与多个协议进行交互,这笔交易的手续费高达 21.69 美元。

我们可以随时通过页面的"赎回"(Withdraw)按钮来取出自己存入的代币,也可以在 Yearn 的金库首页查看操作后的持仓和收益情况,目前持仓金额约为 997 美元,预计年收益为 62 美元。

第七章

去中心化金融保险类业务

第一节 保　险

一、概述

去中心化保险（Decentralized Insurance）指的是为提供加密资产而提供保险功能的业务，用户可以通过智能合约在区块链上购买保险。

在去中心化保险类业务中，去中心化保险平台是传统金融市场中财产保险公司在去中心化金融中的映射。去中心化保险平台与财产保险公司有相似之处，用户可以在平台为自己的资产购置一份保障，管理资产可能遭到损失的风险。去中心化保险平台与财产保险公司也有诸多不同。第一，两者的实现机制不同，传统的财产保险公司内部有精算部门，保险公司通过精算的方式为保险进行定价，并将收到的保费投资于其他资产进行升值，在未来理赔事件发生时对保险进行赔付；而去中心化金融的保险则依赖于一个互助机制，内部没有精算部门对风险进行评估，并且也不会把收到的"保费"进行投资升值。第二，两者的赔付机制不同。除了极小概率的战争、核辐射等免赔责任事项发生以外，用户在传统的财产保险公司购买的保险在遇到损失时基本上能够获得赔付，而去中心化保险则依赖于索赔评估者的评审，用户遇到损失时未必能够获得赔付。

那么为什么会存在去中心化保险呢？随着加密数字货币规模的快速增长，合约漏洞、黑客攻击等意外事故成为加密数字货币领域中不可忽视的问题，攻击事件时有发生，投资者的财富遭受了较大的损失，人们对保险的需求也与日俱增。因此，去中心化保险可以为用户提供保障，增加用户的信心，鼓励用户更多地参与到去中心化金融市场的交易中。更重要的是，传统金融市场未对用户加密数字货币资产提供充分的保障，因此，去中心化保险弥补了传统金融市场的不足。此外，去中心化保险与传统保险公司相比，独特之处在于用户是以去中心化和公开透明的方式汇集资金、分担风险、获取潜在回报，这有效解决了信任问题，降低了传统保险公司高额的运营成本。

根据 DeFiLlama 的数据，截至 2022 年 12 月底，去中心化保险共有 23 个协议，总锁定价值约为 2.40 亿美元。其中，第一名是去中心化保险公司 Nexus Mutual，总锁定价值约为 1.65 亿美元。Nexus Mutual 是 2017 年 11 月建立的去中心化保险公司。Armor 是后期衍生于 Nexus Mutual 的一家保险经纪公司，并且后期转型为 Ease。Armor 在 2022 年 7 月底时的总锁定价值约为 2.7 亿美元，在去中心化保险类中排名第一。因此，本节以 Nexus Mutual 为例介绍去中心化保险的运作机制与操作示例，第二节介绍 Armor 的运行机制与操作示例，第三节介绍 Ease 的运行机制与操作示例。

二、运作机制与操作示例

与传统保险机制不一样，Nexus Mutual 的用户共同分担意外事故造成的潜在损失，普通用户既可以作为保险购买者，也可以作为保险提供者，还可以成为索赔评估者。具体来说，Nexus Mutual 是建立在 Ethereum 公链上的去中心化协议，允许保险购买者购买保单以保护其资产，保险提供者提供承保以赚取利润和收益，以及索赔评估者对索赔进行投票，通过公平评估获得补偿。

Nexus Mutual 保险的完整流程离不开三类人的参与：保险提供者、保险购买者以及索赔评估者。

第一，保险提供者是 Nexus Mutual 的"发起人"。保险提供者在判断某个合约的安全性比较好，愿意提供保险后，可以把自己的资金以代币的形式质押。当有保险购买者购买这个合约保险的时候，他就可以获取对应的保费收入；而当有索赔发生的时候，质押的代币会被用来支付对应的保险金额。

第二，保险购买者是 Nexus Mutual 的"消费者"。保险购买者在平台上针对个人的风险敞口，选择需要投保的合约，并用代币来支付保费。如果保险中预期的损失事件发生，那么保险购买者可以提交理赔申请，理赔申请通过后就可以获得赔偿。如果未发生相应的损失事件或者未通过审核，那么保险购买者的保费则归属于保险提供者。

第三，索赔评估者是 Nexus Mutual 的"理赔员"。索赔评估者是索赔申请发生时的评审人员，可以通过质押代币来参与索赔评估。平台设计了激励机制来确保索赔评估者的行为审慎且向善，如果索赔评估者的评估和绝大多数索赔评估者的评估结果相一致，就可以获得经济激励，但如果不一致的话就会受到惩罚。

我们接下来从注册会员、购买保险与点击索赔、提供保险、索赔评估几个方面介绍其操作示例。

我们首先需要注册会员来参与 Nexus Mutual。我们需要完成三个步骤：第一，用户需要通过购买保险的方式来协助运营整个互助协议，包括对索赔投票、决定哪些合约是安全的及对提案进行投票；第二，我们需要支付小额的会员费，目前为 0.002 个 ETH，约为 2.36 美元；第三，我们需要通过用户身份验证和反洗钱来确认身份，未通过确认的会退款。目前有超过 20 个国家的用户无法成为 Nexus Mutual 的会员，这些国家包括中国、印度、日本、俄罗斯等。[①]

具体而言，我们需要先点击"支付会员费"（Pay Membership Fee），然后在钱包交纳会员费后，选择以个人或者公司的名义完成用户身份验证和反洗钱流程。我们以个人为例，需要填写个人的地址、身份信息、联系方式，以及上传身份证明等。身份证明等文件会保存到线下合作的英国公司的数据库中，且公司会遵守英国的法律。我们在填写完成后继续等待审批，一般来说最多需要 24 小时。如图 7.1 所示，我们完成认证后即可进行业务操作，包括交换 NXM 代币、购买保险，并从质押、治理和索赔评估中获得奖励等。

[①] 与大多数去中心化金融平台不同，Nexus Mutual 需要进行身份认证，而 Armor 平台提供基于 Nexus Mutual 的服务，不需要身份认证。

第七章 去中心化金融保险类业务

欢迎

作为一个成员,你可以交换NXM代币、购买保险,并从质押、治理和索赔评估中获得奖励。

我的余额	我的保险	我的索赔	成员	
可用资金	数量		可取出的数量	操作
当前余额	0 NXM		无	兑换
保险存款	0 NXM		0.01 NXM	取出
可索赔评估	0 NXM		0 NXM	取出
质押金额	0 NXM		0 NXM	取出
奖励	0 NXM		0 NXM	取出
总和	0 NXM		0.01 NXM	

图7-1 Nexus Mutual应用的首页

Nexus Mutual 需要购买该平台的代币 NXM 来使用服务,具体而言,我们有两种方式获取 NXM 代币。第一,我们可以直接点击 swap,使用钱包中的 ETH 交换 NXM 代币。我们点击"兑换代币"(Swap Token),输入想要兑换的 ETH 的数量,然后在钱包交纳手续费后即可完成交换。目前 1 个 ETH 大约可以兑换 31 个 NXM。第二,我们也可以通过购买 wNXM,然后解封装为 NXM 的方式来获得 NXM。[①]NXM 不能在公开市场售卖,而 wNXM 是封装过的 NXM,与 NXM 按照 1∶1 的比例进行兑换。我们先在 CowSwap 上直接购买 wNXM,输入想要兑换的币种和数量,例如我们使用了 0.2 个 wETH,点击确定并在钱包交纳手续费即可完成。然后,我们点击进入封装和去除封装的页面,选择数量,点击"解除封装"

---

① 封装代币(Wrapped Token)是指将一个加密数字货币锁定在封装器(Wrapper)后生成的新的加密数字货币,由于原有的加密数字货币被锁定,封装代币与原代币一一对应。封装的原因可能是多样化的,比如 NXM 不能在公开市场交易,因此需要封装为 wNXM 以便交易;再比如 BTC 不能在 Ethereum 公链进行交易,因此需要封装为 wBTC 以符合以太坊的交易标准。

（Unwrap），并在钱包交纳手续费即可。这种方式获取 NXM 会相对更便宜，在不考虑手续费的情况下，目前 1 个 ETH 大约可以兑换 69 个 NXM，大概是平台提供 31 个 NXM 数量的两倍。

接下来我们介绍购买保险与点击索赔。在完成认证并购买 NXM 代币后，用户可以选择想要购买的保险。用户需要点击"购买保险"（Buy Cover）页面，然后可以直接进行搜索或者通过翻页的方式选择想要购买的保险。Nexus Mutual 支持三种类型的保险：收益代币（Yield Token）、协议（Protocol）、保管（Custodian）。每种类型又有若干支持的项目，与传统保险相似，我们只能选择公司提供的保险。

我们以币安保管箱（Binance Custodian）为例进行介绍，如图 7.2 所示，我们需要输入想要保障的日期、加密数字货币类型和数量。目前 Nexus Mutual 支持三种类型的时间：30 天、90 天和 1 年，我们可以选择的保险加密货币类型有两种：ETH 和 DAI，目前一共最多可以提供 4 000 个 ETH 的保险额度。我们选择输入 30 天和 2 个 ETH，然后可以选择使用 ETH 或者 NXM 进行支付，根据目前的定价，我们需要支付 0.139 9 个 NXM。我们点击接受条款，然后点击购买保险，并在钱包交纳手续费后即可完成购买。

目前拥有的"保单"会显示在首页"我的保险"（My Cover）处。如果发生需要索赔的事件，我们可以点击"索赔"（Claim），然后提交发生事件的描述以及相关的证据，包括交易 ID、公告、链接、截图等。具体而言，只有两种情况可以索赔：第一，如果币安被黑客攻击导致用户自己的损失超过 10%；第二，币安禁止用户提款超过 90 天。此外，是否真正获得理赔则需要索赔评估者进行协商，并达到一致性的判断。

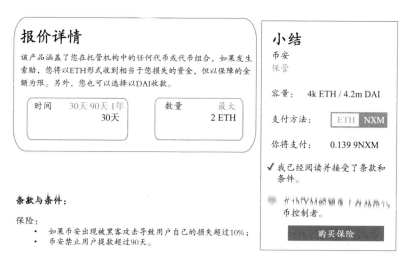

图7.2 保险支付页面

接下来我们介绍提供保险。我们还可以通过质押的方式协助提供保险，赚取收益。我们需要点击首页上方的"质押"（Stake），网页会显示目前的统计信息页面。截至2022年7月，共有2.41亿美元锁定在质押协议里，用户共购买了770万美元的保险，获得了380万美元的奖励，年化收益率为5.36%。我们可以点击右上方的"开始质押"（Start Staking）进入协议选择的页面，如图7.3所示。我们可以选择想要质押的保险，比如Uniswap。如果Uniswap出现合约错误、经济攻击或者管理攻击，那么质押的NXM代币会作为赔偿；如果未发生相关事件，那么质押的用户能够赚取收益。页面会显示目前该协议的统计数据，目前Uniswap v3共有约106 167个NXM质押在平台，年化收益率为0.55%；Uniswap v2目前约有82 973个NXM质押在平台，年化收益率为0.73%；Uniswap v1目前约有7 703个NXM质押在平台，年化收益率为0。

图 7.3 选择质押协议页面

每个保险至少要提供 20 个 NXM，且最多可以一次性选择 20 个协议提供质押。我们选择了 Uniswap v2、Uniswap v3、AAVE v2、Compound、Binance 这五个协议，提交 25 个 NXM 作为质押的数量，然后每个协议均选择 25 个 NXM。填写完成后，页面会要求我们阅读并同意协议条款。一方面，我们需要知道质押有可能会面临损失，最大损失金额可能达到 25 个 NXM；另一方面，我们质押的 NXM 会进入 30 天的锁定期，在这个锁定期内，我们既可能获得收益，也可能遭受损失。在点击同意后，会出现确定页面。我们需要先点击右下侧"同意使用 NXM 的数量"（Grant Token Controller Permission），并交纳手续费后即可完成对使用 NXM 数量的许可，再点击"确定质押"（Confirm Stake），然后在钱包进行签署交纳手续费即可完成质押。页面显示，完成本次交易预计需要交纳 17.69 美元的费用。

在质押操作完成后的页面中，目前我们一共质押了 125 个 NXM，使用比例为 25%，还有 75% 的空间可以用来质押，由于刚刚完成质押，因此目前还未收到回报。如果我们想要增加更多的项目进行质押，可以点击"增加项目"（Add Project）进行添加，我们也可以通过"增加"（Increase）和"赎回"（Withdraw）的方式来增加或者减少目前质押的 NXM 代币数量。值得注意的是，质押最低的锁定期为 30 天，因此目前还不可以进行赎回操作。具体针对每个项目的操作，可以在最下方各个项目选择"解除质押"（Unstake）和"增加质押"（Stake）等。

最后，我们介绍索赔评估。图 7.4 展现了索赔评估的首页。索赔（Claims）公示了目前已经通过申请或者被拒绝的所有索赔要求，目前共有 119 笔索赔。第一笔索赔提交于 2020 年 2 月 16 日，该用户在 2019 年 12 月 10 日购买了针对 bZx v1 协议的 30 000 个 DAI 的额度，所有索赔评估者均拒绝了这项索赔要求。第 119 笔索赔提交于 2021 年 5 月 13 日，该用户在 2021 年 5 月 13 日购买了针对 Perpetual Protocol 协议的 100 个 ETH 的额度，所有索赔评估者都接受了这项索赔要求。

图 7.4　索赔首页

所有用户都可以成为索赔评估者。为了获得作为索赔评估者的奖励，我们需要投入一定数量的 NXM 至少 30 天，裁决权和奖励与股份成正比,在指定期间我们不能出售这些代币或将它们用于其他目的。例如我们选择质押的数量为4.5个,选择锁定期间为30天,然后在钱包点击确认并在交纳手续费后即可完成质押。完成质押后的页面展示了相关的信息,包括目前质押的数量、质押到期时间、获得的奖励和参与的索赔数量。我们可以选择更多的数量进行质押,或者延长质押的期限。解除质押只有在到期后才能进行操作。

面对索赔要求,我们可以通过社交媒体或者区块链服务器等方式来收集信息,根据自己收集的信息来判断是否同意进行理赔,我们可以选择同意或者不同意。如果我们选择的方向与绝大多数索赔评估者相一致,那么我们可以得到奖励,大约是保险购买者支付保费的20%;如果与绝大多数的投票结果不一致,那么我们的质押锁定期会变得更久。索赔评估共识的达成需要实现超过70%,而且质押的NXM的金额是保费的5倍。如果未达成共识,那么索赔评估员的费用池会降低,索赔将升级为全体会员进行投票,且多数结果为最终结果。

第二节　保险经纪

一、概述

去中心化保险经纪(Decentralized Insurance Broker)指的是以

去中心化的方式为用户购买保险提供中介服务功能的业务,用户可以通过保险经纪平台更方便地购买保险。

在去中心化保险类业务中,去中心化保险经纪平台是传统金融市场中保险经纪公司在去中心化金融中的映射。去中心化保险经纪与传统保险经纪有相似之处,保险经纪公司在投保人和保险公司之间架起桥梁,一方面代表投保人的利益,尽可能为投保流程提供便利;另一方面也为保险公司招揽业务,实现更高的销售量。

去中心化保险经纪与传统保险经纪有所不同。第一,去中心化保险经纪的目标是成为保险经纪公司,但是实际上更像是保险代理,目前去中心化保险平台的数量有限,因此去中心化保险经纪基本上依赖于一家平台;① 第二,传统保险经纪机构需要对客户的信息进行核实,而去中心化保险经纪则规避了用户购买保单所需要的信息核实流程;第三,传统保险经纪机构是依靠向保险公司收取佣金获取收入,而去中心化保险经纪除了少量收取佣金外,主要是依靠公司独立发行的治理代币来激励创业团队和参与用户。

那么用户为什么需要去中心化保险经纪业务呢?本文以 Armor 为例进行介绍。第一,Armor 提供了用户在资格认证上的便利,Armor 一方面规避了用户购买保单或者提供承保所需要的认证流程,另一方面也使得原本 Nexus Mutual 不允许使用地区的用户可以享受到相应的服务。第二,Armor 缩短了用户的资产被强制锁定的时间,Nexus Mutual 承保的最低锁定期为 30 天,而 Armor 提供的

---

① 保险经纪人和保险代理人服务的目标与具体的业务不同。保险经纪人代表投保人的利益,而保险代理人为保险人服务。一般来说,保险代理人只服务一家保险公司,而保险经纪人可以与多家保险公司合作。

承保服务则无任何时间限制。

正如第七章第一节所述，Armor 在 2022 年 7 月底时的总锁定价值约为 2.7 亿美元，在去中心化保险类业务中排名第一，因此本节以 Armor 为例进行介绍。Armor.Fi 成立于 2020 年，于 2022 年 3 月 24 日正式转型为 Ease，Ease 平台转为提供 Uninsurance 产品，我们会在第七章第三节进行详细介绍。Armor 的目标是成为保险聚合平台，正如保险经纪公司可以与多家保险公司合作，然而，由于去中心化保险公司数量有限，所以 Armor 实质上依赖于 Nexus Mutual，我们将其归纳为去中心化保险经纪平台。也正是由于去中心化保险公司的数量有限，Armor 后续才放弃经纪业务，开始自己提供保险产品。Armor 最初提供了 arCore、arNFT、arNXM 和 arShield 四大板块业务，在转型之后对原有的业务进行了一些调整。Armor 在 2022 年 5 月 31 日下线了 arCore 和 arShield 两个产品，保留了 arNFT、arNXM 两个产品。

二、运作机制与操作示例

Armor 的官方网站是 armor.ease.org，首页的页面上方再次强调了目前 Armor 已经升级为 Ease，页面下方是过去 Armor 提供的四个产品，包括 arCore、arNFT、arNXM 和 arShield。其中 arCore 已经下线，而 arShield 也已经下线并升级为 Ease 的新模式，目前 arNFT 和 arNXM 还在运营。我们将介绍 Armor 的四个产品的运行机制和目前还在运行的两个项目的操作示例。

arNFT 是 Armor 作为保险经纪业务中最典型的产品。该项目代表了 Armor 最核心的业务，即我们可以更加便捷地购买 Nexus Mutual 上的保险。与 Nexus Mutual 不同，我们使用 Armor 不需要进行身份验证即可购买保单。arNFT 本质上是符合 ERC-721 标准的非同质化代币，我们在购买保险后，平台就会铸造 arNFT 存入我们的钱包，作为购买保单的凭证。① 我们获得保险的保障后，在遇到风险事件后可以进行索赔，而 Armor 本身不提供保险，是保险产品的营销渠道，所以 arNFT 的保险购买者需要跳转到 Nexus Mutual 的页面来进行索赔。此外，我们还可以通过在 Stake arNFT 的页面质押自己的 arNFT 来获取收益，这相当于将 arNFT 的索赔权利出售给其他人，这部分出售的索赔权利构成了已经下线的 arCore 产品的供给端。

下面，我们详细介绍购买 arNFT 的操作示例。我们点击首页下方的 arNFT 或者左侧的"购买 arNFT"（Buy arNFT），页面会跳转到 arNFT 的购买页面。我们可以购买代币化的保险。根据页面上方提示，我们在购买后可以将其留作自用，也可以将其质押获取收益。②

我们可以选择想要购买保险的协议，例如我们选择购买针对 Uniswap 协议的保险，点击"Uniswap v2"进入购买页面，如图 7.5 所示。我们可以自由选择投保的时长与金额，可选时长从 30 天到 365 天不等，而保额可以选择以 ETH 或 DAI 计价，输入的数量必须为整数。具体而言，我们选择的投保时长是 30 天，保额是 1 个 ETH，点击"获得报价"（Get Quote）能够获取报价，该保单的金

---

① 每一笔保单对应了一枚独特的 arNFT，由于 arNFT 具有代币的性质，这使得其可以在二级市场上进行交易。

② 由于 arCore 产品的下架，质押 arNFT 的业务已经暂时停止。

额为 0.002 1 个 ETH。我们点击"现在购买"（Buy Now），在数字钱包确认并支付手续费后即完成购买。在区块链浏览器 Etherscan 的交易记录中，该笔交易将 0.006 5 个 NXM 注入 Nexus Mutual 购买保险，相当于价格为 0.28 美元，并铸造了一个编号为 7799 的 arNFT，交易费用为 12.52 美元。

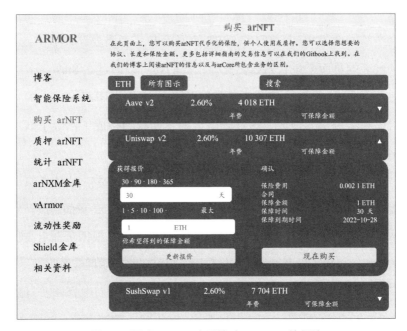

图 7.5　通过 Armor 购买针对 Uniswap 的保险

如果投保的协议遭受攻击使得我们受到损失，我们就可以提交索赔申请。我们点击"质押 arNFT"（Stake arNFT），进入质押与索赔页面，如图 7.6 所示。质押业务目前已经停止运营。而用户在下方"解除质押 arNFT"（Unstaked arNFT）处点击"索赔"（Claim）即进入"Nexus Mutual"的索赔页面。剩余的索赔操作与前文"Nexus Mutual"的索赔操作类似，我们不再赘述。

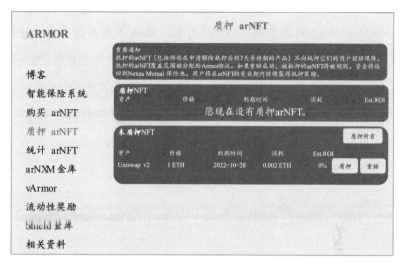

图 7.6 Armor 索赔页面

接下来，我们介绍 arNXM 的运行机制和操作示例。arNXM 是简化 Nexus Mutual 承保操作的产品，我们不需要进行身份认证即可参与 Nexus Mutual 的承保活动。我们在 Armor 上存入 wNXM 或者 NXM，而 Armor 铸造了新的 arNXM 代币。Armor 获取了我们存入的 wNXM 或者 NXM，通过一定的策略在 Nexus Mutual 上承保获得的收益，然后以 wNXM 的形式返还到 wNXM 和 arNXM 的兑换池中。随着时间的推移，如果承包赔付的金额少于赚取的保费，那么用户在使用 arNXM 换回 wNXM 时，可以获得比原来存入的数额更多的 wNXM，从而获得收益。

下面，我们详细介绍 arNXM 的操作示例。用户通过点击首页下方的"arNXM 金库"（arNXM Vault）或者左侧的"arNXM 金库"，可以进入 arNXM 的使用页面，如图 7.7 所示。在该页面，用户可以将 NXM 或者 wNXM 兑换成 arNXM，也可以将 arNXM 兑换回 wNXM。需要注意的是，NXM 的数量只可以输入整数，但是 arNXM 和 wNXM 的数量可以输入小数。页面下方公布了 Armor 使用用户存入的 wNXM，在 Nexus Mutual 的各大合约上承保的情况。我们选择将 4 个 NXM 兑换为 arNXM，点击图 7.7 页面左上方"以 NXM 兑换 arNXM"（Swap NXM For arNXM），并在数字钱包确认及交纳手续费即可兑换成功。在区块链浏览器 Etherscan 的交易记录中，该笔交易存入了 4 个 NXM，然后铸造出 4.52 个 arNXM，交易费用为 2.39 美元。

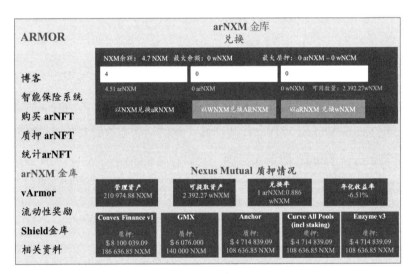

图 7.7　arNXM 的使用页面

在持有 arNXM 一段时间后，我们也可以选择把 arNXM 兑换为 wNXM，点击图 7.7 页面右上方的"以 arNXM 兑换 wNXM"（Swap arNXM For wNXM）。Armor 平台目前提供两种赎回模式：第一种赎回模式需要交纳 2.5% 的费用，但是会立刻到账；另一种赎回模式免缴费用，但是需要延迟两天到账。我们选择第二种，在数字钱包确认并交纳手续费即可兑换成功。在区块链浏览器 Etherscan 的交易记录中，该笔交易将 4.52 个 arNXM 返还给 Armor 协议，交易费用为 1.08 美元。我们还需要在两天后再点击确认来完成 wNXM 的赎回。在到达约定时间后，页面会显示可以赎回 wNXM。我们需要点击"赎回 4.001 4 wNXM"（Withdraw 4.0014 wNXM）并在数字钱包签名并交纳手续费来赎回 wNXM。我们可以在区块链浏览器 Etherscan 的交易记录中看到，先将 4.52 个 arNXM 销毁，然后把 4 个 NXM 代币从 Armor 协议取出，接着再封装为 wNXM，最后将 wNXM 转移到用户的钱包内，交易费用为 4.72 美元。

最后，我们介绍两个下线产品的运行机制。arCore 是已经下线的产品，类似于简易使用的个性化保险产品。arCore 会对用户的资产进行智能分析，为用户提供一份基于其个人资产的个性化保险，该保险不具有明确的截止日期，用户在使用前需要将 ETH 存入账户，这一保险的费用会持续地从该部分存入的 ETH 中扣除。用户在调整自己的资产情况后，保险费用也会随之调整。而且用户也可以随时退出计划，无须支付任何费用。这一业务本质上由质押 arNFT 的用户来进行支撑，arCore 利用质押的 arNFT 为 arCore 的用户提供定制化的保险。与 arNFT 保险的理赔方式有所不同，arCore 产品的索赔通过首页的"损失证明"（Proof of Loss），在 Armor 的系统内来提交索赔申请。

arShield 是 Ease 的互助型保险的前身，目前也已经在 Armor 下线。在 arShield 业务当中，用户可以将自己的流动性质押凭证存入该业务的金库中进行挖矿，而保险费用会自动从流动性挖矿所赚取的收益中扣除，用户无须预付款。从业务实质上来看，arShield 依赖于 arCore 进行保障。

第三节　互助型保险

一、概述

去中心化互助型保险（Decentralized Mutual Insurance）指的是为面临相似风险的用户提供相互保障功能的业务，用户可以通过参与互助型保险为彼此提供保障。

在去中心化保险类业务中，去中心化互助型保险平台的运行逻辑类似于传统金融里的互助型保险机构，而其付款方式更类似于互联网平台的大病互助计划，例如支付宝平台曾经上线过的相互宝。与传统的互助型保险或者大病互助计划相似，去中心化互助型保险平台不以营利为主要目的，整个运行流程无中间代理商参与，所以无须支付给任何中间商费用，进而降低了运营的成本，为投保用户节省了开支。

然而，去中心化互助型保险也与传统的互助型保险或者大病互助计划有所不同。第一，去中心化互助型保险有更好的匿名性，无论是传统的互助型保险还是大病互助计划都需要对客户进行实名认证，参与用户需要符合一定的资格要求，[①]而去中心化互助型保险则不需要进行实名认证，无任何个人资质的要求。第二，平台的索赔机制不同，传统的互助型保险有专门的理赔部门，而大病互助计划的索赔用户则需提交相关资料（包括疾病诊断书等），经过平台调查审核后进行案件公示并通过后，互助计划所有成员才能共同分摊互助金，而去中心化互助型保险则依赖于去中心化自治组织进行理赔管理。第三，资金的流通结转方式不同，传统的互助型保险需要提前交纳保费，而大病互助计划不需要提前支付费用，在索赔时组内成员再共同分摊费用，而 Ease 也无须提前支付费用，平台创建了多个资金池，用户将个人的资产存入资金池，在发生索赔事件时共同承担损失，相当于起到互相担保的作用。

那么用户为什么需要去中心化互助型保险业务呢？承销商保险的商业模式中存在一些痛点，这使得投保人不能获得良好的服务，去中心化互助型保险业务针对性地解决了相应的痛点。第一，保险机构的营利性目标与投保人有本质性的利益冲突，作为保险承销商需要有大额的启动资金，且其商业模式决定了其会尽量避免赔付行为，而去中心化互助型保险不以营利为目的，因此能够以用户利益为重。第二，保险购买人需要前期支付大量的费用，来获取对资产的保障，索赔事件发生后，用户理赔困难，未必一定能获得赔付，而去中心化互助型保险则在损失发生时不需要投保用户自己证明，可以直接启动理赔程序。

正如第七章第二节所述，Ease 的前身是 2020 年成立的 Armor.fi，

---

① 例如早期的相互保要求参与用户的芝麻信用分达到 650 分以上。

而 Armor 曾经是总锁定价值第一名的去中心化保险经纪公司，因此我们以 Ease 为例进行介绍。2022 年 3 月 24 日，该项目正式宣布从 Armor.fi 转型为 Ease.org。用户对 Ease 的需求与传统保险的积弊有关，随着保险的发展成熟，承销商收取的费用越来越多，不利于普惠群体参与保险，急需一种去中介化的保险模式。Ease 不要求用户支付保费，也不需要用户签订合同，在损失发生时不需要投保的用户自己证明，且能够永久地保证参保的资产被保护。①

二、运作机制

我们主要介绍 Ease 的运行机制。Ease 自称 Uninsurance 模式，本质上是一种互助型保险。用户可以将自己的流动性质押代币存入 Ease 的各个金库中，来进行流动性挖矿以赚取收益，这与收益耕种中 Convex 的商业模式类似。在 Ease 平台，所有的金库都起到互相保险的作用，用户不需要交纳保费即可成功获得保险的保障。

Ease 与 arShield 的互助型保险有一定的相似之处，即用户将资产存入特定金库后，就自动获得保障。然而，两者的商业模式也有所区别，arShield 依然是通过付费购买 arCore 保险的传统模式，只

---

① 目前，整个项目依然处于早期阶段。该项目的原生代币 EASE 在 2022 年 9 月 23 日正式上线。希望参与到平台治理的用户可以质押 EASE 代币以获得 gvEASE 治理代币，从而参与到平台治理。gvEASE 治理代币是不可交易的且与 Curve 的代币经济系统类似，用户质押 EASE 的时间越长，可以获得的 gvEASE 就越多。拥有 gvEASE 的用户一方面可以参与投票，另一方面可以在平台的金库中质押 gvEASE，从而在损失发生时获得一定的赔付减免。

是这一付费过程变为了从流动性挖矿的收益中扣除，而 Ease 则依赖金库中的其他资产来为被担保资产做保障，用户无须额外支付保险费用。

Ease 的索赔机制不依赖于用户的索赔，由去中心化自治组织发起。如果保险范围内的某个金库受到黑客攻击，发生了损失，那么该损失由平台上的所有金库的持有者共同承担。在该损失发生时，每个金库的一部分资产会被变现，用于支付被攻击金库的损失，这样的运行机制实现了保险参与者的风险共担。

互助保险最大的问题是逆向选择问题，即风险较高的用户更倾向于去参加保险。针对这种信息不对称带来的问题，平台的解决策略是引入安全性排名（Safety Ranking）。用户通过存入平台原生代币 EASE 来获得治理代币 gvEase，而持有治理代币的用户可以参与投票来决定各个金库的安全性排名。安全性排名越靠前，意味着该金库安全程度越高，在损失发生时需要赔付的金额会越少。

我们接下来将介绍 Ease 的操作流程。Ease 的官方网站是 ease.org，首页展示了 Ease 项目的一些基本情况。我们可以点击右上方或者右下方的"开启 App"（Launch App）按钮，进入平台的操作页面，用户点击"连接"（Connect）并在数字钱包签署后即可进行登录操作。

在操作页面中，Ease 平台与收益耕种的 Yearn 平台相似，提供了一系列金库，每个金库背后都是与其他去中心化金融协议交互的代币，目前 Ease 平台提供了超过 20 种代币。每种代币都展示了预期年化收益率（APY）、资产总数（Total Assets）、最高费用率（Max Fee）、目前能够存入资产的数量（Available to Deposit）等数据。只有持有对应去中心化协议存款代币的用户才能够使用Ease平台的服务。

我们以cUSDC为例进行介绍，cUSDC代币是在去中心化借贷协议Compound存入USDC后的存款凭证。我们点击操作页面的cUSDC金库，跳转到cUSDC代币的操作页面，如图7.8所示。我们可以在"存款"（Deposit）选项中存入对应的存款凭证cUSDC，而后获得平台的ez-cUSDC。① 我们的钱包里目前约有1 324.38个cUSDC，点击"存入所有"（Deposit Max），并在数字钱包进行两次确认并交纳交易手续费即可完成协议对cUSDC代币的调用和存入。在区块链浏览器Etherscan的交易记录中，该笔交易将cUSDC铸造为等量的新的ez-cUSDC代币，手续费为2.97美元。

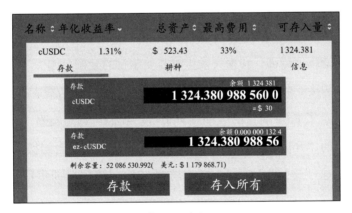

图7.8　在Ease存入cUSDC

我们可以在操作页面查看自己的持仓情况。被存入的资产自动参与了平台的互助保险，当某个去中心化金融平台上存在被攻

---

① 我们提前在Compound存入了30个USDC，然后获得了约1 324.38个cUSDC。

击的金库时，其他未被攻击金库的资产就会被部分变现，用于赔付攻击造成的损失。因此，Ease平台实现了所有协议参与者的互相保障，而非前两种平台中保险提供者对保险购买者的赔付。具体而言，如果我们存入资产所在的协议A遭到了攻击，那么平台会出售除A以外其他协议的资产来弥补我们的损失，而如果别人存入资产所在的B协议遭到了攻击，那么协议平台会出售除B以外其他协议的资产来弥补他们的损失，我们存入A协议的资产也会被部分出售。

我们也可以随时选择退出Ease平台，发起赎回申请后有两天的待定期。我们点击cUSDC代币操作页面中上方的"赎回"（Withdraw），输入想要赎回的数量，然后点击下方红色的"赎回"，如图7.9所示。我们也可以直接点击"赎回所有"（Withdraw Max）来赎回全部代币。实际上，这步操作会将铸造的ez-cUSDC代币销毁，而赎回cUSDC需要在两天内再进行操作。我们在点击"赎回所有"后，在钱包确认并交纳手续费即可完成代币的销毁。在区块链浏览器Etherscan的交易记录中，该笔交易将ez-cUSDC代币全部销毁，手续费为1.71美元。根据初次操作的时间，我们在2022年10月1日后才能完成最终的赎回。在到达时间后，我们点击"完成赎回"（Finalize Withdraw），然后在钱包签名并交纳交易费即可完成最终的赎回。在区块链浏览器Etherscan的交易记录中，该笔交易赎回了约1 324.38个cUSDC，手续费为1.94美元。

图 7.9　在 Ease 销毁 ez-cUSDC

第八章

去中心化金融创新业务

第一节　NFT 交易市场

一、概述

NFT 是非同质化代币（Non-Fungible Token）的简称。NFT 本质上是储存在区块链上的独一无二的数据，通常被用作照片、音乐、视频等数字资产的所有权的电子证明。与其他同质化代币相比，NFT 最重要的特征在于唯一性，每个单独的代币都是独特且不可分割的，又由于区块链上信息的更新依赖于分布式账簿且无法被篡改，所有 NFT 从铸造到交易的每一个环节都会被记录在案且人人可查看，因此 NFT 是被用来证明数字数据的所有权的最佳工具。尽管 NFT 是比较新的概念，但其发展迅速。NFT 的雏形最早出现于 2017 年，而被广泛采用的铸造 NFT 的以太坊 ERC-721 标准于 2018 年正式推出。随后，NFT 市场的交易金额快速增长，引起了业界的广泛关注。NFT 交易市场非常活跃，根据第三方数据平台 NonFungible 对以太坊 ERC-721 标准 NFT 交易数据的统计，2019 年 NFT 市场的交易量约为 2 453 万美元，2020 年 NFT 市场的交易量约为 8 249 万美元，2021 年 NFT 市场的交易量则高达

176亿美元。① 因此，NFT也被选为《柯林斯词典》2021年年度词汇。

为了进一步了解NFT交易的整体特点，我们收集了按照ERC-721标准铸造的从2017年6月23日到2022年5月18日共12 201 140条NFT交易数据，这些交易数据共涉及7 908 185个NFT（Token），15 586个NFT集（Collection）。我们发现NFT交易存在如下三大特点：第一，NFT的流动性很差，绝大多数NFT在铸造后并没有被交易过，而在有交易过的NFT中交易次数往往也非常有限，在样本期间，Ethereum公链存在的76 037个NFT收藏按照ERC-721标准铸造，约有78.5%的NFT收藏没有过任何交易，而在有过交易记录的NFT中，65.3%的NFT只被交易过一次；第二，NFT的交易具有明显的头部效应，排名前10的收藏（占总收藏数的0.01%）的交易数量占到总交易数量的1.71%，说明大量交易集中在头部的NFT收藏中；第三，我们发现NFT的价格呈现偏态分布，NFT平均每笔交易的成交价格是4 238美元（以交易时汇率换算），但成交价格的中位数仅为523美元。

去中心化NFT交易市场（Decentralized NFT Marketplace）指的是以去中心化的方式为用户提供买卖NFT功能的业务，用户可以在区块链上交易NFT。

NFT交易业务推动了艺术品金融化，促进了艺术品的交易流通。以往我们通过收藏品拍卖行或者文化产权交易所等传统机构交易艺术品，可能会面临赝品问题，且投资门槛较高。NFT的出现能够较好地解决这些问题。第一，NFT具有唯一性和可溯源性，任何

---

① 参考自 https://nonfungible.com/reports/2021/en/yearly-nft-market-report-free。

人都可以自主查阅所有历史交易记录，因此显著降低了鉴别真伪成本；第二，任何创作内容都可以被简单且方便地铸造成 NFT，创作门槛大幅降低；第三，NFT 增加了创作者的创作动机，传统的艺术品创作者仅能在一级市场出售时获得一次性交易收入，而 NFT 基于智能合约的特征使得创作者可以持续获得每次交易的版税，所以创作者的创作热情更为高涨。

  NFT 交易市场既包括中心化的 NFT 交易市场，也包括去中心化的 NFT 交易市场。目前全球成立最早、交易量最大的典型 NFT 交易市场是中心化的 OpenSea。OpenSea 成立于 2017 年，是为创作者和投资者提供买卖 NFT 的交易平台，OpenSea 的交易占比最高，在 2022 年 3 月达到了 80% 以上。[①] 尽管 OpenSea 目前在市场份额上占有绝对优势，但其也存在一系列问题，例如内幕交易、账户安全风险、交易费过高，等等。为了克服中心化交易所的问题，去中心化 NFT 交易市场应运而生，去中心化 NFT 交易市场使得交易市场的所有者与交易者的利益保持一致，更好地保障了交易者的利益。

  搭建去中心化 NFT 交易市场的目的是促进 NFT 的流通，去中心化 NFT 交易市场主要类型包括传统的交易平台和碎片化交易平台。我们分别以 X2Y2 和 NFTX 为例进行介绍。一方面，2022 年 2 月成立的 X2Y2 通过"吸血鬼攻击"的方式快速发展[②]，其交易占

[①] 参考自 https://www.coingecko.com/learn/market-share-nft-marketplaces。
[②] X2Y2 通过为 OpenSea 用户提供空投激励，吸引 OpenSea 用户到自己的平台上挂单 NFT。

比在2022年7月后达到了40%以上，甚至超过了OpenSea。[①]另一方面，根据DeFiLlama的分类数据，截至2022年12月底，共有10个去中心化NFT交易市场，总锁定价值超过2000万美元。其中，NFTX成立于2021年1月，是总锁定价值最大的碎片化NFT交易市场，总锁定价值超过1600万美元。

二、运作机制与操作示例

NFT交易市场是NFT交易的中介机构，我们先以X2Y2为例介绍传统去中心化NFT交易市场的运行机制，然后以NFTX为例介绍去中心化碎片化NFT交易市场的运行机制。

1. X2Y2

X2Y2是典型的去中心化NFT交易市场，为OpenSea用户提供空投激励，拥有空投获取资格的用户可以在X2Y2平台上架NFT，通过"上架即挖矿"的模式获得空投代币。X2Y2在商业模式上与OpenSea相似，是点对点的NFT交易平台，符合ERC-721标准的NFT能够在该平台上架出售。目前X2Y2是一个纯粹的NFT交易平台，不支持如OpenSea平台提供的将图片、视频等数字文件铸造为NFT的功能。

作为去中心化NFT交易市场平台，X2Y2的交易费用低于中心化的OpenSea交易市场平台，治理代币公开发行且所有的交易费用完全与用户共同分享。因此，用户的长期利益与X2Y2平

[①] 参考自 https://www.coingecko.com/learn/market-share-nft-marketplaces。

台绑定，发展前景更为广阔。平台还在持续迭代，平台的路线图详细介绍了平台的短期、中期和长期开发目标。X2Y2后续还会提供NFT拍卖、NFT铸造、赋予治理代币更多的利用价值等功能。

X2Y2的官方网站为x2y2.io。我们进入首页后，不仅可以看到近期比较流行的NFT的链接，还可以看到市场交易量的统计数据，例如界面显示"过去24小时的交易量为8 215.7个ETH，手续费为8.62个ETH"。点击首页"浏览"（Explore）栏目，我们可以转到NFT的购买页面。我们可以在左侧搜索栏检索想要购买的NFT集，然后在结果选项中找到想要购买的某个具体的NFT。例如我们这里选择"Okay Bears Yacht Club"这个NFT集，然后选择购买编号4203这个代币，点击这个具体的NFT选项进入该NFT的详情页面。NFT详情页面展示了该NFT的价格、特征属性和近期的交易情况。如图8.1所示，对于我们选择的这个"Okay Bears Yacht Club"#4203 NFT而言，目前价格为0.029 9个ETH，约为38.57美元，其特征属性为紫色背景、羽绒背心、派对帽等，最近一次被交易为两天前，交易价格为0.024 4个ETH。

我们可以点击"现在购买"（Buy Now），直接以目前页面展示的固定价格购买该商品，也可以通过挂单交易的方式进行购买。挂单之前，我们可以查看其他用户对该NFT的挂单情况。这里我们直接以固定价格购买，在X2Y2平台上，我们购买时还需要选择"是否支付版税"（Optional Royalty）。平台默认设置为支付8%的版税，这部分费用会直接支付给NFT铸造者，当然，如果我们选择不支付，那么这部分版税会在交易完成后返还给我们。与此同时，我们还可以获得平台的购买者积分（Buyer Points），这些分数会在当天结束后转换为平台的 X2Y2 代币，由此激励交易。

图 8.1　X2Y2 上购买 NFT 详情页面

现在，我们完成了这笔购买 NFT 的交易，我们可以通过区块链浏览器 Etherscan 查看这笔交易的明细。具体而言，我们可以看到，该笔交易支付了 0.029 9 个 ETH，获得了代号为 4203 的"OBYC" NFT，其中，0.000 149 5 个 ETH 交纳了 X2Y2 的手续费，0.002 392 个 ETH 作为版税转给了创建者，剩余 0.027 358 5 个 ETH 转给了该 NFT 的上一个持有者，该笔交易的手续费为 7.04 美元。

另外，如果我们想要出售 NFT，我们可以点击"出售"（Sell）进入出售页面，然后选择我们已持有的 NFT，设置出售模式。平台界面显示了固定价格和拍卖价格这两种模式，不过我们在操作的时候，拍卖模式还没有正式上线，所以我们就进入固定价格模式中进行价格设置。我们可以自由地设置该商品的出售价格、挂单时间等，然后在钱包交纳手续费以同意 X2Y2 协议调用钱包的 NFT，签字确认后就完成了 NFT 的上架。我们挂单是免费的，但如果我们在该平台上的交易成功了，则需要向平台支付 0.5% 的手续费，以及向 NFT 铸造者支付 8% 的版税费用。例如如果我们这个 NFT 以 1 个 ETH 的价格售出，那么我们实际将获得 0.915 个 ETH。我们设置好出售单之后，也可以根据需要改变设置价格或者取消这个出售单。此外，如果我们有私下交易的需求，也可以使用平台的私人交易功能，在相关功能页面中输入私人购买者的地址，在这种情况下，只有该指定地址的购买者可以购买该 NFT 商品，而且不需要支付包括平台交易费和版税在内的任何额外费用。

2. NFTX

NFTX 为促进 NFT 交易提供了另一种解决方案——NFT 同质化，也就是说，NFTX 将具有相似特征的 NFT 集铸造为符合 ERC-20 标准的同质化代币。例如 CryptoPunks 这个 NFT 集中最便宜的 NFT 价格都要高于 80 000 美元，因此投资门槛较高，很多用户难以具备足够的资金实力参与投资 CryptoPunks。CryptoPunks 这个 NFT 集中的 10 000 个 NFT 可以被铸造为 10 000 个同质化的 PUNK 代币。同质化代币的流通性更好，而且在 NFTX 上可以碎片化 PUNK 代币进行交易，PUNK 代币最小份额可以精确到小数点后 18 位，这样可以显著降低投资 NFT 的门槛。

具体而言，用户可以在平台上将 NFT 存入 NFTX 上的对应系列金库。作为存入的凭证，NFTX平台会铸造出对应金库的vToken给用户。一方面，vToken本身锚定于整个项目集的价格，因此，持有vToken也可以享受对应NFT升值所带来的收益；另一方面，vToken具有同质性，流动性更好，更便于变现。用户如果想要换回NFT，可以先购买足够的vToken，然后在对应的金库中赎回随机或是特定的NFT。为了模糊NFT的异质性，随机赎回或者购买NFT可以享受更大的价格折扣。

同质化代币vToken的价值来自质押在金库里的NFT，因此，平台鼓励用户将NFT质押在平台。平台提供两种质押的方式，分别是存货提供者（Inventory Provider）和流动性提供者（Liquidity Provider）。存货提供者仅为金库添加了NFT，而流动性提供者则添加了NFT和ETH的流动性池，因此可能面临无常损失的风险。平台为质押的用户提供了诸多奖励，例如铸造NFT需要提供手续费给质押的用户，赎回NFT也需要提供手续费给质押的用户，由于流动性提供者的风险更高，因此流动性提供者会获得更高比例的奖励。

下面我们来具体介绍如何在NFTX上交易NFT。NFTX平台的官方网站是nftx.io，首页上方的四个圆角矩形说明了NFTX提供的最重要的四个功能，分别是购买（Buy）NFT、出售（Sell）NFT、交换（Swap）相似的NFT和质押（Stake）NFT。

我们点击"购买"（Buy）按钮，页面会跳转到NFT的购买页面。我们可以自由选择自己有意向购买的NFT池，点击并进入对应的NFT池来查看可供购买的NFT。我们选择Non Fungible League这一NFT池，可以选择指定的NFT进行购买，也可以点击图中的问号按钮，随机获得该NFT池中的一个NFT，随机购买可以节省 2% 的费用。我们实际上选择随机购买的方式，点击"现在购买"（Buy Now）并在钱包交纳手续费即可完成购买。在区块链浏览器 Etherscan 的交易记录中，该笔交易支付了 0.007 3 个 ETH，购买了编号为 276 的 NFT，交易费用为 8.89 美元。

我们也可以出售其钱包内的 NFT，点击首页的"出售"（Sell）按钮，页面会跳转到 NFT 出售页面，该页面会展示我们目前拥有的所有 NFT。我们选择想要出售的 NFT，点击"前往金库"（Go to Vault），页面会跳转到金库页面。我们需要选择具体想要出售的 NFT，然后先点击右侧"同意"（Approve），同意协议对该 NFT 的调用，然后点击出售即可将该 NFT 以 0.006 3 个 ETH 的出售价格卖入池中，该价格低于先前的购买价格。

我们还可以交换钱包内的 NFT，点击首页的"交换"（Swap）按钮，页面会跳转到 NFT 的交换页面，该页面会展示我们目前拥有的所有 NFT。我们选择想要交换的 NFT，点击"前往金库"，页面会跳转到金库页面。我们需要选择具体想要换出和换入的 NFT，比如选择编号为 1261 的 NFT，然后先点击右侧"同意"，同意协议对该 NFT 的调用，再点击"交换"即可将编号为 276 的 NFT 以 0.000 7 个 ETH 的价格交换为另一个编号为 1261 的 NFT。

NFTX 还提供两种碎片化或者标准化 NFT 的方式。第一，我们可以通过质押的方式获得同质化的 vToken。我们点击金库页面上方的"质押"（Stake）按钮，页面会跳转到该 NFT 的质押页面，如图 8.2 所示。我们需要选择具体想要质押的 NFT，然后先点击右侧"同意"按钮，同意协议对该 NFT 的调用，此时页面会提醒未来未必能够赎回相同的 NFT，然后点击"质押"，即可将编号为

276 的 NFT 质押到协议里。值得注意的是，协议要求我们至少需要质押 7 天。在区块链浏览器 Etherscan 的交易记录中，该笔交易将编号为 276 的 NFT 质押到协议里，同时协议铸造出 1 个 NFL 代币，这部分 NFL 代币尚未被转移到用户钱包内，该笔交易的交易费用为 5.85 美元。

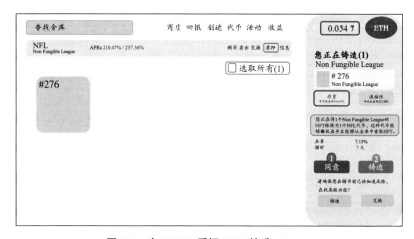

图 8.2　在 NFTX 质押 NFT 铸造 vToken

第二，我们还可以通过铸造的方式获得同质化的 vToken。我们可以点击金库页面右下方的"铸造"（Mint），页面会跳转到如图 8.3 所示的页面。我们可以选择将 NFT 铸造成 NFL，也就是对应金库的 vToken。由于 NFTX 要收取手续费的原因，我们铸造一份 NFT，只能获得 0.9 个 vToken，这些手续费会被质押 vToken 的用户所获得。在铸造 NFT 后，我们可以在去中心化交易所 Sushiswap 交易这些 vToken。

此外，我们也可以点击图 8.3 右侧的"赎回"（Redeem）按钮，在如图 8.4 所示的页面用 vToken 兑换池中的 NFT。根据目前的交易规则，我们需要使用 1.06 个 vToken 赎回 1 个特定的 NFT，也可以使用 1.04 个 vToken 赎回随机的一个 NFT，如果 NFL 代币的数量不足，我们可以在去中心化交易所 Sushiswap 获取。我们选择赎回编号为 778 的 NFT，点击"赎回"并在钱包交纳手续费即可完成相关操作。在区块链浏览器 Etherscan 的交易记录中，我们支付了 1.06 个 NFL，获得了编号为 778 的 NFT，其中 1 个 NFL 直接销毁，交易费用为 6.42 美元。

图 8.3　在 NFTX 存入 NFT 铸造 vToken

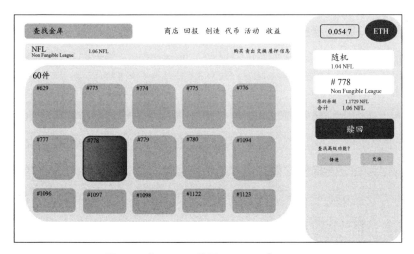

图 8.4　在 NFTX 使用 vToken 赎回 NFT

第二节 NFT 借贷

一、概述

去中心化 NFT 借贷（Decentralized NFT Lending and Borrowing）指的是以去中心化的方式提供 NFT 借贷功能的业务，用户可以在区块链上使用智能合约并以 NFT 为抵押品进行借贷活动。

去中心化 NFT 借贷是去中心化金融体系中重要的创新业务模式，类似于传统的典当行，用户可以将收藏品抵押到典当行，典当行会评估收藏品的价值，然后借贷给抵押者法定货币以收取利息。如果未来用户还清本息，即可赎回典当物，但是如果用户逾期未归还资金，那么抵押品典当物则可能会被拍卖。典当行属于非典型的金融机构，早期由商务部进行监管，2018 年后已经划归银保监会进行监管。

在去中心化金融的世界里，NFT 借贷与传统金融中的抵押贷款有所不同。首先，资金提供方的风险控制能力不同，中心化的典当行作为资金的提供方能够更好地控制风险，然而在去中心化金融往往需要去中心化的用户来提供资金，其风险承受能力有限；其次，资产价格的评估难度不同，传统的资产积累了丰富的数据库，更容易被估值，而 NFT 作为一种新型的资产，缺乏足够的理论和实践来准确评估其价格；最后，资产价格波动的频率不同，传统资产的价格相对稳定，而NFT的价格则波动频繁，这增加了NFT借贷行业的风险。

那么用户为什么需要去中心化NFT借贷协议呢？第一，便于持有NFT的用户获得金融服务。NFT与收藏品有很多相似之处，其流动性较差，部分优质NFT的价格非常昂贵，持有NFT的用户的流动性被限制，因此NFT信贷业务有利于NFT持有者获得金融服务，能够在不出售NFT的情况下获得加密数字货币；第二，鼓励更多的用户持有NFT，由于持有NFT的用户能够获得金融服务，因此，NFT不仅具有观赏价值，还获得了现实价值，所以更多的用户愿意持有NFT。

根据DeFiLlama的数据，截至2022年12月底共有13个去中心化NFT借贷协议，总锁定价值超过1亿美元。NFTfi成立于2020年2月，总锁定价值超过1 000万美元，是成立最早且最具代表性的点对点类型的NFT借贷协议；BendDAO成立于2021年第四季度，总锁定价值超过7 900万美元，是总锁定价值最大的点对协议类型的NFT借贷协议。因此，我们分别以NFTfi和BendDAO为例介绍去中心化NFT借贷协议。

二、运作机制与操作指南

1. NFTfi

NFTfi是去中心化点对点的借贷协议，资金的需求者通过抵押NFT从资金的提供者中借出wETH或者DAI。具体而言，手中持有平台白名单上的NFT，并希望抵押NFT借款的用户可以在这个平台上展示作为抵押品的NFT，发布自己的借款需求；持有流动资金的用户可以在平台上浏览借款人的借款需求，并且可以向借款人提出要约（Make Offer）。

借款人可以寻找合适的要约达成交易。在交易达成后，借款人抵押的NFT会被锁定在平台的协议中直到借款人偿还贷款。借款人可以提前还款，但仍需要支付所有的利息；借款人需要一次还清所有贷款，不支持多次还清；而且，一旦超时未还清，借款人就再也不能偿还。如果借款人未能按时还清贷款，那么贷款人在借款人违约后，有权随时放弃这一债务并获得被抵押的NFT。

借款人不需要支付任何额外费用，只有成功进行了借贷并收回利息的贷款人需要向平台支付5%的利息收入。例如我们通过借贷1个ETH赚取了0.05个ETH，则需要支付$0.05 \times 5\% = 0.002\ 5$个ETH的手续费。目前，平台的治理还是高度中心化的，平台的白名单列表目前由NFTfi的团队来进行更新，但团队计划在后续把审查白名单工作移交给社区。

我们接下来将介绍NFTfi的操作示例。NFTfi的官方网站是www.nftfi.com。在首页的页面右上方有"借出"（Lend）按钮和"借入"（Borrow）按钮，两个按钮基本包含了在NFTfi上的主要活动，"Lend"为借出加密数字货币，"Borrow"为抵押NFT借入加密数字货币。我们需要点击"解锁你的钱包"（Unlock Your Wallet）来连接数字钱包账户。

我们在"借出"的下拉菜单页面点击"抵押品"（Collateral），页面会跳转到出借加密数字货币的贷款页面。在该页面，我们可以看到目前平台上被抵押的 NFT 商品，并且可以点击进入每个商品查看借款需求详情，如图 8.5 所示。该页面上方展示了该 NFT 的价格信息，例如目前该系列的底价为 2.647 6 个 ETH，该藏品最近一次交易的价格为 0.14 个 ETH；右侧展示了 NFT 持有者的借贷需求，金额为 3.5 个 wETH，期限为 30 天，接受任何的年化利息率；页面下方展示了该 NFT 在过去 30 天内的借贷信息，包括平均贷款金额以及年化利息率。页面的再下方还展示了借款人的借贷与还款历史，以及该资产目前收到的要价。

我们可以点击屏幕中的"开出报价"（Make Offer）来进行出价，在出价页面，我们可以自由地设定该借贷合同的一些条款，包括币种、借款金额、期限以及要求的年化利息率，如图 8.6 所示。我们选择了一个金额为 50 个 DAI、期限 30 天、年化利息率为 50% 的报价。我们点击"开出报价"，去钱包签署同意协议对 DAI 的调用，并再次签署同意即完成报价。界面还提供了成交的邮件提醒，我们可以自由选择是否需要该项服务。我们可以在页面的最下方看到自己的出价。如果借款人同意，则该借贷交易达成，借款人需要在 30 天内偿还，否则抵押的 NFT 则会作为抵押品发送给出借人。

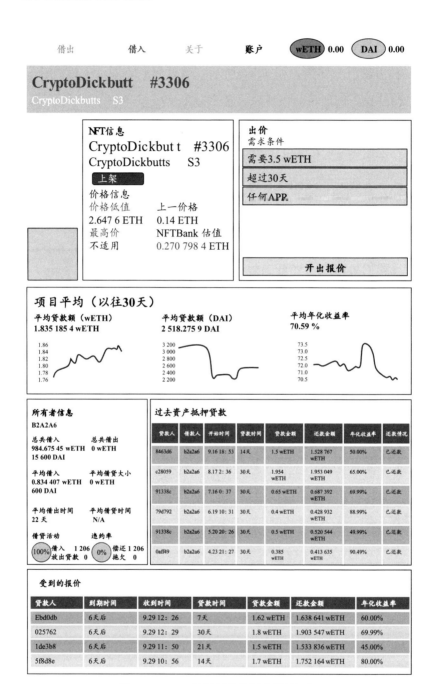

图 8.5　NFTfi 的抵押贷款需求详情页面

第八章 去中心化金融创新业务

图 8.6 NFTfi 的出价页面

我们在首页的"借入"（Borrow）下拉菜单页面点击"资产"（Assets），就可以抵押自己的 NFT 来进行借款，我们选择以太坊的域名 ENS "晋 k99999.eth"进行操作，点击对应的 NFT 资产后即可跳转到发布借款需求的详情页面，如图 8.7 所示。我们可以在页面中填入自己的借款需求，包括意向的借款金额、时间及收益率，点击"列为抵押品"（List as Collateral），在钱包同意协议对 NFT 的调用并再次确认，就可以发布自己的借款需求了。

我们还可以实时地更新自己的需求或者取消报价，我们可以在该 NFT 的页面点击"更新项目"（Update Items），输入新的借款需求，改为借款金额为 1 个 wETH，借款 90 天，年化利息率为 100%。我们点击"更新上线项目"（Update Listing Items）即可完成更新，此外，我们也可以在 NFT 页面直接点击"取消上线"（Remove Listing）来取消报价。

去中心化金融：理论与应用

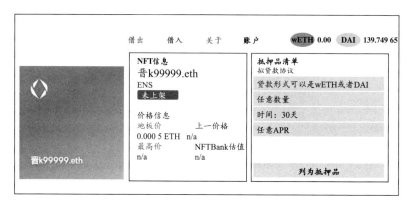

图 8.7　NFT 抵押借款输入借款需求页面

2. BendDAO

BendDAO 建立了一个资金池，资金的需求者通过抵押 NFT 从流动性池中借出 ETH，而资金的提供者可以在平台上将 ETH 存入流动性池来赚取利息。为了鼓励用户使用协议，资金的需求者和供给者都会收到平台的原生代币 BEND，用户可以抵押 BEND 获得 veBEND 来参与平台的投票治理以及获得平台的收入。

与点对点模式的 NFTfi 对比，我们直接与流动性池进行交互，平台的角色从信息中介变为信用中介，所以，个体风险也变为了系统风险，流动性池的风控机制变得非常重要。为了应对抵押资产价值下跌可能带来的风险，BendDAO 主要采取了以下几个方面的举措。第一，BendDAO 的抵押品仅支持蓝筹 NFT，蓝筹 NFT 单价高，价格稳定，不容易被市场操纵；第二，在 BendDAO 抵押借贷是超额抵押，抵押比率最高为 40%，也就是用户抵押价值 100 个 ETH 的 NFT，最多只能借出 40 个 ETH；第三，BendDAO 按照 NFT 集的地板价（Floor Price）来评估 NFT 资产，NFT 集一般由多个 NFT

构成，地板价是目前能够买到该 NFT 集中任意一个 NFT 的最低价格；第四，BendDAO 使用"健康因子"对贷款的情况进行实时评估，① 健康因子下降到 1 以下会触发 48 小时强制平仓保护和 NFT 抵押品的拍卖机制，② 以预防资不抵债情况的出现。

综上所述，BendDAO 采取了一系列机制设计来保障平台的运作，但这一模式也存在问题。2022 年 8 月，BendDAO 出现了挤兑。当时 NFT 价格大幅下跌，导致一部分对 NFT 市场悲观的投资者选择放弃偿还债务，放任平台清算 NFT 资产，这进一步促进了 NFT 价格下跌。BendDAO 的清算机制需要参与拍卖的用户出价达到地板价的 95% 且参与拍卖需要将资金锁仓 48 小时，拍卖人认为无利可图，因而不参与拍卖，最终导致大量的 NFT 流拍。而根据 BendDAO 平台的设置，如果拍卖最后未成交，平台的流动性提供者会承担损失，这进一步导致了大量流动性提供者撤出资金。为了解决这一危机，BendDAO 紧急通过了参数更新提案，降低了清算门槛和资金锁仓时间，使得清算拍卖对拍卖人来说更具吸引力，最终度过了这次危机。③

我们接下来将介绍 BendDAO 的操作示例。BendDAO 的官方

---

① 健康因子衡量了被抵押的 NFT 相对于借出的 ETH 的价值，这一数值越高，说明目前的借贷状况越安全，被清算的可能性越低。健康因子的计算方式如下：健康因子 =（被抵押 NFT 的地板价 × 清算阈值）/ 带息债务。

② 如果借款人在 48 小时内能够偿还债务，那么就可以取回其抵押的 NFT；如果借款人未能偿还债务，那么在清算拍卖中获胜的用户负责偿还债务，并获得对应的抵押资产。

③ 在 BendDAO 的新方案中，健康因子下降到 1 就立刻开始竞拍，竞拍者的出价高于债务即可，如果借款人 24 小时内还款的话，需要支付至少 0.2 个 ETH 的违约金（5% 的债务或者 0.2 个 ETH 的较大者）。

网站是 www.benddao.xyz。我们需要点击右上方的钱包图像来连接电子钱包，可以将 NFT 存入协议借出 ETH，也可以存入 ETH 赚取利息收益。首页展示了当时该平台的运行情况，平台的总锁仓价值是 83 625.66 个 ETH，其中存入的 ETH 为 51 546.31 个（占比 62%）；锁定 NFT 的价值为 32 079.32 个 ETH（占比 38%）。在平台存入的 ETH 中，13 436.21 个 ETH 已经被借出（占比 26%），还剩余 38 110.10 个 ETH 可供借出（占比 74%）。我们在平台上进行借贷支付的实际年化利息率是 3.95%，其中以 ETH 支付的年化利息率是 27.05%，而平台代币 BEND 提供奖励的年化收益率是 23.10%。我们存入 ETH 赚取利息收益的实际年化利息率是 7.63%，其中以 ETH 支付的年化利息率是 5.43%，而平台代币 BEND 提供奖励的年化收益率是 2.21%。目前平台的部分 NFT 抵押贷款的健康因子已经接近 1，如果该 NFT 价格再下跌，则可能会触发清算。

首页的下方还展示了平台目前支持的 8 个 NFT 项目集（Collections），持有这 8 个项目集 NFT 的用户可以通过在该平台抵押 NFT 借出 ETH。这 8 类项目包括 Bored Ape Yacht Club、CRYPTOPUNKS、Mutant Ape Yacht Club、Azuki、Moonbirds、CloneX、Space Doodles、Doodles，都是市值靠前的最具有代表性的蓝筹 NFT，目前最低的 Doodles 的地板价为 8 个 ETH，而最贵的 Bored Ape Yacht Club 的地板价为 74.2 个 ETH。

我们点击首页的"借入 ETH"（Borrow ETH）会进入借贷页面，如图 8.8 所示。我们需要通过四个步骤来完成 ETH 借贷的操作：第一，我们需要选择作为抵押品的 NFT；第二，我们需要选择想要借贷 ETH 的数量；第三，我们需要通过交纳手续费的方式同意协议对 NFT 的调用；第四，我们在交纳手续费后即完成了最后的借贷。

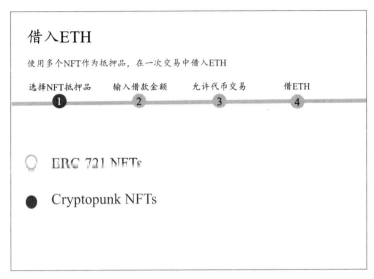

图 8.8　BendDAO 借贷 ETH 页面

我们也可以通过提供 ETH 的流动性赚取存款收益。我们可以点击首页的"储蓄 ETH"（Deposit ETH）进入 ETH 储蓄页面，如图 8.9 所示。我们可以选择输入希望存入的 ETH 数量，或者拖动下方的拖动条来调整存入 ETH 的比例。具体而言，我们选择存入 0.1 个 ETH，点击下方"存入"（Deposit）并在数字钱包确认交纳手续费即可完成储蓄。在区块链浏览器 Etherscan 的交易记录中，我们将 0.1 个 ETH 转入了 BendDAO 的账户，获得了 0.095 0 个 bendWETH 代币作为储蓄凭证，该笔交易的交易费用为 3.99 美元。

在存入成功后，我们可以在首页右上方用户图像中的"管理面板"（Dashboard）菜单点击"储蓄"（Deposits），查看自己目前在平台

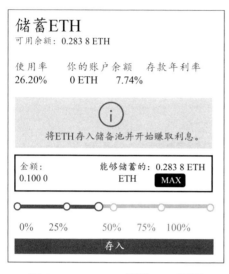

图 8.9 BendDAO 储蓄 ETH 页面

存入 ETH 的情况,我们存入了 0.1 个 ETH,年化收益率为 7.75%。我们还可以点击"赎回"(Withdraw)来赎回存入的 ETH。我们需要点击"同意 BWETH"(Approve BWETH)来同意协议对 BWETH 的调用,然后输入想要赎回 ETH 的数量在数字钱包确认并交纳手续费即可完成赎回。

第三节 跨链桥

一、概述

跨链桥(Cross-Chain Bridge)指的是提供在不同公链之间转移加密数字货币功能的业务,用户可以通过跨链桥实现加密资产的跨链转移。

在去中心化金融创新业务中,跨链桥是特殊且重要的业务。加密数字货币的发展依赖于区块链的发展,早期的区块链在交易速度、系统吞吐量和兼容性等方面有一定的缺陷，因此，后期出现了大量的新的区块链来应对用户不断更新的需求。用户需要将加密资产转移的需求也应运而生，部分新的区块链设有官方的跨链桥网站，协助用户将数字资产从其他区块链进行转移，也有专业的去中心化跨链桥协议，能够实现多条区块链彼此之间数字资产的转移。

为什么人们需要使用跨链桥呢？跨链桥的存在实际上是在传承老传统的同时，又兼顾发展了新的事业。第一，加密世界有很好的传承性，早期的加密数字货币起到了十分重要的作用，但是可以提供的功能却很有限，例如第一代区块链系统比特币确定的去中心化账簿的机制是整个加密世界存在的基石，但是比特币网络却仅能提供转账的功能，因此我们需要使用跨链桥，以便在其他区块链上使用我们在比特币区块链网络中的资产；第二，加密世界同时又具有拓展性，随着加密资产的日趋流行，各种类型的去中心化应用程序如雨后春笋般涌现，成为以太坊等智能合约平台发展的重要驱动力。然而，基于以太坊的生态系统存在区块确认缓慢、交易费用高、可扩展性低和用户体验差等方面的缺点，这些缺点成为区块链应用被大规模采用的障碍，因此新的区块链应运而生，新的区块链只是提供了新的账本，我们的资产可以通过跨链桥的方式在新的区块链上使用。

根据 DeFiLlama 的统计，截至 2022 年 12 月底，去中心化跨链桥共有 58 个协议，总锁定价值超过 80 亿美元。其中，第一名跨链桥 WBTC 的总锁定价值超过 30 亿美元，WBTC 是基于以太坊、与比特币锚定的 ERC-20 代币；第二名 JustCryptos 的总锁定价值超过 19 亿美元，是旨在将其他区块链的资产转移到波场（TRON）

区块链的跨链桥平台；第三名 Multichain 的总锁定价值超过 12 亿美元，为 61 条区块链和超过 2 600 种加密数字货币提供跨链桥服务。因此，我们选取了两个平台来展示跨链桥的运行逻辑。我们以 Multichain 为例介绍专业的去中心化跨链桥协议的运作机制与操作示例。此外，我们还以 Polygon Bridge 为例介绍区块链自带的跨链桥的运作机制与操作示例，以 Polygon Network 为代表的新的区块链平台致力于解决可扩展性和可用性问题，为现有的区块链平台提供侧链扩展解决方案，Polygon 缩短了区块确认时间，降低了成本，提高了可扩展性，为去中心化应用提供了更好的用户体验。

二、运作机制与操作示例

1. Multichain

一般来说，跨链桥实现资产跨链的方式主要有两种：一种是跨链桥，每个桥都是两个区块链之间的连接，区块链自带的 Polygon Bridge 和 Multichain 都有这样的资产转移方式；另一种是跨链路由器（Cross-Chain Router），路由器使得任何资产都能够在多个链之间转移，Multichain 使用流动性池来协助数字资产的跨链转移。

首先，我们介绍跨链桥的运行机制。Multichain 提供的桥允许资产从一条链（源链）发送到另一条链（目标链）。在源链上，要桥接的资产被发送到一个特殊的多方安全计算（Secure Multi-Party Computation，简称 SMPC）钱包地址并安全地保存在那里；在目标链上，Wrapped Asset 智能合约被触发，按照 1∶1 比例铸造新的代币，并将其发送到用户的钱包。当用户想要赎回时，新代币被烧毁，然后 SMPC 节点将它们释放到源链上。

除了前面提到的跨链桥的方式以外，我们再介绍跨链路由器的运行机制。Multichain 提供的路由器使任何资产都能够在多个链之间转移。Multichain 建立了流动性池，Multichain 项目团队或用户个人将代币添加到每条链上的流动性池中，当用户跨链移动时，流动性池中的代币可供用户使用。我们以 USDC 为例进行说明。当用户将 USDC 从 A 区块链转移到 B 区块链时，一共需要四步。第一，USDC 被添加到 A 区块链的池中。第二，在 A 区块链上铸造相同数量的 anyUSDC。第三，SMPC 节点检测到这一点并触发 anyUSDC 在 B 区块链上被铸造，A 区块链上的 anyUSDC 被烧毁。第四，如果 B 区块链池子中 USDC 的数量大于创建的 anyUSDC，则将 USDC 发送到 B 区块链上的用户钱包，并将 anyUSDC 烧毁；如果 USDC 的数量小于 anyUSDC，则用户保留 anyUSDC，当足够的 USDC 再次可用时，将 anyUSDC 转换为 USDC。由此，USDC 转移到了 B 区块链。

我们接下来介绍 Multichain 的操作示例。我们需要点击"进入 App"（Enter App）进入操作页面。我们进入操作页面后，需要连接钱包并选择初始区块链。我们选择 Polygon 作为来源区块链，如图 8.10 所示。我们需要选择来源区块链中想要转移的数字货币与数量，具体为大约 2 115.6 个 USDC。下一步，我们需要选择目标区块链，具体为 Avalanche，系统会根据收费规则自动显示 Avalanche 能够获得 USDC 的数量约为 2 115.1 个，手续费为 0.5 个

USDC。

图 8.10　选择跨链的区块链与数字货币页面

页面最下方显示了收费标准，不同区块链之间的收费标准均有差异。本文展示的从 Polygon 链转移到 Avalanche 的跨链手续费为 0.01%，最小跨链手续费为 0.5 个 USDC，最大跨链手续费为 1 000 个 USDC。最小跨链金额为 12 个 USDC，最大跨链金额为 20 000 000 个 USDC，预计跨链到账时间为 10—30 分钟，而 5 000 000 个 USDC 以上大额跨链到账时间长达 12 小时。

我们需要点击批准交易 USDC 并在钱包完成签字，该协议即可调用 Polygon 链中的 USDC。我们需要进一步点击交易，然后会弹出确认页面，网页显示大概会花费 3—30 分钟，目前已经完成了 Polygon 方面的转移，尚未完成 Avalanche 的交易，在交易完成后，我们即可在钱包中找到发送来的 USDC.e。USDC.e 是封装过的 USDC，部分平台可以直接使用 USDC.e，也有的平台不支持直接使用 USDC.e。我们可以选择使用去中心化交易平台进行兑换，例如 Platypus finance。

在 Polygon 区块链浏览器的交易记录中，浏览器页面的交易路径与路由器的运行机制完全一致，2 115.60 个 USDC 被转移到了流动性池中，同时产生了 2 115.60 个 anyUSDC，由于 Avalanche 的 USDC 流动性池有足够的流动性，所以 2 115.60 个 anyUSDC 被销毁。与此同时，Avalanche 的链上先产生了 2 115.10 个 anyUSDC，anyUSDC 兑换为 USDC.e 后被销毁，因此，钱包里获得了 2 115.60 个 USDC.e。

2. Polygon Bridge

以太坊和 Polygon 之间的桥梁的运行模式与 Multichain 的第一种类似，使用的是跨链桥机制。如果加密数字货币从以太坊转移到 Polygon，那么离开以太坊网络的代币被锁定，并且在 Polygon 上铸造相同数量的代币作为锚定代币。如果从 Polygon 转移到以太坊，代币在 Polygon 网络上被烧毁，并在以太坊网络上解锁。

我们接下来介绍 Polygon Bridge 的操作示例。我们将加密数字货币从 ETH 链发送到 Polygon 链时，可以直接使用区块链的跨链桥服务，目前 Polygon 链支持 1 753 种代币。我们需要进入 Polygon 官网提供钱包首页，网址为 wallet.polygon.technology。首页的第二列为 Polygon Bridge，我们需要点击 Polygon Bridge，然后连接用户的钱包并进行签名即可进入跨链桥的首页，如图 8.11 所示。

我们在跨链桥首页选择"存入"（Deposit），即将加密货币从主链 ETH 发送到侧链 Polygon。我们需要选择想要发送的加密数字货币类型，比如 ETH，然后输入想要发送的数量，比如 0.5，我们需要点击"转移"（Transfer），在弹出的页面点击确认并在钱包交纳手续费即可完成转移。

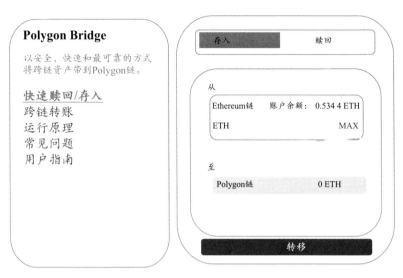

图 8.11 Polygon 跨链桥储蓄页面

资产通过跨链桥从一条公链转移到另一条公链并非立刻完成，因此，跨链桥操作后会出现流程页面。页面会在完成转移后显示完成（Completed），此时，Ethereum 公链上的 ETH 货币已经被转移，但是在转移过程中，账户余额不会更新，在完成后用户 Polygon 链上的 ETH 才会显示出来。一般来说，从主链发送到侧链需要花费 7—8 分钟。在区块链浏览器 Etherscan 的交易记录中，这笔交易将 0.5 个 ETH 从 ETH 链发送到 Polygon 链上，交易费用为 2.5 美元。

Polygon Bridge 也支持我们将加密数字货币从侧链 Polygon 发送回主链 ETH。我们需要先进入 Polygon 官网，再进入跨链桥官网，连接钱包后即可进行相应操作。与点击"存入"不同，我们从侧链发送回主链需要在跨链桥的首页点击"赎回"（Withdraw），如图 8.12 所示，即为将加密货币从侧链 Polygon 发送到主链 ETH。我们需要选择想要发送的加密货币类型，比如 USDC，输入想要发送的数量，比如 1 000。点击确认并在钱包交纳手续费即可完成发送。一般来说，从侧链赎回到主链需要花费较长时间，大概要 3 个小时。在区块链浏览器 PolygonScan 的交易记录中，这笔交易将 1 000 个 USDC 销毁，交易费用约等于 0 美元。

图 8.12　Polygon 跨链桥赎回页面

第四节　预言机

一、概述

预言机（Oracle）指的是提供将现实世界的信息输入区块链的

功能的业务，预言机是连接加密世界与现实世界的重要桥梁。预言机的英文是 Oracle，本身指的是宗教学中的神谕，即神灵直接与人交谈的指示。预言机机器（Oracle Machine）被用在计算机领域，用来指代用于研究决策问题的抽象机器，能够在一次操作中解决某些问题。区块链世界借用了预言机这个词，这里的预言机并非字面原本的意思，而是输入现实世界信息的一种业务。

在业务实质上，预言机类似于传统金融领域中的数据服务商。传统金融也需要从外部获取信息，交易员可以从数据服务商那里获得利率、股价、公司公告等作为决策参考。与传统金融数据服务商类似，预言机也需要为区块链提供可信和真实的信息。然而，预言机与传统金融中的数据服务商有所不同。第一，因为数据提供商是中心化的机构，这与区块链的去中心化特征不兼容，单一数据源没有办法避免单点故障，其信息甚至是可操纵的，而预言机则需要通过多方检验的方式最大限度地保障数据准确且具有抗操纵性；第二，数据提供商如果出现数据错误，用户可以通过法律手段来向特定机构进行追责，然而，由于预言机提供信息不准确，可能会为智能合约带来严重的后果，而且很难清晰地找到负责的对象。

所以为了保障信息的真实性，预言机也进行了多方面的尝试。一方面，预言机可以和权威的数据提供商进行合作，保证数据从源头上具有较高的可信度；另一方面，预言机可以利用分布式数据源和分布式节点，通过整合多方提供的数据来协调和输出信息，使得单一信息源的数据错误不影响最终的输出结果。[①]

那么为什么需要使用去中心化的预言机呢？第一，区块链是封闭的系统，目前的区块链只能获取区块链内部的数据，不能直接获取链外真实世界的数据，然而，智能合约的执行通常结合现实世界的信息，当智能合约的触发条件是链外信息时，就需要预言机来提供数据服务，通过预言机将现实世界的数据输入区块链中，例如去中心化金融中的衍生品交易需要通过预言机获取现实中的外汇与贵金属价格。第二，中心化的预言机未能获得足够的信任，预言机包括中心化的预言机和去中心化的预言机，去中心化金融依赖区块链特有的防篡改与自我执行的特征，通过去中心化的运行机制获得了众多用户的信任，因此中心化的预言机未必能够得到社区成员的广泛认可。第三，部分去中心化金融项目的运行可能需要使用非标准化的数据，而传统的数据服务商一般只提供成熟且标准化的数据，去中心化的预言机提供了多方验证过的结果，解决了去中心化金融领域的一个痛点。

目前市场中存在一定数量的平台提供预言机服务，以太坊官方社区提供了 8 家区块链预言机的示例，包括 Chainlink、Witnet、UMA Oracle 等。其中，Chainlink 发布于 2017 年 9 月，是目前区块链世界中规模最大的去中心化预言机网络平台，与超过 200 家知名去中心化金融平台合作。因此，我们以 Chainlink 为例介绍去中心化预言机的运行机制和操作示例。

[①] 参考自 https://research.chain.link/whitepaper-v1.pdf?_ga=2.83905177.1085137805.1666006330-1256039690.1666006330。

二、运作机制与操作示例

我们以 Chainlink 为例对去中心化预言机的运作机制进行详细介绍，其官方网站为 chain.link。我们可以在智能合约中通过代码调用 Chainlink 的预言机服务，来获取包括市场数据、天气数据、体育数据等在内的一系列现实世界的数据，目前 Chainlink 平台支持 AAVE、SYTHETIX、Compound 等多家知名去中心化金融平台的运作。

Chainlink 在示例中着重介绍了其在去中心化金融中的应用，点击首页上方的"应用案例"（Use Cases）下拉菜单中的"DeFi"按钮即可看到相关介绍。Chainlink 在 DeFi 领域应用的优势，主要体现在以下六点：第一，Chainlink 具有最高的去中心化水平和安全性，能够抵御包括节点下线和贿赂风险等一系列潜在问题；第二，Chainlink 具有最优质的多个数据源，能够避免单一数据源错误造成的风险；第三，Chainlink 目前已经有相当广泛的应用；第四，Chainlink 的集成和部署非常成熟，可以实现平台的快速搭建；第五，Chainlink 提供了一系列多样化的服务，包括获取数据、自动化、储备金证明等；第六，Chainlink 支持多链开发，开发者可以访问所有支持智能合约的区块链网络的数据与计算。

Chainlink 还简略说明了其在不同产品中的应用机制。我们以保险为例进行介绍，图 8.13 展示了 Chainlink 如何应用于保险行业，保险市场需要通过预言机来了解天气数据，以此来决定是否对保险进行赔付，Chainlink 的节点从数据方获取了目前的降雨、温度等信息，然后区块链网络选择节点获取了准确和可靠的信息，由于信息被传递到了区块链，因此可以为保险相关的智能合约提供解决方案。

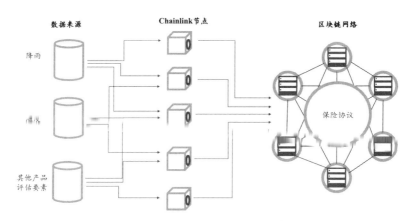

图 8.13 Chainlink 用于保险行业的机制

我们接下来介绍 Chainlink 的操作示例。Chainlink 的参与者主要有两种角色。

第一，我们可以成为数据的需求方，通过调用 Chainlink 的接口获取链下数据。Chainlink 平台目前主要提供四种产品：数据反馈（Data Feeds）、可验证随机数（Verifiable Random Numbers）、外部 API 的调用（Call External APIs）、自动化合约（Automate Contracts）。不同的产品提供的功能略有不同，但是核心都是为区块链提供现实世界的数据。当然，不同的区块链兼容的产品并不一致，例如以太坊区块链能够支持所有的产品，但是 Solana 区块链只支持数据反馈产品。

第二，我们还可以成为数据的供给方来参与到整个 Chainlink 的生态系统中，我们有两种方式参与到预言机的运营当中。一种是企业商家客户会成为数据提供方来参与到生态系统，数据提供方可以将现有的 API 数据出售给 Chainlink 网络，而后 Chainlink 方可以为数据提供方管理节点运营，帮助数据提供方解决在运营上的困难，使得数据提供方可以通过目前已有的基础架构变现。另一种是消费者客户可以选择成为节点运营商，通过为智能合约提供计算资源，来帮助预言机进行运算服务，从而获得收益。平台为如何成为节点运营商编写了详细的教程。Chainlink 的节点运营商需要拥有符合条件的硬件设备，Chainlink 的运营商需要把节点布置在有公开 IP 地址的服务器上，Chainlink 的节点最低还需要拥有至少两个内核和 4GB 的内存以及 100GB 的存储空间。在节点部署完成之后，运营商可以为区块链上的智能合约直接提供预言机运算服务，为区块链运行关键的数据基础架构，从而获取收益，官网为如何运营提出了更为详细的介绍。

第五节　预测市场

一、概述

去中心化预测市场（Decentralized Prediction Market）指的是以去中心化的方式提供预测市场功能的业务，用户可以通过智能合约参与预测市场，通过对未来事件结果的预判，来获取投资收益，智能合约规定了未来事件的可能结果、基于不同结果的支付结构以及事件产生最终结果的日期等内容。①

去中心化预测市场是去中心化金融体系中重要的创新业务，在传统金融体系中没有对应的业务模式。在传统的金融市场，我们可能会基于对未来某个事件的预测，来投资某些行业的股票或者金融衍生品，例如全球出台新能源相关的鼓励政策会刺激新能源相关股票的股价上涨，但是，一般来说用户难以直接对包含政策在内的事件进行投资。与之不同的是，去中心化预测市场协议能够创建一个信息投资市场，我们可以通过智能合约直接针对某个事件的结果进行投资，比如政治、经济、文化体育赛事等任何投资者关心的事件。

那么用户为什么使用去中心化市场预测呢？第一，直接针对信息投资，使得投资者更容易参与，投资者对未来事件可能拥有不同的预测，我们可以直接根据自己的预测构建投资组合，不必复杂地分析该事件可能产生的进一步影响。第二，市场预测的结果更容易被量化，被预测的事件最终都会有明确的结果，如果我们预测正确，将会得到回报；而如果我们预测错误，将会失去下注的资产，所以去中心化预测市场是零和博弈，其中一部分投资者的获利来源于另一部分投资者的损失。第三，去中心化的方式更好地保护了投资者的财产安全，由于所有下注的资产全部锁定在智能合约中，不

---

① 预测市场是一个预测事件的交易市场，也被称为信息市场（Information Market）、想法期货（Idea Future）、事件衍生品（Event Derivatives）等。未来的事件可以是任何内容，比如美国的总统选举结果、欧盟的GDP增长率、某项体育赛事的比赛结果，等等。

被任何人保管，因此避免了保管人"跑路"的风险。

DefiLlama 的数据显示，截至 2022 年 12 月底，共有 20 个与去中心化预测市场业务有关的协议，总锁定价值超过 1 600 万美元，是一个尚处于发展初期阶段的业务类型。目前，预测市场业务总锁定价值最大的协议为 Polymarket，总锁定价值为 640 万美元。Polymarket 是一个基于 Polygon 公链构建的信息市场平台，可以让用户就世界上任何受争议的话题进行交易，目前共包括政治、商业、科技、数字货币、流行音乐、体育赛事等多种类型的话题，每个话题下又具有多个具体的预测市场。例如商业话题包括美国 2022 年第二季度是否会有衰退、美联储利率的变化、推特公司是否会退市等预测市场。我们下面以 Polymarket 为例，详细介绍去中心化预测市场协议的运行机制和操作示例。

二、运作机制与操作示例

Polymarket 的运作机制与去中心化交易所相似，采用自动化做市商机制的方式，通过流动性池完成买卖交易。预测市场主要有流动性提供者（Liquidity Provider）和预测者（Predictor）两类人参与。第一，流动性提供者提供质押代币（目前设定为稳定币 USDC），智能合约会产生对应的 Yes 和 No 代币，其中 Yes 和 No 代币价格的和固定为 1 个 USDC，流动性提供者可以获取预测者购买 Yes 和 No 代币交纳的手续费作为回报。第二，预测者通过购买 Yes 和 No 代币来预测事件结果，如果事件最终结果为 Yes，那么 Yes 代币的价格会变为 1 个 USDC，反之，No 代币的价格会变为 1

个USDC，因此持有方向正确代币的预测者会获得投资收益。

首先，我们来看流动性提供者提供流动性的运作机制。假设目前流动性池中有4 000个Yes和2 000个No代币，手续费为1%。由于Yes和No代币价格的和固定为1个USDC，根据流动性池中目前这两种代币的比例可知，Yes代币的价格为0.33个USDC，No代币的价格为0.67个USDC。① 假设我们想要提供价值100美元的流动性，那么智能合约会产生新的100个Yes和100个No代币。由于添加流动性不改变流动性池原有Yes和No代币的比例和价格，100个Yes代币和50个No代币将会加入流动性池，剩余的50个No代币会发送给流动性提供者。需要注意的是，如果我们之后想要赎回提供流动性的加密数字货币，在赎回时，我们不会直接收到当初质押的加密数字货币USDC，而是会获取对应比例的Yes和No代币以及赚取的交易费用，我们需要通过出售Yes和No代币的方式拿回USDC。

其次，我们来看预测者参与预测事件的运行机制。假设目前流动性池中有4 000个Yes和2 000个No代币，手续费为1%。此时，如果我们预测这件事会发生，想要花价值100美元的USDC购买Yes代币。我们需要先交纳1%的手续费，抵扣完手续费剩下的99个USDC会被转化为新的99个Yes代币和99个No代币。其中，No代币会全部进入流动性池中，此时流动性池变为2 099个No代币，计算方式为2 000 + 99。根据自动做市商恒定乘积机制可知，目前流动性池会剩下3 811.34个Yes代币，计算方式为

---

① 0.33的计算方式为2000 / (4000 × 2000)，0.67计算方式为4000 / (4000 × 2000)。

(4 000×2 000) / 2 099。因此我们实际购买到了 278 个 Yes 代币，计算方式为 99 + (4 000 – 3 811.34)。我们实际购买到的 Yes 代币数量小于按照原价格计算得出的 Yes 代币数量。按照 Yes 代币最初的价格 0.33 个 USDC 来看，我们使用价值 100 美元的 USDC 可以购买到 300 个 Yes 代币，计算方式为 100×(1–1%) / 0.33。这是因为我们购买 Yes 代币的操作改变了流动性池 Yes 代币和 No 代币的相对数量，影响了 Yes 代币的价格，该笔交易后 Yes 代币的价格成了 0.36 个 USDC，计算方式为 2 099 /(3 811.34 + 2 099)。

最后，我们来看出售 Yes 代币或 No 代币的运行机制。我们还是假设目前流动性池中有 4 000 个 Yes 和 2 000 个 No 代币，手续费为 1%，但我们此时想要出售 100 个 Yes 代币。具体而言，由于 1 个 Yes 和 1 个 No 可以合并为 1 个 USDC，我们假设用户最后可以合成 x 个 USDC，即 x 个 Yes 和 x 个 No 代币，相当于我们需要用 100 – x 个 Yes 来换取 x 个 No 代币，然后流动性池剩下 4 100 – x 个 Yes 代币和 2 000 – x 个 No 代币。根据自动做市商恒定乘积机制，我们可以列出这个等式：(4 100 – x)×(2 000 – x) = (4 000×2 000)。然后我们求解这个一元二次方程可得 x = 32.97，也就是说，我们最后可以合成 32.97 个 USDC，流动性池会剩下 4 067.03 个 Yes 代币和 1 967.03 个 No 代币。此时，我们可以看到，在完成这笔出售 100 个 Yes 代币的交易后，Yes 代币的价格从 0.333 3 个 USDC 变成了 0.326 0 个 USDC，计算方式为：1 967.03 / (4 067.03 + 1 967.03)。我们合成的 32.97 个 USDC 需要交纳 1% 的手续费，也就是需要交纳 0.33 个 USDC，所以最后我们实际得到 32.64 个 USDC。

在预测市场到期的最后结算阶段，协议会根据信息输入系统的结果调整 Yes 和 No 代币的价格。具体来说，协议会根据信息输入系统反馈的关于预测事件的最终结果，确定一种代币的价格为 1，另一种代币的价格为 1 个 USDC。也就是说，价格为 1 个 USDC 的代币持有者可以通过赎回的方式获取全部的质押代币，而价格为 0 的代币持有者将一无所有。由此可知，去中心化预测市场是典型的零和博弈。

如前所述，在 Polymarket 上参与预测市场时，我们既可以是流动性提供者，也可以是预测者。因此，下面我们将介绍两个具体事件的预测市场如何操作，其中一个是作为流动性提供者参与"NFT交易市场 OpenSea 的日度交易量在 2022 年 6 月 15 日是否会低于 2 000 万美元"事件预测，另一个是作为预测者参与预测"NBA 总决赛第二场凯尔特人队对战勇士队的结果"。

无论是提供流动性，还是参与预测，我们都需要使用加密数字货币，所以我们首先介绍存入和赎回加密数字货币。为了把 USDC 存到 Polymarket 上，我们可以从 MetaMask 等加密钱包发送 USDC，也可以从交易所发送 USDC。如果我们使用加密钱包，我们可以通过 ETH 和 Polygon 两种公链网络发送 USDC，其中 Polygon 公链无须支付费用且大约只需要 2 分钟，而 Ethereum 公链需要支付 3.45 美元的手续费且大约需要 15 分钟。我们需要输入想要存入的 USDC 的数量，点击确定并在钱包进行签署即完成转账。如果我们想要使用交易所进行转账，目前 Polymarket 仅支持 Polygon 公链，我们需要输入我们的交易地址、选定 USDC 与数量，然后通过 Polygon 公链进行转账，典型的交易所包括币安、Coinbase 等。

如果想要赎回已存入的加密数字货币，我们需要先点击页面右上方的地址信息找到赎回功能界面，进入功能界面后输入接收的地址和计划赎回 USDC 的数量，点击确认并在加密钱包进行签名即可完成赎回。需要注意的是，Polymarket 的赎回仅支持 Polygon 网络，而且不能向交易所转账。如果想要转到其他公链，我们需要使用跨链桥服务，例如 Polymarket 推荐的 HOP 平台。我们使用 Polygon 赎回是免费的，而使用跨链桥服务需要支付手续费，例如使用 HOP 平台的服务时，大约每笔交易要支付 2.05 个 USDC 的手续费。

接下来，我们介绍如何通过提供流动性的方式参与到 Polymarket。例如我们选择"NFT 交易市场 OpenSea 的日度交易量在 2022 年 6 月 15 日的交易量是否会低于 2 000 万美元"这一事件，如图 8.14 所示，进入界面后，在其右侧找到"添加流动性"（Add Liquidity）功能键，点击进入后，输入我们想要提供的加密数字货币的具体数额，这里我们输入 10 个 USDC。提交后我们将看到一个交易待确认的界面。

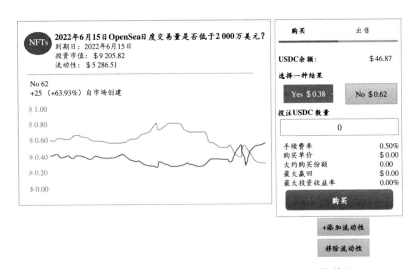

图 8.14　Polymarket 上 OpenSea 平台交易量预测的首页

图 8.15 显示了添加流动性交易确认的界面,按照目前的价格,10 个 USDC 大约会产生 7.76 个流动性份额和 3.98 个 No 代币。① 我们点击"确认"(Confirm),并在钱包进行签署,即可完成添加流动性的交易。确认完毕后我们可以在流动性仓位里查看

图 8.15 提供流动性交易的确认

交易结果,实际上,我们获得了 7.75 个流动性份额,价值 7.51 美元,占流动性池的 0.15%,这些流动性份额能够根据其占据流动性池的比例分享预测者交易的手续费,只不过我们这里是刚刚才添加到池中,暂时还未能分得手续费。另外,我们实际上还获得了一些 No 代币,但持有 No 代币不会按比例获得手续费,我们可以根据我们对事件结果的预测,来决定是继续持有还是出售这部分 No 代币。我们这里并没有出售这些 No 代币,不过,最后根据信息输入系统显示的最终事件结果为 Yes 来看,我们持有的这部分 No 代币没有取得任何收益。

我们添加流动性后也可以实时移除流动性,不过整个操作过程是根据流动性池中 Yes 和 No 代币的数量等比例地赎回,即分别获得一半价值的 Yes 和 No 代币,然后由自己再去市场进行出售,已获手续费会单独发送给我们。由于 Yes 和 No 代币的价格可能会发生很大的波动,因此我们提供流动性并不一定会盈利。我们这里并

---

① 具体原因见前文对运行机制的说明。

没有在最终结果确定之前移除流动性。由于最终结果为 Yes，我们的流动性份额为 7.75 个，但其价值变为 0，流动性份额最终占据流动性池的比例为 4.46%，赚取手续费约为 0.48 美元。可见，在 Polymarket 通过提供流动性获取收益需要较高的风险管理能力。

我们接下来介绍预测事件结果的操作示例。我们具体介绍一下如何在 Polymarket 上对"NBA 总决赛第二场结果"进行投资。我们先在预测市场分类中找到 NBA 总决赛系列比赛预测市场，NBA 总决赛有一系列比赛，我们投注时第一场比赛已经结束，而第二场尚未结束，所以我们选择投资预测第二场比赛。该场比赛为凯尔特人队对战勇士队，当前凯尔特人队的价格为 0.38 美元，勇士队的价格为 0.62 美元。如图 8.16 所示，我们选择勇士队，输入下注的数量为 10 个 USDC，点击"购买"（Buy）并确认交易的几项关键信息，我们将大约能够获得 16.09 个份额，如果最后勇士队获胜，那么我们能够获得 16.09 个 USDC，即最高收益率为 60.87%；但是如果凯尔特人队获胜，那么我们将不会得到任何回报。

图 8.17 显示了预测勇士队获胜交易确认的界面，我们完成购买后，可以在

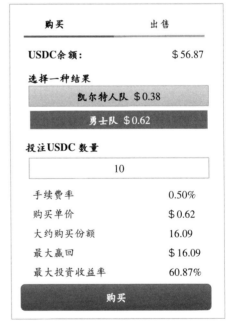

图 8.16 预测勇士队获胜交易

投资组合页面中实时查看我们的持仓情况。目前，我们共有 16.09 个勇士队份额，持仓市场价值为 9.96 个 USDC，与原始投资 10 个 USDC 相比，亏损了 0.4%。目前这部分亏损主要源于手续费，因为我们购买时需要支付 0.5% 的手续费。

另外，我们在购买界面

图 8.17　预测勇士队获胜交易确认的界面

还可以同时看到出售选项。值得注意的是，我们在 Polymarket 上购买某类结果代币后也可以随时视价格变动情况出售，不一定要等结果出现。例如假设我们看到勇士队获胜结果的购买价格大幅上涨，我们可以点击"出售"（Sell）选项进行操作。不过，很多人还是会在最终结果出现后赎回。如图 8.18 所示，最终，2022 年 NBA 总决赛第二场的获胜队是勇士队，勇士队的份额上涨为 1，而凯尔特人队的份额下跌为 0，我们正确预测了结果，因此将获得投资回报。我们在结果界面右侧点击"赎回"（Withdraw）功能键，将赢得的份额赎回，在交纳矿工费后即可获得 16.09 个 USDC。那些投资凯尔特人队获胜的预测者则不会获得任何回报。

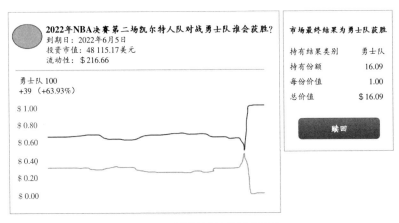

图 8.18　最终结果及赎回页面

第九章

去中心化金融的风险与监管

通过前述章节的讲述，我们既从宏观上领略了去中心化金融的大图景，明晰了去中心化金融市场的发展规律，又着眼微观，领会了各大类别代表性去中心化金融平台的运行逻辑，了解了具体业务的操作过程，由此形成了对去中心化金融创新性的整体认识。然而，创新总是对传统的突破，其中必然包含诸多不确定因素，创新与风险相伴相生，因此去中心化金融风险与监管也是十分重要的议题。

本章我们将介绍去中心化金融的两大类风险：第一类是法律风险，第二类是技术与组织风险。其中，法律风险是指由于去中心化金融协议运行过程中可能违反管制性法律法规而导致协议本身遭受制裁与用户资产损失的不确定性问题。法律是不可触碰的红线，法律风险是去中心化金融风险管理的首要内容，是实现负责任的金融创新的关键，我们将在第一节中全面梳理中国内地与加密数字货币相关的规定，回顾中国内地目前已经审结的加密数字货币司法典型案例，并在第二节进一步着眼去中心化金融具体业务，详细介绍全球已有的去中心化金融监管框架和监管典型案例。

此外，技术与组织风险是指去中心化金融协议运行所依赖底层技术和治理组织功能的不完善所带来的用户资产损失的不确定性问题。底层技术与组织支撑了项目的运作，是中心化金融协议运行的支柱，因此，技术与组织风险是去中心化金融风险另一个重要的组成部分,我们将在第三节中按照之前章节的分类详细介绍去中心化金融技术与组织风险。

第一节 中国加密数字货币相关规定与司法案例

一、中国加密数字货币相关规定

中国内地对存在投机炒作风险的虚拟货币相关业务持谨慎态度,在有针对性地跟进加密市场发展动态的基础上,采取了较为严格的监管举措。如表9.1所示,我们详细梳理了中国到目前为止涉及加密数字货币的规范文件或行业标准。

中国内地政府最早采取的加密货币监管举措始于防范比特币风险的规范文件的出台。在此阶段,监管机构明确了比特币的法律属性为虚拟商品,在一定程度上承认比特币作为虚拟商品的交易自由,但同时针对比特币对人民币法币地位的负面影响以及洗钱和金融系统稳定问题提出了明确的监管要求。

表 9.1　中国涉及加密数字货币的规范文件或行业标准

序号	颁布时间	文件名称
1	2013 年 12 月 3 日	《关于防范比特币风险的通知》
2	2017 年 9 月 4 日	《关于防范代币发行融资风险的公告》
3	2018 年 8 月 24 日	《关于防范以"虚拟货币""区块链"名义进行非法集资的风险提示》
4	2019 年 3 月 22 日	《关于进一步加强支付结算管理防范电信网络新型违法犯罪有关事项的通知》
5	2021 年 1 月 26 日	《防范和处置非法集资条例》第十九条
6	2021 年 5 月 18 日	中国互联网金融协会、中国银行业协会、中国支付清算协会《关于防范虚拟货币交易炒作风险的公告》
7	2021 年 6 月 9 日	中国支付清算协会《关于加强行业信息共享有效防范支付风险的提示》
8	2021 年 9 月 3 日	《关于整治虚拟货币"挖矿"活动的通知》
9	2021 年 9 月 15 日	《关于进一步防范和处置虚拟货币交易炒作风险的通知》
10	2021 年 12 月	中国网络视听节目服务协会《网络短视频内容审核标准细则（2021 修订）》第 98 项
11	2021 年 12 月 30 日	《关于修改产业结构调整指导目录（2019 年本）的决定》
12	2022 年 3 月 17 日	《关于印发 2022 年能源工作指导意见的通知》
13	2022 年 4 月 13 日	中国互联网金融协会、中国银行业协会、中国证券业协会《关于防范 NFT 相关金融风险的倡议》
14	2022 年 9 月 2 日	《中华人民共和国反电信网络诈骗法》第二十五条

具体而言，2013 年，中国人民银行、工业和信息化部、中国银行业监督管理委员会（以下简称银监会）、中国证券监督管理委员会（以下简称证监会）、中国保险监督管理委员会（以下简称保监会）联合印发《关于防范比特币风险的通知》。该通知明确指出比特币是一种特定的虚拟商品而非货币，因此各金融机构和支付机

构不得以比特币为产品或服务定价，不得买卖或作为中央对手买卖比特币，不得承保与比特币相关的保险业务或将比特币纳入保险责任范围，不得直接或间接为客户提供其他与比特币相关的金融服务。比特币交易作为一种互联网上的商品买卖行为，普通民众在自担风险的前提下拥有参与的自由，但要注意社会公众相关知识教育，并通过监管比特币互联网站来防范洗钱风险。[①]

尽管中国监管机构明确否定了比特币的货币属性，但中国市场还是朝着货币化方向野蛮扩张，首次代币发行融资活动大量涌现，投机炒作之风盛行，因此中国监管机构开始通过规范性文件全面禁止代币发行融资活动，旨在将风险控制在萌芽阶段。

2017年9月，中国人民银行、中央网信办、工业和信息化部、工商总局、银监会、证监会、保监会联合发布《关于防范代币发行融资风险的公告》，明确将代币发行融资活动界定为一种未经批准的非法公开融资，并可能涉嫌非法发售代币票券、非法发行证券以及非法集资、金融诈骗、传销等违法犯罪活动的行为，因此任何组织和个人不得非法从事代币发行融资活动，各金融机构和非银行支付机构不得开展与代币发行融资交易相关的业务，以及社会公众应当高度警惕代币发行融资与交易的风险隐患。[②]在中央监管机构的领导和地方监管机构的配合行动下，清理整顿首次代币发行和虚拟货币交易场所的监管行动取得了明显进展，境内虚拟货币交易的全球份额已从最初的90%以上下降至不足5%，有效避免了2017年下半年以来全球虚拟货币价格剧烈波动导致的泡沫，阻隔了对中国

---

① 参考自 http://www.gov.cn/gzdt/2013-12/05/content_2542751.htm。
② 参考自 http://www.gov.cn/xinwen/2017-09/05/content_5222657.htm。

金融市场的冲击。①

然而，数字金融发展迅速且多变，受到清理整顿行动影响的境内交易平台纷纷"出海"，创造新名目发行代币，炒作虚拟货币，继续寻找向中国境内用户提供虚拟货币服务的新空间。对此，中国监管机构一方面采取约谈方式，以传统金融体系中的重要机构为抓手，帮助排查和识别可疑的非法虚拟货币交易；另一方面，针对加密金融生态中重要部分制定更为具体的监管规范。

首先，2021年6月，"人民银行有关部门就银行和支付机构为虚拟货币交易炒作提供服务问题，约谈了工商银行、农业银行、建设银行、邮储银行、兴业银行和支付宝等部分银行和支付机构。人民银行有关部门指出，各银行和支付机构必须严格落实《关于防范比特币风险的通知》《关于防范代币发行融资风险的公告》等监管规定，切实履行客户身份识别义务，不得为相关活动提供账户开立、登记、交易、清算、结算等产品或服务。各机构要全面排查识别虚拟货币交易所及场外交易商资金账户，及时切断交易资金支付链路；要分析虚拟货币交易炒作活动的资金交易特征，加大技术投入，完善异常交易监控模型，切实提高监测识别能力；要完善内部工作机制，明确分工，压实责任，保障有关监测处置措施落实到位"。②

其次，应对虚拟货币的各种细分活动出台了更多有针对性的规范文件。例如2021年9月，人民银行、网信办、最高人民法院、最高人民检察院、工业和信息化部、公安部、市场监管总局、银保

---

① 参考自 http://shanghai.pbc.gov.cn/fzhshanghai/113571/3629984/index.html。

② 参考自 http://www.gov.cn/xinwen/2021-06/22/content_5619940.htm。

监会、证监会、外汇局发布《关于进一步防范和处置虚拟货币交易炒作风险的通知》，该文件再次明确虚拟货币和相关业务活动的本质属性，要求建立健全应对虚拟货币交易炒作风险的工作机制、加强虚拟货币交易炒作风险监测预警，以及构建多维度、多层次的风险防范和处置体系。① 同时，国家发展改革委、中央宣传部、中央网信办、工业和信息化部、公安部、财政部、人民银行、税务总局、市场监管总局、银保监会、国家能源局联合发布《关于整治虚拟货币"挖矿"活动的通知》，要求充分认识整治虚拟货币"挖矿"活动的重要意义、全面梳理排查虚拟货币"挖矿"项目、严禁新增项目投资建设、加快存量项目有序退出。②

再次，在 2022 年 4 月，中国互联网金融协会、中国银行业协会、中国证券业协会还针对 2021 年夏秋之际风行的 NFT，发布了《关于防范 NFT 相关金融风险的倡议》，提出坚决遏制 NFT 金融化证券化倾向，从严防范非法金融活动风险。具体而言，协会向会员单位提出了六个方面的具体行为规范。一是不在 NFT 底层商品中包含证券、保险、信贷、贵金属等金融资产，变相发行交易金融产品。二是不通过分割所有权或者批量创设等方式削弱 NFT 非同质化特征，变相开展代币发行融资（ICO）。三是不为 NFT 交易提供集中交易（集中竞价、电子撮合、匿名交易、做市商等）、持续挂牌交易、标准化合约交易等服务，变相违规设立交易场所。四是不以比特币、以太坊、泰达币等虚拟货币作为 NFT 发行交易的计价和结算工具。五是对发行、售卖、购买主体进行实名认证，妥善保

---

① 参考自 http://www.gov.cn/zhengce/zhengceku/2021-10/08/content_5641404.htm。
② 参考自 http://www.gov.cn/zhengce/zhengceku/2021-09/25/content_5639225.htm。

存客户身份资料和发行交易记录,积极配合反洗钱工作。六是不直接或间接投资 NFT,不为投资 NFT 提供融资支持。①

最后,由于近期借助虚拟货币交易洗钱来帮助实施电信网络诈骗的违法犯罪活动猖獗,2022 年 9 月 2 日,全国人民代表大会常务委员会通过了《中华人民共和国反电信网络诈骗法》,该法明确将这种行为列为一种电信网络诈骗帮助行为进行规范,这也是目前为止包含规制虚拟货币相关行为效力层级最高的法律文件。具体而言,该法第二十五条明确规定:任何单位和个人不得为他人实施电信网络诈骗活动提供下列支持或帮助:(二)帮助他人通过虚拟货币交易等方式洗钱。

二、中国加密数字货币典型司法案例

依据前述所列的有关规定,这些年来司法实务界也出现了不少与加密数字货币相关的案件。为了更好地理解前面规定对我们从事相关活动的现实影响,下面我们将选取典型司法案例进行介绍。我们从最高人民法院和最高人民检察院公布的典型案例库中筛选出了如下四个案件,它们分别是:第一,上海某实业公司诉北京某计算科技公司委托合同纠纷案;第二,沈某某诉胡某、邓某劳动争议案;第三,高哲宇与深圳市云丝路创新发展基金企业、李斌申请撤销仲裁裁决案;第四,陈某枝洗钱案。

具体而言,第一,上海某实业公司诉北京某计算科技公司委

---

① 参考自 https://www.sac.net.cn/tzgg/202204/t20220413_148867.html。

托合同纠纷案是民事合同纠纷中虚拟货币挖矿合同被判无效的典型案件，通过该案可知，就虚拟货币相关活动进行的合同约定没有法律效力，依据这类合同就虚拟货币活动中的损失请求赔偿将得不到支持；第二，沈某某诉胡某、邓某劳动争议案是禁止以虚拟货币作为支付手段的典型案件，通过该案可知，以虚拟货币来支付工资不符合法律规定，不具有法律效力；第三，高哲宇与深圳市云丝路创新发展基金企业、李斌申请撤销仲裁裁决案是禁止变相支持比特币与法定货币兑服交易的典型案件，法院否认了仲裁庭所支持的以人民币形式赔偿不履行比特币转账合同义务的违约损失方案，可见法院从司法层面落实了禁止虚拟货币与法定货币交易的监管规定；第四，陈某枝洗钱案是利用虚拟货币跨境兑换将违法所得转换成境外法定货币或财产的典型案件，可见虚拟货币洗钱是洗钱犯罪的新手段。这些案例提示我们应当充分认识到合作开展虚拟货币相关活动的资金损失风险，与此同时，持有和交易加密数字货币过程具有匿名性，但数字空间不是法外之地，虚拟货币相关活动运营主体应当注重防范虚拟货币洗钱犯罪风险。

1. 挖矿合同无效案

上海某实业公司诉北京某计算科技公司委托合同纠纷案是最高人民法院于 2023 年 2 月 17 日发布的十一起司法积极稳妥推进碳达峰碳中和典型案例之一，该案法院判决虚拟货币挖矿合同无效，可见违背淘汰类产业禁止投资规定的监管要求投资挖矿行为具有风险。

2020 年 6 月 5 日，上海某实业公司与北京某计算科技公司签订《云计算机房专用运算设备服务协议》约定，根据协议，北京某计算科技公司应保证供电并确保投资挖矿设备正常持续运营。然而，在服务期间，北京某计算科技公司机房多次断电，因此上海某实业公司诉请北京市东城区人民法院判令北京某计算科技公司赔偿因违约带来的比特币收益损失530余万元。人民法院一审认为，比特币"挖矿"行为本质上属于追求虚拟商品收益的风险投资活动。2021年9月3日，国家发改委等部门发布《关于整治虚拟货币"挖矿"活动的通知》，将虚拟货币"挖矿"活动列为淘汰类产业，按照相关规定禁止投资。国务院《促进产业结构调整暂行规定》第十九条规定，对淘汰类项目禁止投资。比特币"挖矿"行为电力能源消耗巨大，不利于高质量发展、节能减排和碳达峰碳中和目标实现，与《中华人民共和国民法典》第九条"绿色原则"相悖，亦不符合产业结构调整相关政策法规和监管要求，违反公序良俗，案涉委托维护比特币"矿机"及"挖矿"的合同应属无效。双方当事人对合同无效均有过错，相关损失后果亦应由各自承担。

2. 禁止虚拟货币作为支付手段案

沈某某诉胡某、邓某劳动争议案是最高人民法院于2023年3月1日发布的第三批法院大力弘扬社会主义核心价值观典型民事案例之一，该案法院明确否定了以虚拟货币支付工资行为的合法性。

2019年5月20日，沈某某入职某公司并签订劳动合同，约定月工资5万元。沈某某的月工资实际以2 574元人民币加一定数额某虚拟货币的方式支付。2020年10月17日，沈某某因个人原因辞职。2020年11月27日，某公司注销，胡某、邓某系公司股东。后沈某某向人民法院起诉请求胡某、邓某支付工资等人民币53万余元。审理法院认为，用人单位应当按照劳动合同约定和国家规定，向劳动者及时足额支付劳动报酬。《中华人民共和国中国人民银行法》第十六条规定，中华人民共和国的法定货币是人民币。《工资支付暂行规定》第五条规定："工资应当以法定货币支付。不得以实物及有价证券替代货币支付。"以虚拟货币作为工资支付给劳动者违反法律规定，应认定为无效。胡某称应以虚拟货币支付工资的主张于法无据，沈某某要求以人民币支付工资符合法律规定，应予以支持。

3. 禁止变相支持比特币与法定货币兑付交易案

高哲宇与深圳市云丝路创新发展基金企业、李斌申请撤销仲裁裁决案是最高人民法院于 2022 年 12 月 27 日公布的第 36 批指导性案例中的 199 号案例。此案是禁止变相支持比特币与法定货币兑服交易的典型案件。

2017 年 12 月 2 日，深圳市云丝路创新发展基金企业（以下简称云丝路企业）、高哲宇、李斌签订的一份《股权转让协议》中约定了高哲宇将李斌委托其进行理财的比特币全部归还至李斌的电子钱包这项内容。但是该股转合同生效后，高哲宇未履行其义务。于是云丝路企业、李斌向深圳仲裁委员会申请仲裁，请求高哲宇向李斌归还与比特币资产相等价值的 493 158.40 美元（okcoin.com 网站公布的合同约定履行时点有关比特币收盘价的公开信息，估算应赔偿的财产损失为 401 780 美元）及利息，高哲宇支付李斌违约金 10 万元。仲裁庭经审理认为，高哲宇未依照案涉合同的约定交付双方共同约定并视为有财产意义的比特币等，构成违约，应予赔偿。高哲宇认为该仲裁裁决违背社会公共利益，于是向广东省深圳市中级人民法院请求予以撤销。2020 年 4 月 26 日，广东省深圳市中级人民法院依据《关于防范比特币风险的通知》和《关于防范代币发行融资风险的公告》，认为比特币兑付交易是非法金融活动，扰乱金融秩序，仲裁裁决作出高哲宇赔偿李斌与比特币等值的美元，再将美元折算成人民币，实质上是变相支持了比特币与法定货币之间的兑付交易，不符合上述文件规定，损害了社会公共利益，作出了（2018）粤03民特719号民事裁定，裁定撤销深圳仲裁委员会（2018）深仲裁字第64号仲裁裁决。

4. 虚拟货币洗钱案

陈某枝洗钱案是最高人民检察院联合中国人民银行于2021年3月19日发布的6个惩治洗钱犯罪的典型案例之一，是当事人利用虚拟货币跨境兑换将违法所得转换为境外法定货币的案例，也是中国打击利用虚拟货币洗钱的成功案例。

洗钱犯罪是违反国家金融和外汇管理规定，扰乱经济秩序，妨害上游犯罪侦破，间接侵犯上游犯罪被害人财产的犯罪行为。根据《中华人民共和国刑法（2020修正）》[①]第一百九十一条规定：为掩饰、隐瞒毒品犯罪、黑社会性质的组织犯罪、恐怖活动犯罪、走私犯罪、贪污贿赂犯罪、破坏金融管理秩序犯罪、金融诈骗犯罪的所得及其产生的收益的来源和性质，有下列行为之一的，没收实施以上犯罪的所得及其产生的收益，处五年以下有期徒刑或者拘役，并处或者单处罚金；情节严重的，处五年以上十年以下有期徒刑，并处罚金：（一）提供资金账户的；（二）将财产转换为现金、金融票

---

① 为了帮助大家了解最新有效的刑法规定，这里展示的是最新的2020年刑法修正案，当然，陈某枝洗钱案侦办和判决的时候该修正案还未出台，因此当时法院应当是依据2017年修正案作出的判决，特此说明。

据、有价证券的;(三)通过转账或者其他支付结算方式转移资金的;(四)跨境转移资产的;(五)以其他方法掩饰、隐瞒犯罪所得及其收益的来源和性质的。

陈某枝洗钱案的上游犯罪是陈某波非法集资案,该案也涉及违规开设数字货币交易平台发行虚拟币集资。2015年8月至2018年10月,陈某波注册成立某金融信息服务公司,违规开设数字货币交易平台来发行虚拟币,通过虚假宣传诱骗客户在该平台充值、交易,虚构平台交易数据,并通过限制大额提现提币、谎称黑客盗币等方式掩盖资金缺口,拖延甚至拒绝投资者提现。2018年年中,陈某波将非法集资款中的300万元转账至陈某枝个人银行账户。

陈某枝主要是在明知是破坏金融管理秩序犯罪、金融诈骗犯罪产生的违法所得的情况下,将车辆转换为现金,并通过虚拟货币交易跨境转移资产给陈某波,构成洗钱罪。2018年8月,为转移财产,掩饰、隐瞒犯罪所得,陈某枝、陈某波二人离婚。陈某枝将陈某波用非法集资款购买的车辆以90余万元的低价出售,随后在陈某波组建的微信群中联系比特币"矿工",将卖车钱款全部转账给"矿工"换取比特币密钥,并将密钥发送给陈某波,供其在境外兑换使用。上海市公安局浦东分局在查办陈某波集资诈骗案中发现陈某枝洗钱犯罪线索,经立案侦查,于2019年4月3日以陈某枝涉嫌洗钱罪将案件移送起诉。上海市浦东新区人民检察院经审查提出补充侦查要求,公安机关根据要求向中国人民银行上海总部调取证据。中国人民银行上海总部指导商业银行等反洗钱义务机构排查可疑交易,按照虚拟货币交易流程,收集行为人将赃款转换为虚拟货币、将虚拟货币兑换成法定货币,或者使用虚拟货币的交易记录等证据,通过穿透资金链、分析研判可疑点,向公安机关移交了相关证据。上海市浦东新区人民检察院经审查认为,陈某枝以银行转账、兑换比特币等方式帮助陈某波向境外转移集资诈骗款,构成洗钱罪;陈某波集资诈骗犯罪事实可以确认,其潜逃境外不影响对陈某枝洗钱犯罪的认定,于2019年10月9日以洗钱罪对陈某枝提起公诉。2019年12月23日,上海市浦东新区人民法院作出判决,认定陈某枝构成洗钱罪,判处有期徒刑2年,并处罚金20万元。

第二节 去中心化金融的法律风险与监管

去中心化金融是全新的业态,相较于传统金融业务,去中心化金融业务提供了与传统金融类似的功能,同时也在交易结构、交易模式等方面具有独特之处。一方面,去中心化金融本质上也是金融,去中心化金融平台提供产品和服务时可能会落入监管部门的功能监管框架之中,因而可能会出现合规风险;另一方面,去中心化金融以去中心化的方式运行,具有匿名性,因而也蕴含着盗窃、欺诈、洗钱和恐怖主义融资等犯罪风险。

去中心化金融正处于发展快车道上,其机遇与风险并存,伴随着加密领域层出不穷的网络攻击、诈骗和金融犯罪事件,引入适当监管来保障去中心化金融规范健康发展已成为共识。全球各个国家和地区以及国际组织正在密切关注去中心化金融监管问题,他们对于去中心化金融发展态度有所差异,有的更加包容,有的则相对审慎，而且也随着去中心化金融市场发展的动态变化而不断调整。目前，一些国家和地区就去中心化金融底层技术、基础设施业务形成了一定监管框架，有的还针对具体的去中心化金融业务开展了监管行动。

本节中，一方面，我们从宏观角度，介绍加密数字货币相关的重要监管框架，我们将从加密数字货币的法律属性、首次代币发行监管框架、稳定币监管框架和非同质化代币监管框架四个方面展开详细的介绍；另一方面，我们则从微观角度，介绍目前具有代表性的去中心化金融业务监管案例，我们将分别以去中心化隐私保护、去中心化借贷、去中心化交易所和去中心化衍生品这四类案例展开详细介绍。

一、加密数字货币法律风险与监管框架

1. 加密数字货币的法律属性

目前，全球各个国家和地区对于加密数字货币的监管态度大致可分为三类：第一，积极促进型；第二，限制禁止型；第三，平衡型。具体而言，持积极促进型监管态度的政府将加密数字货币视为一种重要的金融创新，可以创造就业机会，促进经济活动，因此通过政策大力鼓励和支持在本国或本地区发展加密数字货币产业，积极寻求成为加密数字货币中心，例如新加坡、中国香港。持限制禁止型监管态度的政府普遍认为加密数字货币存在破坏金融稳定、缺乏对投资者和消费者的保护以及潜在的非法交易等风险，这些风险比可能带来的好处更大，因此从政策上禁止使用加密数字货币或严

格限制与加密数字货币相关的特定活动,例如中国内地。持平衡型监管态度的政府力求在鼓励金融创新和管理加密数字货币风险之间取得平衡,他们既没有积极寻求成为全球加密数字货币中心,但也没有明令禁止加密数字货币,大多数发达经济体政府持有这种态度,例如美国。

监管机构对加密数字货币的监管态度决定了加密数字货币的法律属性,加密数字货币的法律属性进一步决定了其适用的监管框架。加密数字货币可能的法律属性包括货币、财产、商品和证券等。目前,世界上仅有极个别国家和地区承认了比特币作为一种法定货币,大部分国家和地区不承认加密数字货币是法定货币,但部分国家和地区承认加密数字货币具有部分货币属性。[①] 中国内地和美国是比较典型的不承认加密数字货币为法定货币的国家和地区,而且两者分别为持限制禁止型监管态度政府和持平衡型监管态度政府的典型代表,因此下面分别详细介绍两地所确认的加密数字货币法律属性。

中国内地对存在投机炒作风险的虚拟货币相关业务持谨慎态度,在有针对性地跟进加密市场发展动态的基础上,采取了较为严格的监管举措。中国最早采取的加密货币监管举措始于防范比特币风险的规范性文件的出台,此阶段,监管机构明确了比特币的法律

---

① 例如 2021 年 6 月 9 日,中美洲国家萨尔瓦多通过了《比特币法》,成为全世界第一个将比特币设立为法定货币的国家。英国认为加密数字货币不是法定货币,将数字货币一词定义为"仅以电子方式存在的资产……旨在用于支付",苏格兰银行将加密数字货币描述为"将新的支付系统与非中央银行发行的新货币相结合"。阿根廷法律将虚拟货币定义为:"价值的数字表示,可以作为数字商务的对象,其功能构成交换手段和价值储存,但不是任何国家或司法管辖区发行或担保的法定货币。"

属性为虚拟商品，一定程度承认比特币作为虚拟商品的交易自由，但同时针对比特币对人民币法币地位负面影响以及洗钱和金融系统稳定问题提出了明确的监管要求。具体而言，2013年，中国人民银行、工业和信息化部、银监会、证监会、保监会联合印发《关于防范比特币风险的通知》。该通知明确指出比特币是一种特定的虚拟商品而非货币，因此各金融机构和支付机构不得以比特币为产品或服务定价，不得买卖或作为中央对手买卖比特币，不得承保与比特币相关的保险业务或将比特币纳入保险责任范围，不得直接或间接为客户提供其他与比特币相关的金融服务。比特币交易作为一种互联网上的商品买卖行为，普通民众在自担风险的前提下拥有参与的自由，但要注意社会公众相关知识教育，并通过监管比特币互联网站来防范洗钱风险。[①]

与中国内地不同，美国各监管机构出于不同的监管目的确认了加密数字货币多种法律属性。美国《虚拟货币商业统一监管法》（Uniform Regulation of Virtual Currency Business Act）第102条术语定义明确给出了"虚拟货币"的概念，指出"虚拟货币"是价值的数字表示，即用作一种兑换媒介、账户单位或价值存储，但不是法定货币，不论是否以法定货币计价，由此实际上承认了加密数字货币具有部分货币属性。美国财政部金融犯罪执法局（FinCEN）是美国财政部重要的反洗钱、反恐怖主义融资监管职能部门，该机构将加密数字货币视为货币，将加密货币交易所归入《银行保密法》（Bank Secrecy Act）的监管范围，要求加密货币交易服务提

---

① 参考自 http://www.gov.cn/gzdt/2013-12/05/content_2542751.htm。

供商必须注册为货币服务业务（Money Services Businesses，简称MSB），并根据要求实施 AML/CFT 计划、维护适当的记录并向其提交报告。美国商品期货交易委员会（Commodity Futures Trading Commission，简称 CFTC）是致力于监管衍生品合同和州际贸易的监管机构，其对加密数字货币采用了一种相对友好的监管态度，将比特币和其他虚拟货币视为一种商品，并允许比特币衍生品依据《商品交易法》（Commodity Exchange Act）公开交易。美国国税局（Internal Revenue Service，简称 IRS）是隶属于美国财政部的税收征管机关，其出于税收目的，将包括比特币在内的加密数字货币视为财产而非货币，因此"使用虚拟货币进行的支付与其他任何财产支付一样，都需要进行信息报告"，还需要交纳适用于财产交易的税收。美国证券交易委员会（Securities and Exchange Commission，简称 SEC）是负责维护证券市场秩序、保护投资者利益、促进资本市场健康发展的联邦政府监管机构，美国证券交易委员会将加密数字货币视为证券，并将《证券法》全面适用于数字钱包和交易所。

2. 首次代币发行监管框架

首次代币发行是加密数字货币市场借鉴首次公开发行的方式来为新项目筹集资金的一种方式，去中心化金融项目的开发和运行时常依赖于首次代币发行，因此去中心化金融项目通过首次代币发行的方式募集资金时，必须明确所在辖区关于首次代币发行的监管框架，管理好项目可能面临的法律风险。中国内地和美国对于首次代币发行的监管框架显著不同，且具有代表性，因此下面我们将详细介绍两者的首次代币发行监管框架。

中国内地监管机构严格禁止首次代币发行。如前所述，在加密数字货币市场繁荣的早期阶段，尽管中国监管机构已经明确否定了比特币的货币属性，但中国市场还是朝着货币化方向野蛮扩张，首次代币发行融资活动大量涌现，投机炒作之风盛行。基于这样的市场态势，中国监管机构自 2017 年开始，通过规范性文件全面禁止代币发行融资活动，旨在将风险控制在萌芽阶段。2017 年 9 月，中国人民银行、中央网信办、工业和信息化部、工商总局、银监会、证监会、保监会联合发布《关于防范代币发行融资风险的公告》，明确将代币发行融资活动界定为一种未经批准非法公开融资，并可能涉嫌非法发售代币票券、非法发行证券以及非法集资、金融诈骗、传销等违法犯罪活动的行为，因此任何组织和个人不得非法从事代币发行融资活动，各金融机构和非银行支付机构不得开展与代币发行融资交易相关的业务，以及社会公众应当高度警惕代币发行融资与交易的风险隐患。[①] 在中央监管机构的领导和地方监管机构的配合行动下，清理整顿首次代币发行和虚拟货币交易场所的监管行动取得了明显进展，境内虚拟货币交易的全球份额已从最初的 90% 以上下降至不足 5%，有效避免了 2017 年下半年以来全球虚拟货币价格剧烈波动导致的泡沫，阻隔了对中国金融市场的冲击。[②]

与之不同的是，美国则沿用豪威测试（Howey Test）的思路，将部分首次代币发行行为纳入传统证券发行的监管框架当中。美国证券交易委员会自 2017 年调查"The DAO"组织提供并出售了大约 11.5 亿个 DAO 代币，以换取总计约 1 200 万个以太币这一事件开始，便采用豪威测试认定发售 DAO 代币适用于证券法。2019

---

① 参考自 http://www.gov.cn/xinwen/2017-09/05/content_5222657.htm。

② 参考自 http://shanghai.pbc.gov.cn/fzhshanghai/113571/3629984/index.html。

年 4 月，美国证券交易委员会的创新和金融技术战略中心正式发布了《数字资产"投资合同"分析框架》(*Framework for "Investment Contract" Analysis of Digital Assets*)，这一官方文件较为系统地为数字资产发行和二级市场交易提供了合规指南。具体而言，如果一个项目正在考虑首次代币发行，或者是以其他方式从事提供或销售数字资产，则需要考虑是否属于美国联邦证券法的规制范围。判定首次代币发行是否属于证券法规制范围的关键是：根据豪威测试标准[①]，分析发行加密数字货币是否具有特定类型证券"投资合同（Investment Contract）"的特征。第一，是否利用钱财进行投资；第二，这些投资人是否投资于一个共同利益的企业；第三，是否仅仅由于发起人或者第三方而非投资人的努力，投资人才能拿到回报；第四，投资者是否期望获得利益。若对以上问题的回答均为"是"，则该投资合同或金融工具被认定为证券。目前，针对加密数字货币发行过程中的民事纠纷案件，原告方均为证券交易委员会，审理均以"加密货币发行是否属于证券发行"为切入点，并以证券监管思路对加密数字货币及其发行方进行裁定。

3. 稳定币监管框架

稳定币是价值锚定于法定货币的加密数字货币，具有价值连接功能，是去中心化金融产业生态的重要组成部分，去中心化稳定币

---

① 豪威测试标准来源于 1949 年美国佛罗里达州的一桩经济纠纷案件；随着诉讼发展，案件的关键点逐渐落到"豪威橘子园主与投资者订立的投资合同是否属于证券"。最终，时任最高法院的大法官莫菲判定该投资合同为证券，并提出了豪威测试四要素以判定投资合同是否为证券；作为判例法国家，美国至今一直沿用豪威测试标准来判定包括加密数字货币在内的投资合同与金融工具是否为证券，以及是否应作为证券发行进行监管。

也是去中心化金融基础设施类业务中的重要类别。可见，了解目前已有的具有代表性的稳定币监管框架也是管理去中心化金融法律风险的重要方面。由于目前全球国家和地区当中，中国香港地区[①]和美国政府出台了关于稳定币监管的专门文件，下面我们将以此为基础，详细介绍其稳定币监管框架。

中国香港地区非常强调监管稳定币对于防控去中心化金融领域风险的重要性，[②]中国香港地区金融管理局于2022年1月12日发布了《关于加密资产和稳定币的讨论文件》（*Discussion Paper on Crypto-assets and Stablecoins*），该文件第五部分提出了一份较为完整的稳定币监管建议框架。具体而言，香港金融管理局指出稳定币可能带来七个主要风险：金融稳定性风险，货币稳定风险，结算风险，用户保护，金融犯罪和网络安全风险，国际合规，监管套利，因此有必要为稳定币建立专门的、灵活的和适当的监管框架。首先，金融管理局将基于风险，分类跟进并随时调整稳定币的监管范围，优先专注于监管与支付相关的稳定币的活动，将监管重点放到法定货币抵押型稳定币这一类别，并随市场发展态

---

① 中国内地监管机构实际上较早注意到了泰达币等稳定币的风险，并于2021年9月出台了规范文件，首次尝试规制泰达币等稳定币的风险。但是，《关于进一步防范和处置虚拟货币交易炒作风险的通知》只是提出："泰达币等虚拟货币具有非货币当局发行、使用加密技术及分布式账户或类似技术、以数字化形式存在等主要特点，不具有法偿性，不应且不能作为货币在市场上流通使用。"相较之下，中国香港地区金融管理局后来发布的稳定币讨论文件，更为系统地讨论了监管作为支付用途的稳定的建议，因此我们这里选取中国香港地区的监管文件进行详细介绍。

② 香港金融管理局总裁余伟文表示：去中心化金融不会因为稳定币崩盘事件而很快消失，而是可能会成为金融领域未来创新的重要技术。稳定币常被用于购买其他加密货币，进而用于去中心化金融活动。因此，监管稳定币对于防控去中心化金融领域风险至关重要。

势在下一步监管算法稳定币等类别。其次，在扩大现有的《支付系统及储值支付工具条例》规制范围或颁布新的专门法律的基础上，将发行、创建或销毁稳定币，管理储备资产以稳定稳定币的价值，验证交易和记录，储存获取稳定币的私钥，促进稳定币的赎回，资金转移，以及在稳定币中执行交易这七类稳定币相关活动纳入新发牌制度管理当中。最后，对相关活动实体施加九个方面的具体监管要求，具体包括：审慎规定要求；备用资产储备的维护和管理要求；建立健全风险管理框架要求；打击洗钱和恐怖分子资金筹集规则要求；[1]防范网络安全、运营和业务连续性风险要求；赎回要求；财务报告和披露要求；结算终局性要求；对持牌实体管理人员和所有人进行适当性测试。

与之类似，美国政府在2020年提出了稳定币的监管法案，不过，与此同时，在2022年算法稳定币Luna崩盘事件后，美国政府还明确表达了对算法稳定币的监管态度和专门监管方法。美国国会众议院曾于2020年11月底提出《2020年稳定币分类和监管法案》

---

[1] 2022年7月6日，为了订立虚拟资产服务提供者的发牌制度，规定行业履行打击洗黑钱及恐怖分子资金筹集的法定责任，将香港加密货币交易产业逐步规范化，香港特区政府就《2022年打击洗钱及恐怖分子资金筹集（修订）条例草案》通过首读及开展二读。该草案明文规定，所有经营虚拟资产交易所的公司，假如业务过程中直接或间接保管客户比特币、以太币、稳定币以及附有投票权的治理代币等虚拟资产，必须首先取得相关牌照。参考自 https://www.legco.gov.hk/yr2022/chinese/bills/b202206241.pdf。

（Stablecoin Classification and Regulation Act of 2020），① 该法案将稳定币界定为：直接或间接分发给投资者、金融机构或公众，与美元或其他国家法定货币挂钩的、具有固定的名义赎回价值的加密数字货币。该法案进一步规定了对发行稳定币的主体资格的限制、从事活动范围限制、保持固定价值要求、赎回能力要求以及稳定币关联产品和服务的披露要求等内容。例如法案要求稳定币发行人拥有银行执照，由联邦存款保险公司承保，且保持足够的准备金，还要求任何寻求提供稳定币产品或服务的个人或实体获得FDIC、美联储和其他适当机构的批准，并遵守适用的法规。②《2020年稳定币分类和监管法案》的内容构成了美国监管稳定币的基本框架。不过，根据前书所述，稳定币包括法定货币抵押型稳定币、加密数字货币抵押型稳定币和算法稳定币，其中算法稳定币因2022年5月Terra事件而备受监管关注。Terra是加密领域一度十分繁荣的区块链网络，但其代币Luna在2022年5月经历了一次毁灭性下跌，引起了包括美国政府监管部门在内的社会各界对算法稳定币的广泛关注。受此事件影响，2022年9月，在美国众议院正在起草的监管稳定

---

① 在法案提出之前，总统金融市场工作组（PWG）协同联邦存款保险公司（FDIC）和美国货币监理署（OCC）共同完成了一项关于稳定币的研究，建议国会迅速采取行动立法确保消费者和投资者得到保护，并解决潜在的非法活动。例如为了解决稳定币用户面临的风险并防止稳定币挤兑，立法应要求稳定币发行人为存款机构投保；为了解决对支付系统风险的担忧，除了对稳定币发行人的要求外，立法还应要求托管钱包提供商接受适当的监管；为了解决对系统性风险和经济权力集中的额外担忧，立法应要求稳定币发行人遵守与商业实体的从属关系的活动限制，与此同时授予监管机构实施标准的职权，以促进稳定币之间的互操作性，等等。参考自 https://www.congress.gov/bill/116th-congress/house-bill/8827/text。

② 参考自 https://www.congress.gov/bill/116th-congress/house-bill/8827/text。

币的法律草案中，将视发行或创造新的"内生抵押稳定币"为非法，并对类似 LUNA-UST 这样的算法稳定币实施为期两年的禁令。美国将只允许由现金或高流动性资产支持的稳定币，尚未遵守法律的稳定币发行人将有 2 年的时间改变其经营模式并申请许可证，但目前还尚不清楚该立法草案对 DAI 等由加密资产支持的去中心化稳定币的监管立场。①

4. 非同质化代币监管框架

非同质化代币是唯一且不可互换的可以表示相关数字内容所有权的数据单元。非同质化代币与去中心化金融有着密切联系。首先，非同质化代币本身可能是去中心化金融运作的一种技术工具，例如非同质化代币作为 Uniswap 中用户提供流动性的凭证。其次，去中心化金融未来将与现实世界深度连接，非同质化代币也将发挥价值连接功能，成为金融元宇宙的重要基础设施。最后，非同质化代币还可能是去中心化金融的交易客体，因此反过来，去中心化金融也可以为非同质化代币市场服务。因此，管理去中心化金融的法律风险也需要关注非同质化代币监管框架。目前，中国内地发布了关于非同质化代币金融风险监管的规范文件，美国政府也通过专题报告提出了关于非同质化代币风险监管框架，下面我们将详细介绍这两部分内容。

中国内地十分重视防范非同质化代币的金融风险。2022 年 4 月，中国互联网金融协会、中国银行业协会、中国证券业协会还针对 2021 年风行的 NFT，发布了《关于防范 NFT 相关金融风险的

---

① 参考自 https://news.coincu.com/126383-us-draft-law-ban-algorithmic-stablecoins/#:~:text=Specifically%2C%20the%20US%20will%20temporarily%20ban%20algorithmic%20stablecoins,Labs%20under%20the%20direction%20of%20CEO%20Do%20Kwon。

倡议》，提出坚决遏制 NFT 金融化证券化倾向，从严防范非法金融活动风险。具体包括：一是不在 NFT 底层商品中包含证券、保险、信贷、贵金属等金融资产，变相发行交易金融产品；二是不通过分割所有权或者批量创设等方式削弱 NFT 非同质化特征，变相开展代币发行融资（ICO）；三是不为 NFT 交易提供集中交易（集中竞价、电子撮合、匿名交易、做市商等）、持续挂牌交易、标准化合约交易等服务，变相违规设立交易场所；四是不以比特币、以太坊、泰达币等虚拟货币作为 NFT 发行交易的计价和结算工具；五是对发行、售卖、购买主体进行实名认证，妥善保存客户身份资料和发行交易记录，积极配合反洗钱工作；六是不直接或间接投资 NFT，不为投资 NFT 提供融资支持。①

美国政府则关注如何将非同质化代币纳入现有金融监管框架之中。2022 年 7 月 20 日，美国国会研究局发布了非同质化代币专题报告。该报告指出根据非同质化代币在金融领域的特定用途来确定其监管方法，市场参与者将根据其所扮演的不同角色受到美国反洗钱金融行动特别工作组（FATF）、美国财政部金融犯罪执法局（FinCEN）和美国证券交易委员会等部门监管。首先，非同质化代币可能因构成虚拟资产而落入美国反洗钱金融行动特别工作组的监管范围。2021 年 10 月，美国反洗钱金融行动特别工作组发布了《虚拟资产和虚拟资产服务提供商基于风险方法的更新指南》（*Updated Guidance for a Risk-Based Approach to Virtual Assets and Virtual Asset Service Providers*），该报告将"虚拟资产"（Virtual Assets，简称 VA）定义为一种可以进行数

---

① 参考自 https://www.sac.net.cn/tzgg/202204/t20220413_148867.html。

字交易或转移,并用于支付或投资目的的价值的数字表示,一些表面上不构成虚拟资产的非同质化代币实践中被用于支付或投资目的,因而可能实质符合虚拟资产定义,将根据具体情况应用指南标准对其进行监管。① 其次,美国财政部金融犯罪执法局将"货币传输服务"(Money Transmission Service)界定为以任何方式接受或转移货币、资金或替代货币的其他价值,② 由于一些非同质化代币可能具有替代货币的其他价值,对于从事货币传输服务的非同质化代币平台,监管机构可能要求其注册为货币服务业务并遵守《银行保密法》(Bank Secrecy Act)。最后,目前非同质化代币市场上,投资者可以购买非同质化代币的细分部分或者大型非同质化代币集合的一小部分,这些被碎片化的非同质化代币代表着非同质化代币的部分所有权,通常是可以在二级市场上交易的代币,具有可替代性,因而非同质化代币还可能被视为证券,进而需要符合证券交易委员会的监管要求。③

二、去中心化金融业务监管案例

刚才我们从宏观角度介绍了一些国家和地区典型的加密数字货币监管框架,下面我们将介绍一些具体的去中心化金融业务监管案例,以此帮助我们更好地认识去中心化金融的法律风险。

---

① 参考自 https://www.fatf-gafi.org/en/publications/Fatfrecommendations/Guidance-rba-virtual-assets-2021.html。
② 31 C.F.R. § 1010.100.
③ 参考自 https://crsreports.congress.gov/product/pdf/R/R46208。

1. 去中心化隐私保护监管案例

去中心化隐私保护是以去中心化方式解决用户隐私泄露问题的业务，是一种重要的去中心化金融基础设施类业务，我们在前文的第四章第四节进行了详细的介绍。以去中心化方式运行的混币器旨在保护隐私，但其接收各种交易并在传输到最终目的地之前，混合交易来源、目的和交易对手，从而也不分青红皂白地为非法交易提供便利。自 2020 年以来，美国财政部相关执法机构对去中心化隐私保护业务展开了一系列执法行动。例如 2020 年 10 月，美国财政部金融犯罪执法局依据《银行保密法》及其实施条例，对加密数字货币混合器的所有者和经营者拉里·迪恩·哈蒙（Larry Dean Harmon）进行了处罚。2022 年 5 月和 8 月，美国财政部外国资产控制办公室宣布分别制裁加密数字货币混合器 Blender.io 和 Tornado Cash，不断更新特别指定国民和受阻人员名单（SDN 清单）以确定网络黑客组织用于洗钱的加密数字货币地址。[①] 尽管"哈蒙案"本质上是中心化的隐私保护平台，但是其本质与去中心化隐私保护相似，而且是相对最早的监管行动，金融犯罪执法局已经公告了决定书，便于我们深入学习去中心化隐私保护监管的具体内容，下面

---

① 2022 年 3 月 23 日，朝鲜国家资助的网络黑客组织 Lazarus Group 对与在线游戏 Axie Infinity 相关的区块链项目进行了迄今为止最大的加密数字货币抢劫，价值近 6.2 亿美元，Blender 被用于清洗超过 2 050 万美元的非法收益。2022 年 8 月，美国财政部海外资产控制办公室发布官方公告称，混币器 Tornado Cash 自 2019 年创建以来已被用于清洗超过 70 亿美元的加密货币，其中包括价值超过 4.55 亿美元的被朝鲜支持但被美国制裁的黑客组织 Lazarus Group 窃取的加密货币，所有美国个人和实体都被禁止与 Tornado Cash 或任何与该协议绑定的以太坊钱包地址进行交互。国家层面的封杀也直接扼杀了 Tornado Cash 的前途。作为美国的稳定币服务商，USDC 发行方 Circle 也跟随制裁，直接冻结了相关以太坊地址的 USDC 资产。

我们将详细介绍"哈蒙案"。

2014年6月6日到2019年12月3日,拉里·迪恩·哈蒙开展货币传送业务并经营加密数字货币兑换公司。2014年6月6日到2017年7月13日,哈蒙运营Helix混币业务。Helix是通过从不同地址收币和发币的方式来实现混币功能的,需要用户在平台创建"Grams账户",具体按照以下方式运行:第一,客户将比特币发送到与他们的Grams账户关联的钱包;第二,客户填写Helix取款表,其中包括取款金额、目标地址以及为交易设置时间延迟;第三,Helix会将存入他们钱包的比特币传输到不同的账户中,这些账户被可兑换虚拟货币的交易所持有;第四,Helix将从它持有的其他账户中提取比特币,并将该比特币传输到比特币地址;第五,Helix会从这个比特币地址将比特币传输给客户,减去交易费用,传输到先前提供的客户目标地址;第六,Helix声称它在7天后删除了客户信息,或者允许客户在提款后手动删除他们的日志。Helix Light是Helix的一款轻便版本,允许个人在不创建Grams帐户的情况下进行交易,与Helix不同的是,客户需要首先提供目标地址,然后直接把特定数量的比特币发送到公司的地址,数量在0.02—6个比特币,不再需要在Helix创建Grams账户。

美国财政部金融犯罪执法局是根据《银行保密法》及其实施条例,监管货币服务和其他金融机构的政府机关。从Helix及其轻便版本提供的混币业务内容来看,Helix和Helix Light都是接收和传送可兑换的虚拟货币的匿名服务提供商,属于金融犯罪执法局监管下的货币传输者(money transmitter)。但是,哈蒙未能按照《银行保密法》及其实施条例的要求,他在开启运营Helix、Coin Ninja

及其 DropBit 服务后 180 天内，均未注册货币服务企业，按要求建立内部控制系统确保持续合规，接受金融犯罪执法局的监管，主动按规报告相关经营活动。此外，哈蒙未能制订、实施和维护反洗钱计划。哈蒙从未制订与金融服务性质和规模带来的风险相称的书面反洗钱计划，更未制定一名专门人员确保反洗钱计划的日常合规性，也未进行检测可疑交易的人员培训。而且，哈蒙在运营过程中也未报告大量可疑违法交易。具体而言，在整个运营期间，哈蒙进行了价值超过 3.11 亿美元的加密数字货币交易，但没有对客户和交易进行适当的尽职调查。哈蒙对于 Helix 拥有的客户信息采取 7 天内删除制，因此未能按照《银行保密法》的要求，创建和保留适当的交易记录并向监管机构报告，无法完成对潜在可疑交易的内部控制。事实上，金融犯罪执法局在调查中发现，Helix 确实支持了大量带有洗钱和其他非法活动迹象的交易，具体包括非法麻醉品和管制物质、吸毒用具、儿童色情网站、民族主义和新纳粹团体交易等，这些潜在可疑活动交易数量超过 2 464 笔，价值总计 121 522 877 美元。

2020 年 10 月，美国财政部金融犯罪执法局依据《银行保密法》及其实施条例，对加密数字货币混合器的所有者和经营者拉里·迪恩·哈蒙进行了处罚。Helix 在不受监管的情况下运营混币业务，与暗网市场合作清洗非法比特币收益，为非法金融活动提供便利，金融犯罪执法局综合评估认为哈蒙的违法行为性质恶劣且严重危害公众利益，决定对其罚款 6 000 万美元。

2. 去中心化借贷监管案例

去中心化借贷是指通过去中心化协议来为用户存入和借出加密

数字货币提供服务的业务，是目前去中心化金融中最具代表性的一类业务模式，我们在前文的第五章第一节进行了详细的介绍。用户使用去中心化借贷协议的重要目标之一是获取利息收益，其中部分用户为了赚取高昂的收益，有投机心理，可能会被不法分子利用。例如2021年8月，美国证券交易委员会指控去中心化金融贷款机构Blockchain Credit Partners未经注册以欺诈手段销售超过3 000万美元的证券，这是美国证券交易委员会首次对去中心化金融项目提出指控。因此，我们以Blockchain Credit Partners金融合规案作为典型案例进行介绍。

格雷戈里·基奥（Gregory Keough）和德瑞克·阿克利（Derek Acree）于2019年创建Blockchain Credit Partners公司，并于2020年初开启了名为DeFi Money Market（DMM）的去中心化借贷业务，旨在为投资者提供去中心化的投资方式，让其通过借出加密数字货币赚取利息收益。DMM于2020年3月开始发行和销售mToken，任何人都可以通过DMM将其数字资产转移到以太坊区块链上的地址以换取mToken，也可以随时赎回以获取他们的初始投资和持续回报率为6.25%的利息收益。DMM在以太坊地址中持有部分数字资产用于支付赎回，并声称将部分加密数字货币资产兑换成法定货币用于购买汽车贷款等现实世界资产，而且这些现实世界资产会产生8%~12%的利息，超过承诺的mToken持续回报率，因此可以保证稳定的回报。在整个业务运行期间，协议创始团队通过网站、博客、采访、社交媒体等各种渠道宣传他们的借贷业务的盈利能力，他们声称，因为购买了车辆留置权支持的贷款，所以业务具有有利可图的创收资产，比如DMM网站的"Explorer"页面列出了由车辆担保的100多项贷款的详细清单并定期更新，截至2020年8月，列出资产价值超过890万美元。从2020年2月2日到2021年2月5日，他们没有对投资者所属地域、投资能力和资金用途设限，总共发售了价值超过1770万美元的mToken。除了mToken之外，DMM还于2020年5月铸造了2.5亿个DMG治理代币，其中1亿个被初始分配，剩下1.5亿分期发售，DMG持有人将控制DMM业务创造的收益并享有业务内容变更的投票权。2020年5月和6月，DMM网站首次代币发行，出售了2500万个DMG代币；2020年9月左右，基奥和阿克利以500万美元的价格向两个做市商打折出售了一些DMG代币；2020年底到2021年2月，他们还通过Uniswap出售DMG代币；2021年2月5日，Blockchain Credit Partners宣布停止运营DMM，基奥和阿克利使用他们个人资金和佛罗里达金融公司的资金支付了投资者的本息。

根据《证券法》2（a）（1）和《交易法》3（a）（10），证券包括"票据"（note）和"投资合同"（investment contract），DMM发售的mToken既是票据，也符合投资合同定义，因而属于证券范畴，应当受到证券监管。一方面，根据既往判例，[①]如果应用Reves测试该票据与法定类别票据具有"家族相似性"，那么该票据将被推定为《证券法》规制意义上的证券。第一，基奥和阿克利出售mToken是为了他们的业务运行筹集资金（即购买创收资产以支付赎回mToken时的利息以及向DMG代币持有者支付利息），购买者购买mToken是为了赚取6.25%的利息。第二，mToken被发售给了普通大众。第三，他们宣称mToken是投资工具，尤其是作为一

---

① 相关判例参见Reves v.Ernst & Young, 494 U.S. 56, 64–66（1990）。

个能够获得稳定年化 6.25% 收益率数字资产的投资方式。第四，不存在与 mToken 相关的替代监管方案。另一方面，根据既往判例，投资合同是对具有来自他人创业或管理努力的合理预期收益的普通事业的投资。mToken 收益被集中在智能合约中，并将被用于购买可产生收入的资产，且这笔收入将在智能合约中分配，mToken 持有者可以随时赎回他们的本息。可见，基奥和阿克利通过智能合约建立了一个购买者将从他们管理 DMM 业务的努力中获得利润的合理预期，因此适用豪威测试来看，mToken 也由于作为投资合同发售而具有证券属性。

此外，我们可采取与前述类似的思路分析 DMG 代币，同样，DMG 代币也因为是投资合同而具有证券属性，应当受到证券监管。第一，发售者构建了一个 DMG 购买者将从其管理 DMM 业务和构建 DMG 代币交易市场的努力中获取收益的合理预期。第二，尽管 DMG 包含对 DMM 一些业务事项的投票权，但判断一项交易否属于证券不是看其是否具有像"治理代币"这样的标签，而是看交易背后的经济实质。尽管发售者对公众宣称 DMG 持有者享有对 DMM 业务变更提议的投票权，但这些投票事项实质上非常有限，DMG 持有者在运行 DMM 核心业务方面没有任何影响力。

然而，Blockchain Credit Partners 并没有就 mToken 和 DMG 代币产品向证券委员会提交注册，也没有获得注册豁免资格，所以其发售 mToken 和 DMG 代币的行为违反了《证券法》5（a）和 5（c）。与此同时，基奥和阿克利在发售这两种代币期间还虚假陈述了 DMM 的运作机制和 mTokens 相关资产的权属，误导和欺骗了潜在投资者。例如在 DMM 网站以及他们控制的社交媒体账户上，他们声称 DMM 支持 mToken 的资产包括超过 890 万美元的汽车贷款，但实际上这些贷款由基奥和阿克利所控制的佛罗里达金融公司所有。可见，他们还违反了联邦证券法的反欺诈规定。

2021 年 8 月，美国证券交易委员会认为该项目违背了信息披露的基本原则，违反了 1934 年《证券交易法》中的反欺诈规定，根据 1933 年《证券法》8A 和 1934 年《证券交易法》21C，责令停止实施违反《证券法》5（a）、5（c）、17（a）及《交易法》10（b）的行为，最终该公司的两位创始人被禁止 5 年内直接或间接参与任何数字资产证券发行，被没收了超过 1 284 万美元的违法所得并各自被处 12.5 万美元的罚款。①

3. 去中心化交易所监管案例

去中心化交易所指的是以去中心化方式提供加密数字货币交易功能的业务，是协议数量和总锁定价值都最大的一种去中心化金融商业模式，我们在前文第六章第一节进行了详细的介绍。正如我们在第九章第二节加密数字货币法律风险与监管框架中所述，监管机构对于加密数字货币属性的认定并无统一标准，某些加密数字货币可能被认为是证券，因此，提供加密数字货币交易的交易所可能会面临监管的合规要求。例如 2018 年 11 月，在去中心化交易所 EtherDelta 遭到黑客攻击之后，美国证券交易委员会对其创始人扎卡里·科伯恩（Zachary Coburn）提起法律诉讼，因此，我们以美国去中心化交易所 EtherDelta 作为典型案例进行介绍。

EtherDelta 是一个允许买卖双方在二级市场交易包括以太币和 ERC-20 代币在内的加密数字货币的在线平台。EtherDelta 由扎

---

① 参考自 https://www.sec.gov/litigation/admin/2021/33-10961.pdf。

卡里·科伯恩于 2016 年 7 月 12 日推出，是为以太币和 ERC-20 代币的交易提供服务的智能合约，类似于在线证券交易平台。虽然 EtherDelta 使用了自动化运行的智能合约，没有交易开放时间的限制，但从经济实质上来说，EtherDelta 与传统的股票交易所较为相似。具体而言，对于每个在 EtherDelta 上可交易的 Ether 与 ERC-20 代币对，买家和卖家发出的订单会被记录在订单簿中，当买单的出价与卖单的要价匹配上时则交易达成，这进一步形成了资产当前的价格。用户通过 EtherDelta 网站可以浏览按照价格排序的前 500 个买单和卖单、代币的每日交易量、市场深度图以及用户确认的交易列表等。只要 EtherDelta 的网站正常运行，用户就可以通过该网站每周 7 天、每天 24 小时直接与 EtherDelta 智能合约进行交互。EtherDelta 通过向买单交易者收取手续费获利。在 Coburn 实际运营 EtherDelta 的 2016 年 7 月到 2017 年 12 月，EtherDelta 上的用户交易超过了 360 万次。

EtherDelta 违反了《证券交易法》第 5 条。根据《证券交易法》第五条规定，任何经纪人、交易商或交易所在州际贸易中直接或间接进行任何证券交易或报告任何此类交易都是违法的，除非该交易所注册为《证券交易法》第六节中规定的证券交易所，或取得豁免此类注册的资格。《证券交易法》3（a）（1）将交易所定义为："任何组织、协会或团体，无论是法人还是非法人，为把证券买卖双方聚合在一起，或者为发挥其他与证券有关的、由众所周知的股票交易所正常发挥的那些作用而构成、维持或提供市场或设施，并且包括由这样的交易所维持的市场和市场设施。"EtherDelta 符合交易所定义但未依法注册，也未取得注册豁免，因此违反《证券交易法》

第 5 条。

具体而言，EtherDelta 之所以符合证券交易所的定义，关键在于两点：第一，EtherDelta 上交易资产符合证券委员会对证券的定义；第二，EtherDelta 业务内容符合交易所的业务特征。一方面，证券委员会于 2017 年 7 月 25 日根据《证券交易法》21（a）发布了 DAO 调查报告，在此报告中，证券委员会指出，提供符合证券定义的加密数字货币交易的平台应当被视为《证券交易法》中的交易所，应当依法注册或者取得注册豁免资格。由前述业务内容可知，EtherDelta 是交易包括以太币和 ERC-20 标准代币的平台，结合豪威测试标准来看，当 ERC-20 代币用来代表类似于公司股份的金融资产时，这些代币购买者出于合理的利润预期进行投资，包括依赖他人的努力在二级市场上获得资产增值，满足证券的定义；另一方面，EtherDelta 是一个将多个买家和卖家的代币订单汇集在一起的市场，而且通过联合使用 EtherDelta 用户交互网站、订单簿和智能合约中定义的预编程交易协议，为这些订单提供了交互和执行的手段。尽管 EtherDelta 采用了智能合约、区块链等创新技术，但其在经济实质上仍然按照 3b-16（a）规则运营。

2018 年 11 月，在去中心化交易所 EtherDelta 遭到黑客攻击之后，美国证券交易委员会对其创始人扎卡里·科伯恩提起法律诉讼，认定他对入侵事件负有责任，指控他经营的 EtherDelta 在未取得任何注册豁免的情况下也未按照《交易法》注册为证券交易所，并令其交出 30 万美元违法获利外加该笔获利至决定之日的 1.3 万美元利息以及 7.5 万美元罚款。①

---

① 参考自 https://www.sec.gov/news/press-release/2018-258。

4. 去中心化金融衍生品监管案例

去中心化金融衍生品指的是提供加密数字货币金融衍生品工具交易功能的业务，典型的金融衍生品包括提供类似于期货衍生品功能的加密数字货币永续合约。目前，去中心化金融衍生品的底层资产仍以加密数字货币为主，但是其提供的运作机制为投资者提供了交易更多种类资产的可能性，我们在前文第六章第四节进行了详细的介绍。尽管去中心化衍生品平台提供的产品的底层资产是加密数字货币，但是其本质上仍然属于金融衍生品，因此需要接受相品部门的监管，例如2022年9月，美国商品期货交易委员会（Commodity Futures Trading Commission，简称CFTC）对 bZeroX（现为 Ooki DAO）及其创始人汤姆·比恩（Tom Bean）、凯尔·基斯特纳（Kyle Kistner）发布行政命令，要求停止进一步违反《商品交易法》和商品期货交易委员会法规的行为。Ooki DAO 案是美国商品期货交易委员会监管去中心化金融衍生品业务的典型案例，同时也是第一次要求去中心化自治组织成员对去中心化自治组织行为承担责任的案件。

bZeroX 是由比恩和基斯特纳创立和控制的特拉华州有限责任公司，2019年6月1日至2021年8月23日，bZeroX 运营了 bZx 协议。该协议以去中心化的方式为用户提供保证金开立杠杆头寸，其最终价值由两种数字资产之间从头寸建立到平仓的价差决定。例如如果交易者预期 ETH 相对于 DAI 的价格会上涨，则可能会建立5倍的 ETH 对 DAI 的多头头寸：第一，交易者将自己持有的 ETH 作为保证金抵押给 bZx 协议开立杠杆头寸；第二，智能合约将从 bZx 协议流动性池中借入 DAI（流动性池的资产由流动性提供者提供，作为交换，流动性提供者将获得利息代币以及BZRX代币，这个代币背后包含与bZx协议治理事项相关的投票权）；第三，智能合约会通过去中心化交易所将借来的DAI兑换为ETH；第四，兑换出的ETH会被锁定，bZx会创建一个代表多头头寸（如这里是5倍）的代币，并将该代币发送给该交易者；第五，如果该交易者的预期是对的，即ETH的价格相对于DAI的价格会上涨，那他就可以凭赎他的多头头寸代币获取利润，即ETH被智能合约高价卖出，部分用于归还第一步中借入DAI的本息，剩下的就是交易者做多ETH中获得的利润，bZx将这些利润转给交易者。风险与收益同在，在收益放大的同时，亏损也会同比例扩大。如果该交易者判断失误，即ETH相对于DAI的价格没有上涨，那么卖出ETH的收益小于借入DAI的成本，就会带来亏损。2021年8月23日，bZeroX将bZx协议的控制权转移给了bZx DAO，随后在2021年12月18日，该组织又重新命名，以Ooki DAO的身份开展业务。

bZeroX及其创始人汤姆·比恩、凯尔·基斯特纳违反《商品交易法》4（a）和4d（a）（1）以及条例42.2，非法提供场外保证金及杠杆零售商品交易，未经登记擅自从事期货交易，也未按照《银行保密法》对期货交易商的要求执行KYC和CIP。具体而言，首先，从交易标的来看，在bZx协议上交易的虚拟货币ETH、DAI等均是"商品"。[①] 其次，从交易性质来看，bZx协议从事的

[①] 2015年，CFTC明确表明比特币和其他虚拟货币属于《商品交易法》所规制的商品，2016年，CFTC对一家未注册的比特币期货交易所采取了执法行动。2018年，联邦法院在两起案件中确认了CFTC对数字资产的管辖权。2020年，CFTC就其对涉及数字资产的零售交易的管辖权提出了指导方针。

交易属于《商品交易法》定义的零售商品交易（Retail Commodity Transactions）。①再次，从机构角度来看，bZeroX 作为实际征求和接受保证金零售商品交易订单的公司属于期货佣金商，但未注册，违反了《商品交易法》4d（a）(1)。②最后，作为实际上的期货供应商，bZeroX 按照规定还应当遵守《银行保密法》和相关法规规定，也就是必须进行客户识别程序，从而促进对用户的背景调查。bZeroX 不仅没有进行客户识别和背景调查，还在业务宣传上明确强调无须 KYC 或 AML 是其业务优势。③

2022 年 9 月 22 日，CFTC 对 bZeroX 及其创始人汤姆·比恩、凯尔·基斯特纳发布行政命令，要求停止进一步违反《商品交易法》和商品期货交易委员会法规的行为，支付 25 万美元罚款，并对其提起诉讼，指控其非法提供杠杆和数字资产保证金零售商品交易、从事只有注册期货佣金商才能进行的活动且未能按照注册期货佣金商的监管要求完成《银行保密法》的合规义务。与此同

---

① 按照《商品交易法》第 2（c）(2)(D) 项，如果（1）交易对象是本法所定义的非合格合约参与者，(2) 交易是以保证金或杠杆的方式进行的，(3) 商品在 28 天内并未实际交付，那么该种交易将被定义为零售商品交易，那么提供交易的平台及从事交易的机构必须遵守本法的相关法律规定和接受 CFTC 的监管。但 bZeroX 并未按照 CFTC 的规定运营，因此其运营行为属于非法提供场外杠杆及保证金零售商品交易。

② 按照《商品交易法》规定："期货佣金商（FCM）是指根据合同市场规则招揽或收受商品的期货买卖订单；根据该招揽和收受的订单，接受作为交易或合同的或由于交易和合同所需的保证金、担保和保证的资金、证券或财产（或能替代资金、证券和财产的信誉）的个人、社团、合伙企业、公司或信托行。"在美国，FCM 必须在 CFTC 注册、登记，并获得许可证才能从事此项经营，它的所有经营行为都受到期货交易委员会的监督。

③ bZeroX 的网站声称它提供了卓越的保证金交易体验，因为"这里不需要任何身份验证、背景调查和反洗钱调查"。（"there is no need for any verification, KYC or AML"）

时，CFTC 还指控 Ooki DAO（一个与 bZeroX 运行相同去中心化协议的去中心化组织）为由 Ooki 代币持有人组成的未以任何身份在委员会注册的非法人协会，其以与 bZeroX 实质相同的方式违反法律，涉嫌利用去中心化匿名组织结构逃避监管。

第三节　去中心化金融技术与组织风险

去中心化金融本质上是金融业务，金融业务应当合法合规运行，因此去中心化金融从业主体必须全面掌握所在辖区的监管框架，跟进最新的执法动态，管理好经营业务可能面临的法律风险。上一节我们介绍了去中心化金融业务相关的宏观监管框架，以及具体的去中心化金融业务监管案例，这些内容可以帮助我们认识去中心化金融法律风险。

我们除了可以从业务内容的角度理解去中心化金融风险之外，还可以从支撑业务运行的技术与组织的角度分析潜在的风险。通过本书第三章的介绍可知，区块链、加密数字货币、智能合约和去中心化自治组织是去中心化金融系统运行所依赖的关键技术与组织，因此下面我们将沿着这个逻辑，逐一分析去中心化金融可能面临的区块链风险、加密数字货币风险、智能合约风险和去中心化自治组织风险。

在本节中，我们将从四个角度分别展开介绍。第一，我们将介绍区块链风险，包括环境风险和扩展风险；第二，我们将介绍加密数字货币风险，包括托管风险和去中心化交易所风险；第三，我们将介绍智能合约风险，包括设计风险和调用风险；第四，我们将重点分析治理风险，也就是当治理代币集中在少数人手中时产生的恶意更改协议的不确定性问题。

一、区块链风险

1. 环境风险

环境风险指的是相关主体从事去中心化金融活动过程中消耗能源、释放污染物对自然环境造成伤害而遭受监管处罚的不确定性问题。

环境是指影响人类生存和发展的各种天然的和经过人工改造的自然因素的总体，包括大气、水、海洋、土地、矿藏、森林、草原、湿地、野生生物、自然遗迹、人文遗迹、自然保护区、风景名胜区、城市和乡村等。人类的各项活动都离不开与环境的交互，一方面，人类活动需要从自然环境中获取物资与能源投入生产消费；另一方面，人类活动中的产出与排放也可能会对自然环境造成污染。

环境风险的典型案例是监管者对加密数字货币"挖矿"行业的限制。目前，国际组织已经就气候变化问题多次召开大会，要求各国减少能源消耗，降低碳排放。各国目前已经达成了一定的共识，例如 2015 年的《巴黎气候变化协定》和 2021 年的《格拉斯哥气候协定》。因此，诸多国家对于能源消耗较大的加密数字货币行业采取了限制性的监管措施。例如 2021 年国家发展改革委等 11 部门明确加强虚拟货币"挖矿"活动上下游全产业链监管,严禁新增虚拟货币"挖矿"项目,加快存量项目有序退出,促进产业结构优化和助力碳达峰、碳中和目标如期实现。

去中心化金融以加密数字货币为支付手段,而加密数字货币的产生与运作依赖于消耗能源的工作量证明机制。如果加密数字货币的运行与发展受到影响,那么去中心化金融的根基也将大受损伤。加密数字货币所依赖的工作量证明机制本质上是通过暴力计算来解数学题,这会消耗大量的电力资源,进而导致电力资源浪费和环境污染等问题。图9.1显示了以太坊社区估计的可类比行业每年耗费能量。根据以太坊在2022年6月的官方估算,比特币每年基于工作量证明机制运作所消耗的能源是200太瓦时(TWh)[①],而以太坊每年基于工作量证明机制运作所消耗的能源是112太瓦时,两者的加总要高于全球金矿开采所消耗的能源240太瓦时。由于去中心化金融主要依赖以太坊的运作,尽管低于比特币的消耗量,但是也具有相当的环境风险。

那么如何规避环境风险呢?实际上,区块链社区已经意识到了环境风险并在向环境友好型转变。例如2022年9月15日,以太坊正式完成合并升级"The Merge",由工作量证明机制转为权益证明机制。正如前文所述,工作量证明机制运行需要消耗运算能力,因而存在环保方面的问题。相较之下,权益证明避免了用户为了挖矿而互相竞争带来的浪费,因此能耗更低,造成的环境污染更少。根据以太坊在2022年6月的官方估算,以太坊每年基于工作量证明

---

① 1太瓦时(TWh)=10亿千瓦时(KWh)。

机制运作所消耗的能源是112太瓦时，相比之下，以太坊每年基于权益证明机制运作所消耗的能源仅为0.01太瓦时。因此，每年耗费能量下降了超过99.99%，甚至低于Paypal每年运行所消耗的能量。因为去中心化金融未来需要消耗的能力大幅下降，对环境污染造成的影响更小，所以其环境风险大大降低。

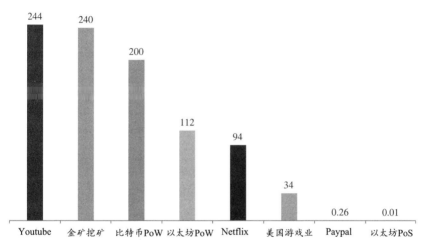

图9.1　以太坊社区估计的可类比行业每年耗费能量（单位：TW/年）

资料来源：https://ethereum.org/en/energy-consumption/

2. 扩展风险

扩展风险（Scalability Risk）是指由于区块链交易速度缓慢或者交易成本昂贵而产生的交易不成功与以太坊链被取代的不确定性问题。

以太坊主链的交易速度有限，而随着交易量的增加，交易速度会变慢，交易费用会变得高昂。尤其是当网络拥堵时，交易速度会受到影响，导致用户体验下降。随着网络变得更加拥堵，交易发送者的相互竞价会抬高矿工费，使得使用以太坊变得非常昂贵。

图 9.2 展示了 2015 年以来以太坊交易费用的历史变化情况，随着 DeFi 的迅速普及以及 NFT 的火爆，以太坊交易量从 2020 年进一步迈上新台阶，交易费用高企，对扩展性提出了更高的要求。

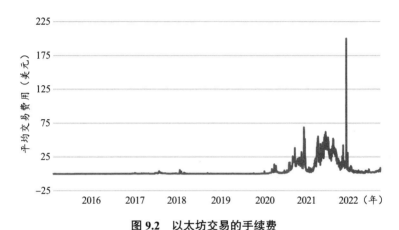

图 9.2 以太坊交易的手续费

资料来源：https://etherscan.io/chart/avg-txfee-usd

区块链是去中心化金融运行的最根本的基础设施，去中心化金融所有的交易都需要在区块链完成，所以区块链的可扩展性，即交易速度和交易吞吐量是用户大规模采用区块链的基本条件，也是评价目前各个公链性能好坏最重要的评测指标之一。目前，去中心化金融绝大多数交易还是基于第二代区块链平台以太坊，以太坊的设计为 12 秒左右产生一个区块，根据 2022 年 10 月的数据，目前以太坊主链大概每秒能够处理 13 笔交易。① 因此，目前去中心化金融交易速度远低于传统的支付公司，比如 VISA 每秒最多能够处理超

---

① 参考自 https://ethtps.info/。

过6.5万笔交易。①

那么如何提高区块链的可扩展性呢？区块链扩展性提高的主要目标是提升交易速度（更快确定交易）和交易吞吐量（提高每秒交易量），而不影响去中心化或安全性。目前，提高扩展性主要可以从以下三个方面来着手。

首先，区块链可以从共识机制层面进行优化，在保证安全性的同时加快交易确认的速度。工作量证明共识机制需要进行数学运算，每个区块的时间取决于计算难度，而权益证明共识机制下区块的时间则是固定的。因此，权益证明（POS）机制在理论上比工作量证明（POW）机制的交易确认速度更快。2022年9月15日，以太坊正式由POW机制转向了POS机制。

其次，区块链的底层架构也可以进行扩展性提高，这样的提高又可以分为垂直和水平两种。垂直的扩展方式是将交易处理的过程中心化到一台巨型设备中，这样降低了与区块链的信息交互成本，从而提高了系统处理交易的速度。目前有一些公链系统采取了这样的扩展性提高方式，例如Solana通过这种方式理论上可以达到5万每秒交易数；另一种扩展方式是水平扩展，通过并行的方式将系统的工作分成多个部分，这也是以太坊未来的构想——通过分片（Sharding）的方式来提高扩展性，据称通过这种方法也可以实现5万每秒交易数。②

最后，提高扩展性还可以通过一些建立在区块链上的解决方

---

① 参考自 https://usa.visa.com/content/dam/VCOM/global/about-visa/documents/visa-fact-sheet-july-2019.pdf。

② 参考自 https://ethereum.org/en/upgrades/sharding/。

案，这类解决方案统称为第二层（Layer 2）解决方案。Layer 2 的解决方案是这样实现的：在区块链上发生的交易在这种方案下会直接提交给第二层节点，并且在第二层达成共识，而后第二层区块链定期与以太坊通信将证明发回给第一层，所有这些都不需要更改第一层协议，这样一来，第一层主要负责安全性、数据可用性和去中心化，第二层负责承担具体的事务。在这种情况下，因为交易被汇总后统一提交到第一层，所以显著地减少了第一层的交易量，从而解决拥堵问题。

二、加密数字货币风险

1. 托管风险

托管风险是指由于私钥丢失或被盗等原因使用户数字资产遭受损失的不确定性问题。

私钥丢失是加密世界中非常常见的一种现象。自我托管是丢失私钥中最常见的托管方式。2021 年 1 月，《纽约时报》刊登了多位用户遗失私钥的故事。例如一名程序员使用硬件记录了比特币钱包的私钥，但是他忘记了密码，该钱包里包含了价值 2.2 亿美元的比特币。加密货币数据公司 Chainalysis 的数据显示，在当时约有 20%（价值约 1 400 亿美元）的比特币储存在已经丢失的钱包中。[①] 此外，去中心化金融也可能成为盗窃犯罪的"土壤"。去中心化金融协议中盗窃事件也频发。根据第三方数据平台 Chainalysis 的估

---

① 参考自 https://www.nytimes.com/2021/01/12/technology/bitcoin-passwords-wallets-fortunes.html。

计，2020年全年，去中心化金融协议攻击事件共发生60余起，损失总和价值约2.5亿美元。2021年，价值约32亿美元加密货币被盗，相比2020年增长了516%，其中价值约22亿美元从去中心化金融协议中被盗取。①

用户参与去中心化金融的基础是持有加密数字货币，而托管私钥是持有加密数字货币的基本条件。"托管"指的是对私钥的保存和管理。具体来看，托管有三种类型：自我托管（Self-custody）、部分托管（Partial custody）和第三方托管（Third-party custody）。自我托管指的是用户可以开发自己的密钥存储方案，例如存入不联网的硬盘或写到小纸条上，然后放进保险柜；部分托管是自我托管和外部解决方案的结合，例如BitGo公司通过多重签名的方法将私钥拆分为三份，分别由公司和用户持有管理；第三方托管则是指由第三方持有私钥，例如Coinbase Custody是Coinbase交易所旗下的第三方托管平台。

由于加密数字货币的运行规律，私钥的丢失会直接导致加密数字货币的损失。如果用户选择自我托管，那么用户不小心删除了私钥的文件会导致私钥的丢失，此外，记录私钥的载体本身也可能被盗或损坏。如果用户选择第三方托管，那么当这些平台遭受黑客攻击时也会面临私钥被窃取的风险。

那么如何规避托管风险呢？第一，用户一定要对私钥的重要性有足够认识，拥有一个用户的私钥则意味着可以任意处置他所拥有的加密资产，因此要警惕相关的诈骗并对个人私钥进行多重备

---

① 参考自Chainalysis. The 2022 Crypto Crime Report, p6. https://go.chainalysis.com/2022-Crypto-Crime-Report.html。

份。第二，用户可以借助更为专业的第三方平台来协助保护私钥，专业的第三方机构拥有更为丰富的资源和方法来抵御黑客的攻击。第三，托管方也需要在安全性方面投入更多的资金并采取多种措施以避免黑客攻击，例如托管方可以采用双重身份验证（2 Factor Authentication）系统等。

2. 去中心化交易所风险

去中心化交易所风险是指由于去中心化交易所中加密数字货币价格波动而导致用户资产损失的不确定性问题。无常损失是用户为去中心化交易所提供流动性最典型的风险。

我们提供一个具体的案例进行说明。假设初始 ETH 的价格为 100 美元，流动性提供者将 10 000 个 DAI 和 100 个 wETH 添加到流动性池中（初始价值为 20 000 美元），流动性池一共有 100 000 个 DAI 和 1 000 个 ETH，因此，流动性提供者可以获取 10% 的流动性池代币。假设 Coinbase 上 ETH 的交易价格从 100 美元上涨到 150 美元。那么该合约目前的存量应该是 122 400 个 DAI 和 817 个 ETH。[①] 用户提取其中的 10% 会获得 12 240 个 DAI 和 81.7 个 ETH，总市值为 24 500 美元。如果用户单纯持有资产而不提供流动性，那么其市值为 25 000 美元，因此，提供流动性使用户损失了大约 500 美元。[②]

用户可以作为流动性提供者参与到去中心化交易所的运行。去

---

① 在 ETH 价格上涨后，Uniswap 的交易者会进行套利，交易者将持续添加 DAI 并移除 ETH，直到新的比率为 150∶1。代币的乘积会保持为常数，即 122 400 × 817 = 100 000 000。另外，ETH 与 DAI 的比例会等于 150，即 122 400 / 817 = 150。

② 参考自 https://docs.uniswap.org/protocol/V2/concepts/advanced-topics/understanding-returns。

中心化交易所指的是以去中心化方式提供加密数字货币交易功能的业务，用户可以通过智能合约在区块链上进行加密数字货币之间的交易。Uniswap 的流行使自动做市商模式成为目前去中心化交易所的主流。具体来说，用户之间不会直接交易，而是通过流动性池完成，用户存入代币就可以成为交易所的流动性提供者，用户提供流动性可以获取其他用户交易所交纳的手续费作为回报。一般来说，Uniswap 主要使用恒定函数做市商的方式来确定价格，恒定函数指的是流动性池内的代币乘积保持为常数。恒定函数做市商的机制会优化用户体验和便利性，根据资产流动性确定价格，这牺牲了相对回报，当流动性池中的代币比例变得不均匀时，流动性提供者可能会产生这种无常损失。

那么如何规避去中心化交易所风险呢？在金融领域中，高风险意味着高收益，因此用户不为去中心化交易所提供流动性则不会产生相应的风险。如果用户希望在低风险的情况下获取收益，那么用户可以通过选择为稳定币的资金池提供流动性。而从开发者角度来看，去中心化交易所自身也在针对影响用户体验的部分不断改进迭代，但这一过程并不以降低风险为目标。例如 Uniswap 自成立以来已经从 V1 升级到了 V3，主要的改变在使流动性提供者更加有利可图的同时实际上也增加了无常损失风险。

三、智能合约风险

1. 智能合约设计风险

智能合约设计风险是指由于计算机程序漏洞而产生的使用户资

产遭受损失的不确定性问题。

黑客在发现智能合约漏洞后,往往要通过使用闪电贷发起攻击来赚取收益。闪电贷是为开发者提供的一种非抵押贷款,使用闪电贷具有较高的门槛,用户需要通过编程的方式调用智能合约。闪电贷允许借入资产,但是需要在同一笔交易中归还借入的资产与费用,黑客会利用闪电贷加杠杆借入大量加密货币,通过操纵加密资产价格来获利,这类现象也被称为闪电贷攻击。[①]

我们以 bZx 在 2020 年 2 月遭遇的闪电贷攻击为例展示计算机程序漏洞带来的智能合约风险。2022 年 2 月 14 日,借贷平台 bZx Fulcrum 遭受了闪电贷攻击,具体流程如图 9.3 所示。第一步,攻击者通过 dydx 的闪电贷借入 1 万个 ETH;第二步,攻击者向 Compound 发送 5 500 个 ETH 作为抵押品借入 112 个 WBTC;第三步,攻击者向 bZx 中存入 1 300 个 ETH,使用 bZx 的保证金交易功能开五倍杠杆交换了 51.34 个 wBTC,bZx 的保证金交易函数会在内部将订单转发给 Kyberswap,Kyberswap 调查了可能的最佳价格,并最终在 Uniswap 上完成了订单,这导致了严重的滑点,推动 Uniswap 交易所的 wBTC 价格上涨了 3 倍,从 38.5 个 ETH 到 109.8 个 ETH;第四步,攻击者用第二步中借来的 112 个 wBTC 在 Uniswap 上以虚高价格卖出获利,大约兑换了 6 871.41 个 ETH;第

---

① 闪电贷是一种无须抵押品的借贷业务,提供闪电贷的目的是赚取收益,例如,AAVE 平台对每笔闪电贷收取 0.09% 的费用。闪电贷需要在同一个以太坊区块中的一笔交易内完成借出和归还加密数字货币整个操作。具体来讲,由于这笔交易由多个步骤共同组成,矿工在打包交易时,发现最后一个步骤归还闪电贷当时借出的本金和利息,那么这笔交易则无法被记录到区块链中,所以相当于没有发生借贷关系。

五步，攻击者使用兑换的6871个ETH和未使用的3200个ETH偿还第一步在dydx中的闪电贷，综合计算，该黑客累计窃取了1270个ETH。①

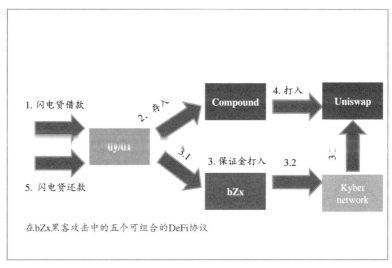

图9.3　bZx遭到闪电贷攻击的流程

bZx平台的智能合约的漏洞主要发生在第三步。当wBTC相对ETH的价格迅速上涨时，用户的抵押品1300个ETH按照五倍杠杆计算的价值已经远低于51.34个wBTC，因此用户在bZx中的头寸已经不再满足完全抵押的状况，这一异常状态本应该被识别并立刻暂停交易，然而由于计算机程序的漏洞，未能对用户的头寸的健康状态进行检查，因此被黑客趁机使用。

智能合约是存储在区块链上的程序，程序在满足预先确定的条件时会自动运行。去中心化金融中的智能合约往往会包含若干函数

---

① 参考自https://peckshield.medium.com/bzx-hack-full-disclosure-with-detailed-profit-analysis-e6b1fa9b18fc。

(Function),程序员预先设计好的程序在满足函数需求时即自动执行,自动执行的程序无须任何中间人的参与,因而保证了执行流程的去中心化。因为智能合约本质上由人编写,可能存在逻辑错误等代码上的漏洞,又因为其具有开源的特性,所有人都可以轻易地看到所有的代码,所以相较于传统系统更容易受到黑客攻击。

那么如何规避智能合约设计风险呢?ConsenSys 软件公司为开发者提供了诸多建议,包括需要建立新的开发理念、对可能的错误有所准备、谨慎发布智能合约、保持智能合约的简洁、保持更新、清楚区块链的特性等。[①] 此外,开发者在发布智能合约之前最好雇用专业团队对其进行安全审计,并持续发布漏洞赏金计划,鼓励计算机高手通过合法的方式共同协助完善智能合约。

2. 智能合约调用风险

智能合约调用风险是指智能合约调用预言机上传的真实世界数据失真而造成的使用者资产遭受损失的不确定性问题,智能合约调用风险也被认为是预言机风险。

智能合约调用风险的经典案例是去中心化衍生品平台 Synthetix 在 2019 年 6 月出现的预言机故障事件。[②] 正如前文所述,Synthetix 是一个基于以太坊的衍生品协议,允许用户铸造合成资产。合成资产是一类虚拟资产,它直接锚定金融市场上的各类资产的价格,从而使得投资者可以通过在区块链上投资这类虚拟资产来达到获得持有对应资产的风险敞口的目的。为了实现这一点,Synthetix 依靠预

---

① 参考自 https://github.com/ConsenSys/smart-contract-best-practices/blob/master/README-zh.md。

② 参考自 https://blog.synthetix.io/response-to-oracle-incident/。

言机获得各类资产的实时价格。2019 年 6 月 25 日，Synthetix 预言机发生故障，致使韩元相关的汇率报错，韩元汇率比平常高出 1 000 倍。Synthetix 的部分交易机器人迅速识别到了韩元汇率的错误价格并进行套利交易，在不到 1 小时就获得了超过 10 亿美元的利润。虽然此后机器人的所有者同意撤销交易以换取漏洞赏金，但这一案例非常清晰地呈现了使用预言机进行价格馈送所面临的风险。

预言机是整合现实世界的信息进入区块链的重要基础设施。区块链是封闭的系统，目前的区块链只能获取到区块链内部的数据，而不能直接获取到链外真实世界的数据。然而，智能合约的执行通常结合现实世界的信息。当智能合约的触发条件是链外信息时，就需要预言机来提供数据服务，通过预言机将现实世界的数据输入区块链。由于区块链特有的防篡改与自我执行的特征，其运行机制获得了众多用户的信任。然而，区块链无法认证预言机上传的现实世界数据的真假，因此预言机必须能保持数据准确且具有抗操纵性，否则就有可能带来严重的后果。

那么如何提高预言机信息的可靠性呢？ConsenSys 软件公司也为开发者提供了诸多建议，首先，开发者可以直接采用去中心化的预言机，例如 Chainlink 是最大的去中心化预言机提供商，可以利用 Chainlink 网络将去中心化数据上链；Tellor 是一个提供抗审查数据的预言机，确保任何人在任何时间都可以提供数据并由每个人检查；Witnet 利用最先进的加密和经济激励措施为智能合约提供链下数据等。其次，开发者可以使用多个预言机的中位数，因为攻击多种预言机更加困难且成本更高。最后，开发者还可以使用多个预言机的时间加权平均价格，这不仅可以防止预言机操纵，而且还会降低内幕交易中抢先交易（Front-run）的可能性，因为之前执行的订单不会立刻对价格产生很大的影响。

四、去中心化治理风险

去中心化金融中的治理风险是指当治理代币集中在少数人手中时产生的恶意更改协议的不确定性问题。

治理风险的经典案例是 Beanstalk Farms 协议遭受的攻击。Beanstalk Farms 是基于以太坊设计的去中心化稳定币协议。2022 年 4 月，Beanstalk Farms 的攻击者利用紧急提案通道发起了恶意提案。该攻击具体分为两个步骤：第一步，2022 年 4 月 16 日，攻击者提出提案将 Beanstalk Farms 协议中所有的资金提取出来分配给攻击者；第二步，2022 年 4 月 17 日，攻击者利用从 AAVE、Uniswap 和 SushiSwap 等协议中借出闪电贷存入 Curve 以获得 79%（超过 2/3）的治理协议投票权，使恶意提案获得通过，在还清闪电贷后将所有收到的资金转换为价值 7600 万美元的 wETH 并存入 Tornado Cash 混币器，而 Beanstalk Farms 协议的损失则超过了 1.8 亿美元。[①]

去中心化金融的治理是用户管理去中心化金融的重要方式。去中心化金融的智能合约并非一成不变，为了适应新的变化，协议需要修订和维护，而去中心化金融主要依赖于去中心化自治组织完成此项工作。去中心化自治组织不归属于某一个人，而是由所有成员共同拥有，未经批准非成员无权访问，而利益相关者共同通过提案和投票的方式来决定协议的更新。具体而言，去中心化金融一般由

---

① 参考自 https://rekt.news/beanstalk-rekt/。

治理代币持有者提出提案并进行投票,一旦提议通过,协议更改的代码就会自动实施。用户可以通过活跃地参与平台的交易活动来获得治理代币,持有的代币数量越多则拥有越多的提案投票权。

当少部分人掌握了大量投票权,就会形成修改协议的权力,而中心化结构就可能会对整个平台的稳定造成威胁。在传统公司中,公司股东选举产生了董事会,董事会对于日常经营拥有最终决策权。在传统金融领域,中心化的决策机构可能会带来严重的治理风险。例如德意志银行曾经是欧洲最大的银行之一,但在 2008 年金融危机之后,它因为涉及多项违规操作,收到了巨额罚单,从此声誉一落千丈。2022 年 5 月 19 日,德意志银行董事长保罗·阿赫莱特纳(Paul Achleitner)卸任,其在职的十年内银行股价跌去 70%。

那么如何规避治理风险呢?以太坊的创始人维塔利克·布特林提出了以下几种解决方案。第一,限制代币治理的权限,延迟治理生效的时间,例如 Uniswap 的开发团队会定期推出新版本,但最终是由用户选择是否升级到这些版本。第二,考虑其他投票权分配方案。目前,投票权往往根据成员持有代币的多少来分配,恶意攻击者容易通过快速获得大量代币操纵平台的治理走向。如果一个人只能被分配到一票或者基于成员的信誉及专业素养来分配投票权,就能有效避免这种恶意攻击。第三,构建使用户积极谨慎投票的激励机制,代币投票机制的痛点在于虽然大家都需要对最终的决定集体负责,但每个成员都不单独负责,如果能构建一种机制让成员为自己的投票单独负责,就可以促进成员更加积极谨慎地进行投票,例如利用分叉使投票支持错误决定的代币被销毁。[①]

---

① 参考自 https://vitalik.ca/general/2021/08/16/voting3.html。